Sabine Leutheusser-Schnarrenberger
Gunna Wendt
Unsere gefährdete Demokratie

Für alle,
denen unsere Demokratie
am Herzen liegt.

Sabine Leutheusser–Schnarrenberger
Gunna Wendt

Unsere gefährdete Demokratie

Wie wir mit Hass und Hetze gegen Politiker und Journalisten umgehen

HIRZEL

Bibliografische Information der Deutschen Nationalbibliothek
Die Deutsche Nationalbibliothek verzeichnet diese Publikation in der Deutschen
Nationalbibliografie; detaillierte bibliografische Daten sind im Internet unter
https://portal.dnb.de abrufbar.

1. Auflage 2022
ISBN 978-3-7776-3013-7 (Print)
ISBN 978-3-7776-3072-4 (E-Book, epub)

© 2022 S. Hirzel Verlag GmbH
Birkenwaldstraße 44, 70191 Stuttgart
Printed in Germany

Lektorat: Maximilien Vogel, Heidelberg
Einbandgestaltung: semper smile, München
Satz: abavo GmbH, Buchloe
Druck und Bindung: Druckhaus Sportflieger, Berlin

www.hirzel.de

Inhalt

Prolog

Gewählte Abgeordnete oder gewählter Abgeordneter zu sein ist eine Auszeichnung und eine Ehre. So habe ich es in meinen 23 Jahren als Bundestagsabgeordnete immer empfunden. Unser repräsentatives Parlamentssystem gibt den Abgeordneten eine wichtige Stellung – sie sind eine Art Scharnier zwischen den Bürgerinnen und Bürgern und dem Deutschen Bundestag, dem Gesetzgeber. Das gilt auch für die Länderebene. Diese Verbindung zwischen Bürgern und Mandatsträgern ist es, die Vertrauen in politische Entscheidungen schaffen kann, sie gibt den Abgeordneten die Verantwortung, ihre Entscheidungen zu erklären und ihr inhaltliches Profil zu bilden, an dem die Bürger sie messen können.

Abgeordnete sollen unabhängig ihre Meinung vertreten und nur dem Wohl des Volkes verpflichtet sein. Wenn sie befürchten müssen, wegen ihrer politischen Auffassung beleidigt, bedroht oder angegriffen zu werden, kann das ihre freie Meinungsbildung beeinträchtigen – bis hin zur Aufgabe ihrer politischen Arbeit. Kommunale Mandatsträger, Bürgermeister und Landräte betrifft das genauso, vielleicht sogar noch härter. Sie sind vor Ort dauerhaft präsent, sie müssen bundespolitische Entscheidungen umsetzen und mit deren Auswirkungen umgehen. Seit 2002 bin ich Kreisrätin im Landkreis Starnberg, kenne dieses Ehrenamt und weiß, was für die Bürgerinnen und Bürger in ihrer unmittelbaren Umgebung getan werden kann.

Leider ist es seit einigen Jahren keine besondere Nachricht mehr, dass es Beleidigungen, Morddrohungen und gewalttätige Übergriffe auf Bürgermeister, Kommunalpolitiker, Landes- und Bundestagsabgeordnete sowie auf ehrenamtliche Helfer und Sanitäter gibt. Und dass Polizisten und Journalisten schon länger im Fokus von Demokratiefeinden stehen. Was ist los in Deutschland? Wird der Gründungskonsens, auf dem unsere Demokratie seit 1949 aufbaut, brüchig? Wissen wir Meinungsvielfalt, andere Standpunkte und Menschen in ihrem gesellschaftlichen Engagement nicht mehr zu schätzen?

Ich denke, dass wir stolz auf 72 Jahre lebendige Demokratie sein können, die sich über Jahrzehnte stabilisieren konnte, die die Alt-Nazis, den RAF-Terror und den Kalten Krieg überwunden hat und dank der außenpolitischen Umstände die deutsche Einheit ermöglichte. Schon immer gab es Mehrheits- und Minderheitenmeinungen, und schon immer wurden Kontroversen auch im Bundestag zum Teil mit harten Bandagen ausgetragen. Aber der Umgang verlangt bei allen politischen Unterschieden Respekt. Persönliche Beleidigungen, verbale Angriffe unter die Gürtellinie und das öffentliche Verächtlichmachen gehören nicht dazu.

Einen durch nichts zu rechtfertigenden zivilisatorischen Bruch stellt es allerdings dar, wenn Andersdenkende bedroht, angegriffen oder gar ermordet werden, weil sie zum Beispiel bereit sind, Flüchtlinge aufzunehmen. Wenn Hass zu solchen erbärmlichen und widerwärtigen Taten führt, dann ist das eine Herausforderung für uns alle. Dann reicht es nicht mehr aus, schockiert zu sein, dann muss man dieser dramatischen Entwicklung auf den Grund gehen und dagegenhalten.

Abstrakt über versuchten Mord und Mordanschläge sowie über Belästigungen und Bedrohungen von Politikern und ehrenamtlichen Helfern zu reden, ist leichter, als wenn diese Taten ganz konkret mit Personen und Gesichtern in Verbindung gebracht werden. Hinter jeder Zahl in Statistiken über rechte und linke politische Kriminalität stehen ganz reale Einzelschicksale: Menschen, die bewusst in Angst und Schrecken versetzt werden und die nicht mehr unbeschwert mit ihren Familien, Freunden und Bekannten leben können; Menschen, die wegen ihrer

Auffassung zum Umgang miteinander in unserer Gesellschaft niedergemacht werden und denen man ihre Meinung, in Extremfällen sogar ihre Existenzberechtigung abspricht – nach dem Motto: »Wer Jude oder Muslim ist oder meint, Flüchtlingen helfen zu müssen, der ist selbst schuld«. Dann dürfe man sich auch nicht wundern, so die fadenscheinigen Begründungen, wenn man angefeindet werde.

Diese Gesinnung und das daran ausgerichtete Handeln sollen Unruhe in der Gesellschaft erzeugen und die Demokratie schwächen. Sie sollen zum Mit- und Nachmachen animieren, indem die Taten gefilmt und in den sozialen Medien verbreitet werden. Das bricht mit dem demokratischen Konsens.

In mehreren Porträts stellen Gunna Wendt und ich Personen vor, die Opfer politisch motivierter Hetze und Gewalt wurden. In intensiven Gesprächen haben die Betroffenen erzählt, wie es dazu kam, was das mit ihnen gemacht hat und welche persönlichen Konsequenzen sie daraus gezogen haben. Dieses persönliche Erleben zeigt ganz unmittelbar, was in unser aller Nachbarschaft geschieht und zum Alltag gehört, was das für das ehrenamtliche Engagement bedeutet und warum sich trotz solcher Angriffe auf Ehre, Gesundheit, Leben und die Persönlichkeit so viele Menschen für unser Gemeinwesen einbringen.

Die persönlichen Erfahrungsberichte sind Ausgangspunkt für eine Gesamtanalyse, die die Fakten, Meinungen und Bewertungen dieser Entwicklung in Deutschland beleuchtet. Parallelen zu der Zeit, als politische Morde in Deutschland fast schon zum Alltag gehörten, als es gesellschaftlich weithin akzeptiert war, den politischen Gegner als einen verachtenswerten Feind zu sehen, werden nicht gezogen. Denn heute ist nicht Weimar. Aber auch heute haben die damaligen Stereotypen wieder Konjunktur, werden unter anderem mit Rassismus, Antisemitismus, Antiziganismus und Homophobie Feindbilder gezeichnet, die die Unantastbarkeit der Menschenwürde aushebeln. Desinformation, Demagogie und Falschbehauptungen, verstärkt durch die sozialen Medien, sind Treiber dieser zerstörerischen Entwicklung.

Antworten auf die genannte Entwicklung müssen vielfältig sein: Es braucht eine unabhängige Justiz, die keine politischen Urteile fällt und die Taten in den richtigen Gesamtzusammenhang stellt. Es braucht digitale Kommunikationswege und -mittel, die nicht wahl- und zügellos instrumentalisiert werden können und deren Betreiber Verantwortung tragen. Tweets und Posts nach der Trump'schen Manier haben tiefe Spuren der Verwüstung in der amerikanischen Demokratie hinterlassen. Der Sturm auf das Kapitol mit mehreren Toten und vielen Verletzten, der durch permanentes digitales Eintrichtern einer angeblich »gestohlenen Wahl« befeuert wurde, ist ein zutiefst trauriger und entsetzlicher Höhepunkt der Präsidentschaft von Donald Trump. Sie war Recherchen der »New York Times« zufolge neben vielem anderen von über 1700 Tweets mit verschwörerischer Sprache geprägt und von Äußerungen mit dem Ziel, das Vertrauen in demokratische Institutionen zu untergraben. Mehr als vierzigmal twitterte Trump über angeblichen Wahlbetrug und ein »manipuliertes« Wahlsystem. Zu den von ihm ventilierten Verschwörungstheorien gehörten auch Angriffe auf die Glaubwürdigkeit von Journalisten, Geheimdiensten und das US-Justizsystem. Auch in Deutschland und in vielen europäischen Staaten gibt es Anhänger dieses Politikstils. Trump war für sie eine Art Anführer und Vorbild.

Es braucht Aufklärung und Gegenöffentlichkeit zu diesen unterschiedlichsten massenhaften Falschbehauptungen. Fakten und Wissen statt Lügen und Populismus. Den Demagogen muss mit allem Nachdruck entgegengetreten werden. Es braucht die demokratische Kultur des von gegenseitiger Wertschätzung getragenen diskursiven Umgangs, der wieder gelernt und vermittelt werden muss. Und die bedrohten Politiker, Journalisten und ehrenamtlichen Helfer brauchen Mut, Rückgrat und vor allen Dingen Unterstützung.

Gunna Wendt und ich wollen dazu beitragen, die unheilvolle Zunahme von Hass und Hetze einzudämmen, indem wir Betroffene in Erfahrungsberichten zu Wort kommen lassen, die Ursachen und Auswirkungen der aktuellen Entwicklung beleuchten und nicht zuletzt aufzeigen, mit welchen Strategien man gegensteuern kann.

Sabine Leutheusser-Schnarrenberger

Erfahrungen von betroffenen Mandatsträgern

Herbert Bengler, Kreisrat

Irgendwann muss man Farbe bekennen,
auch der nachrückenden Generation gegenüber,
und sich einmischen.

Für Herbert Bengler, geboren 1956 in Freising, ist Zukunftsgestaltung keine Frage des Alters. Seit 2019 in Rente, hat er noch keine Lust auf Ruhestand, sondern engagiert sich politisch als Kreisrat, denn es gibt zu viele Themen, die ihn bewegen, darunter der öffentliche und der private Wohnungsbau. Wohnen muss für jeden wieder bezahlbar werden, ist eine seiner Forderungen. Obwohl von jeher politisch interessiert, trat er erst 2005 in die SPD ein – mit der festen Überzeugung, man könne in der Politik mehr bewirken, als viele denken. Auf eine schwerwiegende Verleumdung hat er sofort mit Strafanzeige reagiert.

Erste Anfeindungen

Es ist schon eine Weile her, dass ich zum ersten Mal beschimpft worden bin. 2016/2017 hat man mich auf Facebook als »A… « beschimpft, ohne dass es dafür einen Grund gegeben hat. Damals hab ich, wie man das in Bayern so tut, gedacht: »Du mich auch.« Und das Thema war dann für mich erledigt. Als ich dann im Kommunalwahlkampf als »Kinderficker« tituliert wurde, war's nicht mehr für mich erledigt. Ich war nicht bereit, das zu akzeptieren. Das musste ich mir nicht gefallen lassen. Das überschritt eine Grenze, und deshalb habe ich gesagt: Jetzt ist Schluss. Ich habe mit einem Rechtsanwalt gesprochen. Er war auch der Meinung, dass man dagegen vorgehen sollte. Wir haben Strafanzeige gestellt, und die ist dann dahingehend auch erfolgreich gewesen, dass derjenige, der mich beleidigt hat, zur Verantwortung gezogen wurde. Er konnte ermittelt werden, weil er seine Nachricht nicht gelöscht hatte.

Auswirkungen

Ich habe mich dabei angegriffen und irgendwie komisch gefühlt. Ich weiß nicht, wie ich es sonst noch benennen soll. Die Erfahrung, dass eine Behauptung über dich in den Raum gestellt wird, die durchaus deine Lebensverhältnisse verändern könnte ... Ich habe damals relativ schnell reagiert. Nachdem die entsprechende Strafe ausgesprochen worden war, habe ich mir überlegt, ob ich auch noch zivilrechtlich gegen die fragliche Person vorgehen sollte. Das habe ich dann aber gelassen, weil ich mir gesagt habe, die Strafe ist hoch genug. Und das, was ich erreichen wollte, habe ich erreicht: Ich habe gezeigt, dass man sich nicht alles gefallen lassen muss. Von dem Zeitpunkt an, wo ich genau das gepostet habe, gab es keine Diffamierungen mehr. Da bin ich dann ziemlich verschont geblieben, obwohl ich nach wie vor manche Kommentare schreibe, die nicht allen gefallen. Dann kommt als Reaktion manchmal so etwas wie,»Sie waren wohl nicht in der Schule« oder Ähnliches, aber das nehme ich einfach nicht ernst.

Mangelnder Respekt

Der gegenseitige Respekt hat in meinen Augen nachgelassen, weil wir immer mehr in eine Ellenbogengesellschaft abrutschen. Jeder ist sich selbst der Nächste: Hauptsache ich! Ich muss mir nichts gefallen lassen! Vor Kurzem habe ich das mit meiner Frau diskutiert: Früher hat es bei uns im Dorf einen Dorfpolizisten gegeben, früher hat es Streifenpolizisten gegeben, die durch die Stadt gegangen sind, Touristen geholfen haben, die nach dem Weg gefragt haben – das ist alles weg. Das fehlt irgendwo. Sehr häufig ist es einfach so, ein jeder ist nur noch in Eile, ein jeder ist nur mit sich selbst beschäftigt und nimmt die Umwelt nicht mehr so wahr, wie er das noch vor einigen Jahren gemacht hat. Wenn ich an meine Jugend denke: Wir haben natürlich auch über die Stränge geschlagen. Wir standen nicht immer so unter Beobachtung wie die Jugend heute. Wir wussten aber auch, im weitesten Sinne aus der eigenen Erfahrung heraus, wo gewisse Grenzen sind, wo man zum Beispiel Lehrer nicht angreifen durfte. Gegenseitiger Respekt und gegenseitige Achtung waren wesentlich stärker da. Heute fehlt diese Achtung oft, gerade gegenüber Menschen, die uns helfen. Und wenn dann einer Hilfe braucht, dann sieht er es als selbstverständlich an, dass es getan wird. Da hat sich einiges in der Gesellschaft verändert, und das halte ich persönlich für bedenklich. Darum habe ich auch versucht, meine Kinder so zu erziehen, dass sie nicht nur ihr Ich pflegen: Ich muss lernen, ich muss weiterkommen. Dass sie wegkommen von dieser reinen Ichbezogenheit und auch bereit sind, anderen zu helfen.

Politisches Engagement

Ich denke, dass eine Demokratie politisches Engagement verlangt. Ich habe mich sehr spät politisch engagiert, das heißt, ich bin sehr spät in eine Partei eingetreten. Politisch engagiert war ich auch schon in der Schule, aber auf einem anderen Level natürlich. 2005 bin ich in die SPD eingetreten. Ich hab mir gesagt, irgendwann muss man auch Farbe bekennen, auch der nachrückenden Generation gegenüber, und sich einmischen. So bin ich in die Politik gekommen.

Die Corona-Krise ist ein typisches Beispiel, wie wir mit Politik umgehen. Wissenschaft ist ja nichts anderes als tägliches Lernen. Lernen schafft Wissen. Keiner, kein Politiker, kein Wissenschaftler, wusste im Februar 2020, wie er mit der ganzen Geschichte umgehen sollte. Aber wir erwarten, dass sie sofort alles wissen. Das sind so Dinge, wo ich sage: »Was meint ihr denn, was ein Politiker kann?« Auf der einen Seite wird er überschätzt, auf der anderen Seite als Depp bezeichnet. Das höre und lese ich oft genug auch außerhalb von Facebook: »Sag mal, was habt ihr denn wieder im Kreistag entschieden, ihr Deppen?« Wir haben einmal eine Frau angesprochen: »Wir hätten dich gerne im Gemeinderat.« Dann hat sie geantwortet: »Da sind ja lauter Deppen drin.« Da hab ich gesagt: »Das ist genau das Problem, weil du dich nicht draufschreiben lässt, kommen lauter Deppen rein.« Viele reden so: »Diese Deppen, diese Wichtigmacher!« Nur Kritik, aber selber nicht den Arsch hochkriegen – da drücke ich mich gern deftig aus.

Digitale Bildungsdiaspora

Ich habe bereits gesagt, in meiner Jugend wurde man nicht so stark beobachtet wie heute. Aber es gibt heute einen Bereich, in dem sich die Jugendlichen weitgehend unbeobachtet bewegen: im Internet. Jedenfalls zu einem großen Teil. Mobbing hat es früher auch gegeben, nur nicht in dieser starken Art und Weise. Wenn dann kompromittierende Bilder durch die Gegend geschubst werden, das hat eine andere Qualität. Da sind wir beim Thema Bildung. Auf dem Gebiet des Digitalen im Social-Media-Bereich sind wir eigentlich deutschlandweit in der Bildungsdiaspora. Wie gesagt, Mobbing, Diffamierung – das hat es alles früher auch schon gegeben, da war nichts besser. Aber heute spielt die Masse eine große Rolle. Ich muss mir bewusst machen, wie viele Menschen ich mit meinen Nachrichten in einer Sekunde erreiche. Das ist auf der einen Seite bei manchen Dingen natürlich sehr gut, aber auf der anderen Seite auch sehr bedenklich. Das zu thematisieren wäre Aufgabe der Politik. Die Politik müsste vorausschauend arbeiten. Der Vorwurf, den ich der Politik dabei mache: Wir haben keine Digitalisierungspolitik, wir haben weder Facebook noch Instagram oder Google im Griff. Jeder müsste eigentlich wissen, welche Konsequenzen es hat, wenn ich jemanden in dieser Art und Weise beleidige, wie es mir beispielsweise passiert ist, oder wenn ich jemanden mobbe. Egal in welchem Medium: Geschrieben ist geschrieben. Was ich geschrieben und weggeschickt habe, das kann ich nicht mehr aus der Welt nehmen.

Petra Berg, Landtagsabgeordnete

Ich lasse mich von denen, die mich anfeinden,
nicht in die Defensive drängen.

Petra Berg, geboren 1964 in Dieffen, studierte an der Universität des Saarlandes Rechtswissenschaften und war als Fachanwältin für Sozialrecht tätig. Von 2009 bis 2012 war sie Justiziarin der Gemeinde Nalbach. Bei der Landtagswahl im Saarland errang sie 2012 ein Landtagsmandat im Wahlkreis Saarlouis. Seit 2014 ist sie Parlamentarische Geschäftsführerin und Generalsekretärin, seit 2018 stellvertretende Landesvorsitzende der SPD Saar. Als Sprecherin der Fraktion ist sie unter anderem zuständig für die Themen Migration und Landesaufnahmestelle sowie Bekämpfung des Rechtsextremismus. Immer wieder ist sie frauenfeindlichen Verunglimpfungen ausgesetzt.

Analog – digital

Je intensiver der persönliche Kontakt, der persönliche Austausch ist, desto seltener sind Anfeindungen. Ich komme ja aus einem ländlichen Raum, wo man sich gegenseitig kennt. Man kennt die Bürgerinnen und Bürger und umgekehrt. Sie kennen einen als Person und auch die familiäre Herkunft. Zu der Zeit, in der die sozialen Medien noch keine so große Rolle gespielt haben, waren Anfeindungen auf kommunaler Ebene seltener. Aber es gab sie. Als ich 2011 für das Bürgermeisteramt der Stadt Dillingen kandidiert habe, bekam ich das zu spüren. Da stand ich als Person im Fokus und hatte meine Familie – ich habe drei Kinder – mitplakatiert. Im Wahlkampf spielt die Familie eine große Rolle. Die Menschen wollen über die Bewerberin auch sehr Privates erfahren. Im Zuge dieses Wahlkampfes gab es dann sehr persönliche Anfeindungen und Verunglimpfungen. Man hat versucht, mein Renommee zu erschüttern, indem man Gerüchte gestreut hat über Trennungen, über Konflikte in meiner Ehe – das war schon sehr massiv. Je weiter der Wahlkampf voranschritt, desto massiver wurden diese Verunglimpfungen. Es waren Verunglimpfungen, gegen die man sich nicht wehren konnte. Das ging so weit, dass sogar mein Mann mir die Frage gestellt hat: »Ja, ist denn da was dran?« Man ist so selten zu Hause, man ist nur noch unterwegs, die Zeit für die Familie verringert sich auf fast null. Das macht schon etwas mit einer Politikerin.

Kandidatur als Frau

Es lag natürlich daran, dass ich als Frau kandidiert habe und dass man keine inhaltlichen Angriffspunkte gefunden hat. Ich kam aus einem stabilen beruflichen Umfeld, ich hatte Verwaltungserfahrung. Meine Kompetenz konnte man nicht angreifen. Das Frauenfeindliche wurde immer mit politischen Äußerungen verknüpft. Ein Beispiel: Als ich das Verbot von Reichsflaggen gefordert habe, waren unter den Posts zunächst frauenphobe Äußerungen wie »Schau dir die mal an, die gehört verboten!«, aber auch: »Für Frau Berg ist in Guantanamo noch Platz!« Das war im Zusammenhang mit meinen politischen Äußerungen.

Wir haben überlegt, ob wir die Polizei einschalten, es aber im Endeffekt nicht gemacht, nachdem wir selbst recherchiert hatten. Die Urheber dieser Posts waren nie zu ermitteln, und so haben wir weder die Polizei noch den Staatsschutz eingeschaltet. Allerdings haben wir die Angelegenheit im Blick behalten. Das ist wichtig. Ich habe dann auch für mich entschieden, diese Posts nicht zu löschen, sondern stehen zu lassen. Ich bin überzeugt davon, dass das richtig ist, damit man sieht, welche Äußerungen Menschen im Netz machen. Die Angriffe erfolgten ja vor allem im digitalen Bereich, per Mail und in den sozialen Medien. Ich selbst habe nicht darauf geantwortet und antworte nicht darauf. Da fehlen mir oft die Worte, die Absender solcher Posts sind Argumenten nicht zugänglich. Ich sehe aber, dass andere antworten, reagieren und dadurch wieder neue Reaktionen hervorrufen. Aber ich selbst nicht. Ich glaube, es würde nur einen weiteren Shitstorm auslösen. Manche Anfeindungen sind so angelegt, dass sie eine Antwort provozieren sollen, aber diesen Gefallen möchte ich den betreffenden Personen dann doch nicht tun.

Wirkung auf die eigene Person

Belastet hat es mich nicht, aber verletzt schon. Wenn ich so etwas lese wie das, womit man mich beleidigt hat, das verletzt. Ich finde, das geht auch gegen meine Würde als Politikerin. Man versucht schließlich, sich mit ganzer Kraft einzubringen und Sachkompetenz zu zeigen. All das, was man politisch vermitteln möchte, hat ja auch Hand und Fuß. Und dann erlebt man, dass diese Argumente und das, was man an Wissen mit einbringt, diese Menschen nicht erreicht. Die Kommentare, die man erhält, bewegen sich oft an der Oberfläche und sind von nichts anderem geleitet als dem Bestreben, zu verletzen, anzufeinden, zu diskreditieren. Damit umzugehen, das macht mich bis heute nachdenklich. Ich frage mich: Woher kommt das? Was ist die Motivation dieser Menschen? Und was macht es mit mir als Mensch? Wie verändert es meine Äußerungen? Wie sehe ich meine Zukunft als Politikerin?

Gedanken ans Aufhören

Die Frage, ob es nicht besser wäre, sich aus der Politik zurückzuziehen, habe ich mir schon mal gestellt. Dazu kann es besonders dann kommen, wenn man für eine Sache mit Überzeugung kämpft und denkt, man hat sie zu einem guten Ende geführt, dann jedoch erfahren muss, dass dieses Ende nur von einigen als gut angesehen wird. Dann reflektiert man: Bin ich als Politikerin geeignet? Habe ich die Durchsetzungskraft? Habe ich die Kraft, mit meinen Äußerungen Menschen zu überzeugen? Oder geht das jetzt völlig fehl? Hinzu kommt natürlich immer die Abwägung, ob Politikerin der Beruf ist, den ich jetzt weiterhin ausüben möchte. Oder gehe ich wieder zurück in meinen alten Beruf, der mir sehr viel Spaß gemacht und der mich sehr erfüllt hat und in dem ich ja auch einiges bewirken konnte? Ich sage ganz offen: Diese Überlegungen gab es auch.

Was ich nicht mache: Ich lasse mich von denen, die mich anfeinden, nicht in die Defensive drängen. Ich werde mich weder mundtot machen lassen noch werde ich meine politischen Überzeugungen anders oder seltener äußern. All das wird nicht passieren. Bevor ich diesen Schritt ginge, würde ich eher der Politik den Rücken kehren. Aber gibt es da nur das Entweder-oder?

Ich bin sehr gern Politikerin. Ich habe es auch nie bereut, in die Hauptamtlichkeit gewechselt zu haben. Es macht mir sehr viel Spaß –

trotz der kleinen Rückschläge, die man hat, aber es sind ja auch sehr, sehr viele gute Erfahrungen, die man macht. Die Kämpfe, die letztlich zum Erfolg führen, sind gute Kämpfe. Es ist wichtig, das immer wieder herauszustellen: Die, die so laut schreien oder diese Anfeindungen äußern, die Begriffe benutzen, die gegen die Menschenwürde gehen und den Menschen in seinem Inneren verletzen, sind eine laute, eine sehr laute Minderheit. Doch die große Mehrheit, das sind die Menschen, die sich anständig äußern, auch mal mit wirklich heftiger Kritik, aber mit einer Kritik, der man mit Argumenten begegnen kann.

Unterstützung aus dem Umfeld

Aus meinem Umfeld habe ich Unterstützung bekommen, aber es wird noch zu wenig über Hasspostings diskutiert. Wenn das den Kolleginnen und Kollegen zur Kenntnis gelangt, dann unterstützen sie mich. Wenn feindliche Äußerungen in den sozialen Medien gemacht werden, gibt es enge Wegbegleiter, die in denselben sozialen Medien dagegenhalten. Doch das passiert noch zu wenig. Von Menschen, die mich wegen eines Anliegens über die sozialen Medien anschreiben und mit mir in Kontakt treten, würde ich mir wünschen, dass sie sich beim Auftauchen von Hasspostings, die sie selbst als grob unanständig erleben, auch klar gegen diese aussprechen. Genau deswegen ist es ja auch sinnvoll, diese Hasspostings stehen zu lassen, damit man sie sieht. Aber wenn eine Reaktion ausbleibt, läuft der Kampf gegen diese Posts ein Stück weit ins Leere.

Kommunikationspartner

Meine Familie möchte ich damit nicht belasten, ich lasse sie außen vor, aber mit meinen engsten Mitarbeitern spreche ich darüber. Das sind diejenigen in meinem direkten Umfeld, die das dann bewerten. Dort analysieren wir das auch und besprechen, wie wir damit umgehen. Meine Familie bekommt schon etwas mit, aber wir sprechen bewusst nicht darüber, weil ich gemerkt habe, dass das meine Kinder sehr mitnimmt. Seitdem ich Abgeordnete im saarländischen Landtag bin, habe ich meine Familie aus den sozialen Medien und überhaupt aus der Wahlwerbung herausgehalten. Meine Accounts sind quasi familienfrei. Es gibt zwar besonders viele Anfeindungen und Verunglimpfungen gegen Politiker im Saarland, aber ich glaube, das ist kein saarländisches Phänomen, ich glaube, es hängt damit zusammen, wie aktiv die jeweiligen Politiker in den sozialen Medien sind.

Möglichkeiten, sich zu schützen

Eine einfache Lösung gibt es nicht. Wir wollen nicht, dass digitale Netzwerke stark kontrolliert oder gar abgeschaltet oder zensiert werden. Ich glaube, zum einen ist Bildung wichtig, der bewusste Umgang mit den sozialen Medien. Es wird immer dort kritisch, wo unüberlegt Äußerungen getätigt werden, insbesondere von Politikern, die wenig begleitet sind. Damit meine ich diejenigen, die keine Mitarbeiter haben, auch auf kommunaler Ebene, die sich dort sehr spontan, sporadisch und unüberlegt äußern. Ich glaube, da kann man sehr viel machen, zum Beispiel durch Schulungen, bei denen man lernt, Grundsätze aufzustellen. Einer davon ist: Wenn man in der Politik tätig ist, sollte man unbedingt seine Privatsphäre schützen, weil man dort am verletzlichsten ist. Sobald es Anfeindungen oder Drohungen gegen die Familie – Kinder, Partner – gibt, muss man sich ernsthaft überlegen, ob man weiterhin in der Politik bleiben will. Deshalb unbedingt die Privatsphäre schützen.

Und: Nie zu spontan äußern! Ein Medium wie Instagram ist natürlich auf sehr spontane Aktivitäten angelegt, trotzdem sollte man immer noch mal überlegen, was man äußert. Wenn möglich auch von Dritten vorher prüfen lassen. Rückkopplung ist sehr wichtig. Man sollte sich vielleicht auch so eine kleine enge Community aufbauen und an sie die Bitte herantragen:»Guckt mal, was ich gepostet habe. Guckt mal, wie das ankommt.« Vielleicht auch im Freundeskreis die Bitte äußern, noch einmal zu reflektieren. Das kann schon schützen. Das kann davor schützen, unabsichtlich irgendwo ein Tor aufzumachen für Angriffe und Verunglimpfungen. Und man fühlt sich nachher, wenn solche Anfeindungen kommen sollten, nicht allein. Man ist nicht allein, man hat Menschen um sich, mit denen man das rückkoppeln kann. Das ist, glaube ich, ganz wichtig.

Veränderungen durch Corona

Durch Corona ist die Kommunikation in den sozialen Medien noch sehr viel schneller geworden. Die digitalen Netzwerke haben dadurch eine Beschleunigung erfahren, dass sehr viele Menschen omnipräsent sind. Ich habe aber nicht erlebt, dass der Ton rauer geworden ist. Sicher sind die Pandemie-Diskussionen mit Corona-Leugnern, aber auch mit Menschen, die tatsächlich vereinsamen oder existenzielle Ängste haben, deutlich intensiver geworden. Aber nicht nur in den sozialen Medien, sondern auch im E-Mail-Verkehr. Uns erreichen natürlich auch sehr viele E-Mails mit einer ganz harten Sprache und einer ganz harten Kritik an den Maßnahmen, die wir treffen. Aber das sind alles Diskussionen, Kritiken und Äußerungen, die man – und das sag ich aus voller Überzeugung – als Politikerin aushalten muss. Das muss man aushalten, und darauf muss man auch antworten. Es gibt Mails, auf die kann ich nicht antworten, da den Anfeindungen mit sachlicher Argumentation nicht beizukommen ist, aber alle anderen haben wir beantwortet, und immer haben wir versucht, unsere Position zu erklären. Die inhaltliche Debatte ist an der einen oder anderen Stelle auch mit persönlichen Angriffen durchsetzt, da wird einem an den Hals gewünscht, dass man selbst an Corona erkrankt, aber ich glaube, diese Angriffe sind emotional bedingt. Das ist nichts, was mich als Mensch verletzt, sondern ist noch ein Stück weit nachvollziehbar – wenn man bedenkt, dass Menschen irgendwo isoliert sitzen und mit ihren Ängsten und Sorgen allein gelassen sind. Das ist nicht, was ich unter Anfeindung verstehe. Das muss man aushalten! Natürlich ist das Level des Aushaltenmüssens deutlich erhöht in Krisenzeiten, aber das ist für alle Menschen so. Sie müssen viel, viel mehr aushalten, und wir in der Politik natürlich auch. Das ist unser Job.

Herzensangelegenheit

Was mich persönlich umtreibt, im Grunde schon seit einigen Jahren, in denen ich in führender politischer Verantwortung bin: Ich möchte jungen Menschen, die den Schritt in die Berufspolitik wagen, sehr, sehr ans Herz legen, dass sie es nach einer abgeschlossenen Berufsausbildung tun. Am besten sogar mit etwas Berufserfahrung. Das führt dazu, dass man von der Politik nicht abhängig ist. Man hat immer einen Plan B, man hat immer auch ein Ausstiegsszenario, das man dann wählen kann. Außerdem führt es dazu, dass man als Mensch selbstbewusster, souveräner ist. Man weiß, man bringt Kompetenz mit, man kann den Menschen aufgrund dieser Kompetenz ein Angebot machen. Und die Menschen haben die Wahl, dieses Angebot anzunehmen. Das finde ich sehr, sehr wichtig. Das würde ich gerne jungen Frauen und Männern, die den Schritt in die Politik hauptberuflich wagen wollen, mit auf den Weg geben.

Karamba Diaby, Bundestagsabgeordneter

Ich habe nicht eine Minute bereut,
in die Politik gegangen zu sein.

Karamba Diaby wurde 2013 als erster in Afrika aufgewachsener Kandidat in den Deutschen Bundestag gewählt. Geboren 1961 in Marsassoum, Senegal, kam er 1985 mit einem Stipendium zum Studieren in die DDR. Seine Dissertation im Fach Geoökologie schrieb er über Schrebergärten in seiner neuen Heimat Halle. Nach jahrelangem und vielfältigem Engagement für Integration und gegen Rassismus wurde Diaby, der mittlerweile in die SPD eingetreten war, 2009 Mitglied des Stadtrats von Halle. Von 2011 bis 2013 arbeitete er als Referent im Ministerium für Arbeit und Soziales des Landes Sachsen-Anhalt. Mit rassistischen Hassmails und Bedrohungen ist er immer wieder konfrontiert.

Ein Missverständnis und die Folgen

Die erste Welle an Hassmails und Morddrohungen per Telefon erfolgte 2011 nach einem Beitrag in der »Jungen Freiheit«. Dabei handelte es sich um ein Missverständnis. Als bei mir das Telefon klingelte – ich war damals in Halle –, habe ich nicht richtig verstanden, wer dran war. Ich habe statt »Junge Freiheit« nur »Freiheit« verstanden. Die »Mitteldeutsche Zeitung« befand sich in Halle, und die hieß ja zu DDR-Zeiten »Freiheit«. Ich dachte: »Wow, die gibt es noch!«, und ich war sehr aufgeschlossen, wie immer, ohne Vorbehalte. Es ging um eine Petition des Bundeszuwanderungs- und Integrationsrates, dessen Vorsitzender ich damals war. Wir forderten eine konsequentere Verfolgung rassistischer Straftaten. Dazu befragte mich ein Journalist der rechtsgerichteten »Jungen Freiheit«. Nachdem der Artikel in der »Jungen Freiheit« erschienen war, erhielt ich übelste Beschimpfungen und Morddrohungen aus der rechten Szene. Doch damit nicht genug, der rechtsextreme Blog »Politically Incorrect« zitierte aus dem Artikel und verwendete ein Foto von mir, auf dem ich meinen Grand Boubou, mein traditionelles Gewand, trage. Sie kombinierten es mit einem Bild von Thilo Sarrazin. Daraufhin füllte sich mein Postfach mit 400 E-Mails, in denen ich beschimpft und bedroht wurde. Nach zwei Monaten war wieder Ruhe.

Regelmäßige Diskriminierung

Diskriminierung und Bedrohung erlebe ich regelmäßig. Die letzte und heftigste war im Januar 2020. Am Morgen des 15. Januar stellten meine Mitarbeiter und ich fest, dass auf mein Bürgerbüro in Halle geschossen worden war. Wir fanden fünf Einschusslöcher in der Schaufensterscheibe. Die Polizei riet mir, mich vorsichtig auszudrücken: Ich sollte nicht sagen, dass auf das Büro geschossen wurde, denn das wisse man nicht sicher. Es seien keine Patronenhülsen gefunden worden. Aber Fakt ist: Es wurde Gewalt angewendet. Die Scheiben sind durchlöchert worden. Das ist die Realität. Und dann hab ich das öffentlich gemacht. Dabei stellt sich die Frage: Soll man so etwas öffentlich machen oder nicht? Ich bin zu dem Schluss gekommen: Ja, man muss es veröffentlichen. Ja, man muss auf Missstände hinweisen. Wenn man Vertrauen in diesen Verfassungsstaat hat, sollte man so etwas bekannt machen. Und das tue ich. Ich habe es also veröffentlicht, und dann folgte natürlich eine Welle von Empörungen und Solidarisierungen. Die Berichterstattung hat allerdings dazu geführt, dass die andere Seite auch aufmerksam wurde und ich Morddrohungen von NSU 2.0 erhielt – sehr heftige. Und die »Musiker des Staatsstreichorchesters« kündigten in ihrer E-Mail an, es würde mich genauso erwischen wie Walter Lübcke. Daraufhin schaltete sich das Bundeskriminalamt ein, und ich bekam Polizeischutz. Gleichzeitig warf man mir vor, die mediale Berichterstattung über diese Einschusslöcher habe erst dazu geführt, die andere Seite zu wecken. Ich habe gesagt:»Leute, wenn wir in einem demokratischen Staat leben, sollten wir nicht anfangen zu sagen, das darf man nicht machen, weil man damit die Feinde oder die Gegner weckt. Wenn es schon so weit ist, dann weiß ich nicht, in welchem Land wir leben.«

Erfahrungen im Bundestag

Im Bundestag geht die AfD sehr vorsichtig mit mir um. Das hat damit zu tun, dass ich in der Öffentlichkeit stehe. Da sind sie sehr auf der Hut. In den Redebeiträgen gibt es Sätze, bei denen ich sagen könnte, ich bin gemeint, aber sie sind raffiniert. Ein Mitglied dieser Partei – ich vermeide den Namen, um die Person nicht aufzuwerten – spricht in seinen Redebeiträgen regelmäßig über Einwanderung von ungebildeten Menschen aus Afrika. Es fallen viele verletzende Worte, aber persönlich greifen sie mich nicht an. Es gibt zwei, drei, die versuchen sogar, sch… freundlich zu mir zu sein.

Dazu noch eine Anekdote: Frau Weidel hat mich nach den letzten Morddrohungen angesprochen. Sie hatte mitbekommen, dass sich die Kanzlerin mir zugewandt hatte, und dann selbst die Gelegenheit genutzt, als ich allein war. Sie kam auf mich zu und fragte:»Darf ich mit Ihnen reden?« Ich antwortete:»Wissen Sie, mit mir kann man immer reden. Und ich rede auch mit jedem.« Sie sagte:»Das, was mit Ihnen passiert, das ist ja unerhört. Das ist ja unmöglich in unserem Land.« Ich sagte:»Ich danke Ihnen sehr für Ihre Anteilnahme, aber ich darf Ihnen etwas sagen: Die Mehrheit der Leute, die mir so etwas schreiben, die berufen sich auf Ihre Partei.« Da hat sie sich empört:»Das kann nicht wahr sein. Nicht meine Partei. Wir machen so etwas nicht.« Ich sagte: »Frau Weidel, Sie sitzen im Bundestag und klatschen jeden Tag mehrfach bei solchen Redebeiträgen Ihrer Partei.« Ich wollte sie nicht auf ihre eigenen ansprechen – das wäre zu viel, ich wollte Gentleman und höflich bleiben.»Die Redebeiträge von Ihren Kolleginnen und Kollegen, bei denen Sie applaudieren, sind voller Hass, Erniedrigung und Herabwürdigung von Menschen wie mir, und das beklatschen Sie.« Darauf ging sie nicht ein, sondern meinte:»Ja, aber wir halten fest: Wenn Sie so eine E-Mail von Leuten aus meiner Partei bekommen, dann geben Sie sie mir. Ich bedanke mich nochmals, dass Sie mit mir gesprochen haben.« Das ist dieses Theatralische. Und Verlogene. Weil sie damit rechnet, dass es von der Presse fotografiert und dokumentiert wird. Die Aussage: Guck mal, Alice Weidel und Karamba Diaby, die haben ein ganz normales Verhältnis zueinander. Sie wollen damit die Normalität inszenieren. Ein anderer AfD-Abgeordneter wollte mich einmal sogar umarmen, weil ich eine gute Rede gehalten hatte.

Umgang mit verbalen Anfeindungen

Viele Anfeindungen kommen mit Klarnamen, manchmal mit voller Adresse. Per Post kommen auch viele Karten, Briefe sind weniger geworden, aber sehr viele E-Mails, mit Klarnamen zum Teil. Das ist schon erstaunlich. Viele haben jetzt den Eindruck, dass es normal ist, so etwas zu äußern, weil eine Partei wie die AfD im Bundestag sitzt. Dadurch ist die Grenze des Sagbaren verschoben. Ein Journalist hat mir einmal gesagt:»Seit die AfD im Bundestag ist, sind die Grenzen so verschoben – es gibt keine Hürden mehr, es gibt keine Hemmungen mehr. Auch weil sie wissen, dass nicht alles strafbar ist.«

Die Frage ist: Was mache ich? Ich bin kein Jurist, nur Chemiker. Ich habe Gott sei Dank eine Volljuristin in meinem Team. Wenn ich manchmal lese, was da geschrieben wird, bin ich so geschockt und tief betroffen, dass ich meine, 99 Prozent davon wären strafbar. Aber wenn ich es der Juristin zur Beurteilung gebe, sagt sie oft:»Es tut mir leid, das tut sehr weh, was da drin steht, aber es reicht nicht.« Wenn sie aber sagt:»O ja, das ist genug!«, erstatten wir Anzeige. Leider kommt meistens nichts dabei heraus.

Worüber ich mich wahnsinnig freue, ist, dass ich seit ein paar Monaten einen Vertrag mit dem Verein HateAid habe. Vieles leiten wir an ihn weiter. Schon wenn wir denken, dass es grenzwertig ist, leiten wir es weiter. HateAid schätzt das ein und berät uns. Das war eine Empfehlung von Renate Künast, für die ich ihr sehr dankbar bin. Das war die Zeit, als ihr erstes Verfahren eingestellt wurde – ich hatte mich immer wieder mit ihr ausgetauscht. Sie stand auch im Fokus eines Rechtsradikalen aus Halle, Sven Liebich.

Meine Erfahrung und Empfehlung: Sofern möglich, auf jeden Fall Anzeige erstatten. Wir dokumentieren auch vieles von den Anfeindungen, diese Irrungen und Wirrungen. Sie landen in einem Verzeichnis. Meistens beginnen sie mit einem Thema und weiten sich dann aus in tausend andere Thesen und Themen, die mit Politikerbeschimpfungen enden.

Niemals Rückzugsgedanken

Vielleicht bin ich naiv, aber ich habe nie daran gedacht, mich zurückzuziehen. Für viele Außenstehende ist das sehr widersprüchlich, gerade in Halle, wo ich meinen Wahlkreis habe, wo ich zweimal als Stadtrat, am 19. Februar 2021 zum Spitzenkandidatenund dann zum dritten Mal in den Bundestag gewählt worden bin. Nach der Welle von Berichterstattungen über die Angriffe und Anfeindungen bekam ich einen Anruf von einem ehemaligen Studienfreund namens Mohammed. Er ist Pharmazeut, Chemiker. Wir haben zur selben Zeit studiert, im selben Studentenwohnheim gewohnt, unsere Institute lagen nebeneinander. Er kennt mich also seit 35 Jahren. Mohammed sagte mir:»Mein Lieber, ich habe gerade etwas über dich gelesen, was dir passiert, wie du beschimpft wirst. Ich kann die Tränen nicht zurückhalten. Ich möchte dir einen freundschaftlichen Rat geben: Schmeiß diese ganze Scheiße weg. Du bist ein sehr guter Umweltökologe, das Thema Ökologie ist gerade aktuell. Ich kenne deine Veröffentlichungen, ich war damals sogar neidisch. Das, was du vor zwanzig Jahren in deinem Bereich gemacht hast, ist jetzt so gefragt. Du lebst ruhiger, vielleicht kriegst du sogar mehr Geld. Lass das mit der Politik bleiben.« Ich hab gesagt:»Mohammed, ich danke dir. Das ist wirklich eine riesengroße Würdigung von deiner Seite, aber weißt du was: Wenn ich das mache, dann freuen sich die Leute, die mich nicht in Ruhe lassen wollen. Sie sagen:›Na siehst du, es geht doch! Jetzt hat er aufgehört, wir sind wieder ausländerfrei, es geht! Diesen Gefallen möchte ich diesen Leuten nicht tun.«

Ich habe nicht eine Minute bereut, in die Politik gegangen zu sein. Kann sein, dass ich naiv bin. Ehrlich gesagt, meine Überzeugung ist, dass die überwiegende Mehrheit dieses Landes offen ist und mich auch unterstützt. Sonst wäre ich nicht zweimal gewählt worden in Halle. Und die Rückmeldungen nach diesen ganzen unangenehmen Dingen waren so positiv. Mein Bürgerbüro ist eins der zentralsten Bürgerbüros in Halle. In der Kneipenmeile, Unibereich, barrierefrei. Wenn es dann immer heißt: »Die da oben, wo sind die denn?«, sage ich: »Ich bin nicht da oben, ich bin zwischen den Kneipen.«

Noch ein Beispiel: Als die SPD 2017 ein Wahlplakat mit meinem Foto und dem Begriff »Volksvertreter« gepostet hat, kommentierte es die NPD auf Facebook mit der Bemerkung »›Deutsche‹ Volksvertreter nach heutigem SPD-Verständnis. Wie heißt es doch: ›Wer hat uns verraten? Sozialdemokraten!‹« Einige sind darauf aufmerksam geworden, dass es einen Schwarzen gibt, der Kommunalpolitik macht. Ich bekam einige Hundert beleidigende E-Mails mit dem N-Wort. Heftig! Dann habe ich mich zu Wort gemeldet. »Für alle Rassisten: I'm not your negro! Es ist für mich normal, als Schwarzer in diesem Land Politik zu machen.« Da erhielt ich 30 000 Rückmeldungen von Menschen, die mir positive Botschaften schickten: »Das, was Sie sagen, ist richtig. Wir lassen uns nicht einschüchtern, machen Sie weiter!« Toll!

Polizeischutz

Polizeischutz bekam ich im Januar 2020, nachdem wir die Einschusslöcher in meinem Bürgerbüro gefunden hatten. Aber das wurde dann vom Bundeskriminalamt schnell wieder eingestellt. Zwei Wochen lang musste ich meinen Kalender abgeben, bekanntgeben wo ich bin. Wenn ich den Ort verlassen wollte, sollte ich Bescheid sagen. Nur zwei Wochen lang. Dann haben sie die Überwachung eingestellt, weil die Gefährdungslage nicht mehr unmittelbar vorhanden war. Leider spielt sich das Ganze ja meistens im Netz ab.

Gott sei Dank haben die Bedrohungen meine Familie nicht betroffen. Ich habe immer versucht, sie aus alledem herauszuhalten. Es gab immer wieder Begehrlichkeiten von Journalisten, die sagten, dass sie über mich alles wissen wollten und es endlich mal an der Zeit wäre, eine Homestory zu veröffentlichen. Da habe ich »Stopp!« gesagt. Ich lehne das ab. In Deutschland geht das zum Glück, in Amerika ist das ganz anders. Wenn du dort Politik machst, musst du zeigen, dass du ein Familienmensch bist, eine tolle Partnerin hast usw. Erfreulicherweise spielt das in Deutschland keine Rolle. Die Kanzlerin macht das sehr erfolgreich. Sie hat in all den Jahren ihrer Kanzlerschaft ihre Ehe oder Partnerschaft oder Familie nicht in den Mittelpunkt gestellt. Sie gibt ein gutes Beispiel. Ich versuche, meine Familie im Hintergrund zu halten. Das ist allerdings nicht immer einfach.

Konfessionslos

Wenn die Zugehörigkeit zu einer Religion thematisiert wird, habe ich mich daran gewöhnt zu sagen, ich bin konfessionslos. Damit ist das Thema erledigt. Als Kind im Senegal habe ich eine muslimische Sozialisierung erfahren. Ich bin aber später in meiner DDR-Zeit auch sozialisiert worden. Seit 35 Jahren lebe ich in Halle, bin zur DDR-Zeit hergekommen, habe in Halle studiert und promoviert. Religion hat damals überhaupt keine Rolle gespielt. Das war sogar verpönt. Ich habe mich daran gewöhnt, neutral zu bleiben. Mein Vater war Koran-Lehrer, ich habe selbst den Koran gelehrt, aber wenn das im Mittelpunkt der Diskussion steht, lenkt es ab von der fachlichen Arbeit. Deshalb gehe ich gar nicht darauf ein, sondern sage, dass ich konfessionslos bin. Es ist für meine Positionierung nicht wichtig. Was wichtig ist, das ist Bildung. Bildung und Forschung – das sind meine Themen. Ich möchte, dass man den Fokus darauf legt.

Wenn ich sagen würde, dass ich muslimisch bin, würde die AfD jede Sache, die ich poste, mit dem Islam in Verbindung bringen. Das muss nicht sein. Wenn sie sich mit mir auseinandersetzen wollen, sollen sie meine Inhalte nehmen und kritisieren, zum Beispiel indem sie sagen, dass sie meine Position in Sachen Gender oder Gleichberechtigung ablehnen oder eine andere Meinung dazu haben. Aber wenn sie die Debatte nur auf eine Sache wie die Religionszugehörigkeit lenken, bei der man gar nicht mehr diskutieren kann, bringt es die inhaltliche Auseinandersetzung nicht weiter.

Erfahrung mit physischen Attacken

Am 28. Mai 1990 um 21.30 Uhr habe ich selbst einen gewalttätigen Angriff erlebt. Es war für mich eine ganz, ganz schwierige Zeit. Ich bin von meinem Studentenwohnheim, das in einem anderen Stadtteil war als der Campus, zu dem Stadtteil gefahren, wo mein Kumpel, mein bester Freund, wohnte. Ich bin ausgestiegen, da kamen zwei oder drei jüngere Leute auf mich zu und begannen, mich zu provozieren. »Sie sind gerade schwarz gefahren.« Ich habe gesagt: »Nein, ich bin nicht schwarz gefahren. Ich bin Student und habe eine Monatskarte.« Dann nannten sie mich »Angeber« und fingen einfach an zu prügeln. Ich habe mich verteidigt, und zum Glück ist nur meine Brille kaputtgegangen. Gott sei Dank habe ich keinen körperlichen Schaden erlitten.

Seitdem bin ich vorsichtig. Ich betone, dass ich nicht ängstlich bin, nur vorsichtig. In den bekannten Fällen war es immer dasselbe: Falsche Leute zur falschen Zeit am falschen Ort. Wenn man das weiß, kann man vorbeugen. Natürlich bin ich privilegiert, weil ich heute entscheiden kann, mit welchem Verkehrsmittel ich von A nach B komme. Ich kann mit dem Auto fahren, ins Flugzeug steigen, ein Taxi nehmen oder den Zug. Heute kann ich mir das leisten. Ein Flüchtling kann das nicht. Jedenfalls ist meine Strategie immer, es nicht drauf ankommen zu lassen, nicht zu provozieren. Das Ereignis von 1990 werde ich nicht vergessen. Selbst wenn ich aus dem Tiefschlaf gerissen werde, kann ich sofort das Datum und die Uhrzeit von damals sagen. Für mich steht deshalb fest: Es gibt noch viel zu tun in Deutschland. Ich lasse mich nicht einschüchtern. Mein Kampf für eine offene und solidarische Gesellschaft geht weiter. Die überwältigende Mehrheit der Gesellschaft steht dabei hinter mir.

Timo Evans, Stadtrat

Jeder soll freiheitlich so leben, wie er möchte,
und das fängt in der Liebe an und hört im Beruf auf.

Timo Evans, geboren 1989 in Kassel, steht noch am Anfang seiner politischen Karriere. Der Bezirksleiter der Bausparkasse Schwäbisch Hall trat 2019 in die FDP ein und ist seit 2021 Stadtrat in Kassel. Unter dem Motto »Zukunft braucht Visionen« will er Politik für alle – von Jung bis Alt – machen und setzt sich besonders für Verbesserungen der Kinderbetreuungssituation sowie Barrierefreiheit im öffentlichen Raum ein. Anfang April 2021 erhielt er eine telefonische Morddrohung, die er öffentlich machte und anzeigte.

Wahlkampf

Wir haben uns im November 2020 als Vorstand zusammengesetzt, um zu besprechen, wie wir den Wahlkampf gestalten. Wir haben dann entschieden, ihn ausschließlich digital durchzuführen, weil das am wenigsten Angriffsfläche bietet. Sonst heißt es in der Presse wieder, die FDP hält sich nicht an die Abstandsregeln. Die AfD hat ja viele solche Sachen vor Ort gemacht. Wir wollten nicht mit denen in eine Tüte gesteckt werden. Wir haben ganz viel gemacht per Facebook, wir haben ganz viel gemacht per Instagram, eigentlich alles auf digitalem Weg. Matthias Nölke, der Kreisvorsitzende und Bundestagsabgeordnete, hat extra eine Internetseite einrichten lassen: »Kassel 2030« – also eine Vision. Und dann ging es eigentlich auch schon los mit den Beleidigungen. Das waren die verrücktesten Sachen. Matthias Nölke hat glücklicherweise vieles gelöscht, weil es zu derb war. Es gab unterschiedlichste negative Facebook-Kommentare, insbesondere aus dem rechten Raum: »Schwuchtelpartei, Wohlstandspartei, Bonzenpartei. Die FDP ist eine Partei nur für Reiche, man darf sie nirgendwo an die Regierung lassen.«

Gegen die Person

Nachdem die regionale Presse über uns, über Herrn Nölke und über mich, berichtet hatte, wurde es persönlich. Da hieß es: »Der Herr Evans mit seinem Bart – die FDP in Kassel ist so arm, der kann sich nicht mal einen Rasierer leisten.« Es gab wirklich die verrücktesten Sachen. Ich muss sagen, ich habe wirklich ein dickes Fell und habe echt darüber geschmunzelt. Es gehört ja im Wahlkampf zum »guten Ton«, dass man beleidigt wird. Es bringt Öffentlichkeit. Das kennt jeder, das kennen auch die anderen Abgeordneten. Natürlich liest man vieles nicht gerne, man muss ja ehrlich sein. Aber mit einer Drohung wie »Wenn ich dich sehe, haue ich dir auf die Schnauze« kann ich anders umgehen, als wenn angekündigt wird: »Ich bring dich um. Ich komme zu dir nach Hause, ich weiß, wo du wohnst mit deiner Familie.« Das ist einfach noch mal ein ganz anderes Level. Das hebt die Bedrohung auf ein anderes Niveau.

Morddrohung

Zu dem Zeitpunkt, als ich den Drohanruf bekommen habe, also Anfang April 2021, war offiziell noch nicht bekannt, dass ich Stadtrat werde. Dieser Anruf könnte aus jeglicher Richtung gekommen sein. Es könnte jemand gewesen sein, der sagt, ich gönne das dem Herrn Evans nicht. Es könnte aber auch etwas Homophobes gewesen sein. Oder es war jemand, der sagt, mir ist langweilig, es ist Corona, ich mache mir einen Spaß daraus, die Leute zu bedrohen. Michael von Rüden von der CDU hat ja einen ähnlichen Anruf bekommen. Sogar mit ähnlichem Wortlaut. Er sagte, bei ihm sei die Stimme verzerrt gewesen, bei mir war es eine Stimme mit Akzent. Ich glaube, aus Südeuropa. Aber Dialekt und Verzerrung – das lässt sich nicht so auseinanderhalten. Jedenfalls glaube ich nicht, dass der Anrufer aus dieser Region war. Vielleicht ist er beauftragt worden. Vielleicht hat jemand gesagt: »Ich gebe dir fünfzig Euro, wenn du den Evans mal anrufst und ihm das und das sagst.« Ich habe auch der Polizei mitgeteilt, dass ich davon ausgehe, dass derjenige, der mich bedrohen will, nicht selbst angerufen hat.

Es war nur ein einziges Mal, der Anruf war relativ kurz, hat etwa zwanzig Sekunden gedauert, und ich war echt erschrocken. Ich war gerade mit den JuLis, den Jungen Liberalen, in einer Videokonferenz, auf einmal klingelte das Telefon. Es war 19.53 Uhr. Es war mein Privathandy, ich hatte es auf stumm geschaltet, die Nummer des Anrufers war

»unbekannt«. Ich bin dran, aufgestanden, weggegangen, und dann legte der Anrufer direkt los. Auf meine Frage:»Wer ist denn da?«, sagte er: »Das spielt keine Rolle.« Er rief ja auf meiner privaten Handynummer an, die eigentlich niemand hat. Die muss er sich besorgt haben, um diesen Anruf zu tätigen. Deswegen glaube ich auch, dass es nicht der Anrufer selbst war, der mich bedrohen wollte. Der war nur Mittelsmann. Es steckte wahrscheinlich jemand anders dahinter. Ich kann mir schon vorstellen, dass es jemand war, der das politische Geschehen beobachtet und sich gesagt hat, ich verunsichere jetzt die Leute, ich störe die Leute. Es ist schwer zuzuordnen, man hat da schon einiges im Kopf: Wer könnte das sein? Warum? Ich hoffe, der Staatsschutz, der in diesem Fall ermittelt, wird das beantworten und so weit umsetzen können, dass auch jemand gefasst wird.

Anzeige erstatten

Ich habe nach dem Anruf direkt bei der Polizei angerufen, die kamen sofort. Ich hatte oft anderes gehört, etwa dass die Polizei sich schlecht und falsch verhalten hat, aber in dieser Situation war es hundertprozentig so, wie man sich das als Bürger wünscht. Innerhalb von fünf Minuten waren sie da. Sie haben meine Frau beruhigt, das war mir auch erst einmal sehr wichtig, denn sie war ganz schön durcheinander. Wir haben zwei kleine Kinder: Zwillinge, einen Jungen und ein Mädchen. Die Polizei sagte:»Machen Sie sich keine Sorgen, wir schicken eine Streife vorbei, die überwacht Ihr Haus heute Nacht und morgen auch noch. Sie kriegen von uns eine Durchwahl, darunter können Sie uns direkt erreichen, wenn etwas ist. Wir sind dann sofort da.« Es war wirklich vorbildlich. Ich habe in meinem Leben ganz oft schlechte Erfahrungen mit der Polizei gemacht, viele Sachen erlebt, die einfach nicht hätten passieren sollen, aber in diesem Fall war ihr Verhalten einwandfrei, da möchte ich für die Kasseler Polizei eine Lanze brechen. Es kam auch sofort jemand, der unser Objekt geprüft und sich die Türen und Fenster angeguckt hat, um zu klären: Wo kann man Kameras installieren? Wo ist der Einfallwinkel vom Licht? Wo könnte man einen Bewegungsmelder anbringen? Die Beratung war kostenlos, der Mann hat sich viel Zeit genommen und uns kompetent beraten. Also durchweg positiv. Man darf nicht nur schimpfen, man muss auch mal betonen, dass etwas sehr gut läuft.

Immer mehr Bedrohungen

Bekanntlich gibt es immer mehr Bedrohungen. Fast jeder zweite Bürgermeister hat es schon erlebt. Für mich stellen sich die Fragen: Was geht in diesen Menschen vor? Bei meinem Anrufer war klar, dass er zeigen wollte, was er über mich weiß. Er wollte darüber eine Nähe herstellen: »Ich weiß, wo du wohnst, ich weiß, wo ihr wohnt, ich bring dich um.« Ich kann mir schon vorstellen, dass es ein Homophober ist, ich kann mir vorstellen, dass es einer ist, der mir den Posten nicht gönnt. Mir gehen die verschiedensten Motive durch den Kopf. Man hat jetzt auch die Zeit gehabt, darüber nachzudenken. Die Polizei hat mich gefragt: »Haben Sie Schulden bei irgendjemandem? Haben Sie eine Affäre mit einer verheirateten Frau? Haben Sie Kontakte ins kriminelle Milieu?« Was soll man darauf antworten? Ich hab bei allen drei Fragen wahrheitsgemäß gesagt: »Nein!« Es gab keinen Bezug zu irgendeiner Situation, bei der man sich fragen könnte: Wo ist da etwas schiefgelaufen? Kann es sein, dass aus dieser oder jener Situation heraus ein Konflikt entstanden ist, der dazu führt, dass mich diese Person bedrohen möchte? Absolute Fehlanzeige. Es kam für mich wie ein Blitz aus heiterem Himmel.

Was für mich besonders beunruhigend war: Der Angriff hat sich ja nicht aufgebaut mit Beschimpfungen wie »Ich hau dir aufs Maul«, die sich dann steigern, es gab nur diesen einen direkten Drohanruf. Der Anrufer hat eben nicht vorher schon zehnmal angerufen und dann irgendwann mal gesagt: »Ich bring dich um«, sondern direkt mit dieser Wucht zugeschlagen. Und es ist wirklich eine verbale Wucht. Als die Polizei weg war, saßen wir da, meine Frau und ich, es war halb elf, die Kinder schliefen. Ich hab meine Frau angeguckt und gesagt: »Was war denn das jetzt?«

Auswirkungen auf das Verhalten

Die zwei, drei Tage danach waren wir schon verunsichert, meine Frau wollte die Terrassentür nicht aufmachen, als die Katzen reinwollten.

Auf dem Weg zum Auto habe ich mich immer wieder umgeguckt – aber das verläuft sich. Weil keine Anrufe mehr kamen, fühle ich mich jetzt wieder etwas sicherer. Es kann natürlich ein Trugschluss sein, das Telefon kann morgen klingeln … Aber ich möchte mich auch in aller Form dagegenstellen, dass ich mich davon beherrschen lasse oder mir von irgendeinem »A… « meine politische Laufbahn versauen oder mich bedrohen lasse. Meine Großmutter und meine Mutter haben gesagt: »Tritt zurück. Du hast einen guten Job. Denk an die Kinder.« Das muss natürlich jeder selbst entscheiden. Aber ich finde, wer aus solchen Gründen zurücktritt, der begeht Verrat an der Demokratie. Man muss für seine Überzeugungen einstehen. Es ist natürlich brutal, wenn man sagt, man muss so etwas aushalten. Nein, das muss man nicht, weil es eigentlich nicht dazugehört. Aber in diesen Zeiten muss man eben auch mal so einen Druck aushalten. Wenn ich sage, ich möchte für eine demokratische Grundordnung in Deutschland einstehen, muss ich auch bei solchen Vorfällen zu meiner Einstellung stehen und sie offen vertreten.

Staatliche Pflicht

Man muss aber auch den Staat in die Pflicht nehmen. Jeder von uns Politikern, egal ob Ortsbeirat oder Bundestagsabgeordneter, würde in der freien Wirtschaft mehr verdienen. Wenn wir gute Politiker wollen, müssen wir unsere Politiker auch schützen, und es kann nicht sein, dass Bürgermeister und Kommunalpolitiker zusammengeschlagen werden. Dem Kreisvorsitzenden der AfD, der auch hier im Stadtrat sitzt, haben sie das Auto beschädigt, die Reifen zerstochen, das Haus beschmiert. Sie haben ihn bedroht. Auch wenn ich im politischen Diskurs in keiner einzigen Sache mit der AfD übereinstimme, geht das nicht. Der Mann – er hat auch Kinder – tut mir leid, dem geht es schon seit fünf Jahren so. Seit 2016 wird er hier aufs Derbste angegangen. Man kann ja versuchen, ihn im Parlament mundtot zu machen, oder verbal am Wählerstand, man kann ihn auch zusammenschreien, aber diese Bedrohung – egal ob links oder rechts –, das geht in keiner Weise. Man kann sich nicht als Liberaler über die anderen Parteien stellen, man muss einen Schulterschluss zu allen suchen, denn alle, die so attackiert werden, sind ja zuallererst Betroffene und erst in zweiter Linie Politiker.

Slogan »Zukunft braucht Visionen«

Ein für mich prägendes Erlebnis: Ich war mit meiner Frau und unseren Freunden 2019 auf dem Christopher Street Day in Hamburg. Ich war schon in der Partei, bin ein halbes Jahr vorher eingetreten. Unsere Freunde sind schwul, der eine ist aus Südafrika, der andere ist Syrer. Wir waren also auf dem CSD, sind auf dem Truck mitgefahren. Es war ein superschöner Tag, die Stimmung war supergut. Wir sind dann zu Fuß zum Hotel zurückgegangen und kamen durch ein arabisch und türkisch geprägtes Viertel. Dort wurden wir bespuckt und beleidigt. Was ich noch schlimmer fand als die Beleidigungen und das Spucken: Da waren Kinder, denen wurden die Augen zugehalten, damit sie auf keinen Fall sehen, dass zwei Männer Hand in Hand gehen. Das war so ein Moment … Ich bin ins Hotel gekommen, ich habe geheult, denn es sind gute Freunde von mir, mit denen wir unterwegs waren. Diese Aggressivität zu spüren – das war der Grund dafür, dass ich gesagt habe, ich möchte noch weiter in die Kommunalpolitik, ich möchte eine Karriere machen, ich möchte etwas voranbringen, und ich möchte einfach die Leute liberaler machen. Ich möchte nicht, dass alle mein Weltbild haben, aber ich möchte, dass zumindest in dem Land, in dem wir leben, jeder nach seiner Fasson lieben, leben und auch Karriere machen kann. Jeder soll freiheitlich so leben, wie er möchte, und das fängt in der Liebe an und hört im Beruf auf.

Nachtrag zur Bedrohungssituation

Noch mal zu der Bedrohungssituation: Wenn ich mir die bekannten Fälle anschaue, dann passiert das meistens eher älteren Politikern. Ich habe Zuschriften bekommen von einigen Politikern aus verschiedenen Parteien, denen das auch passiert ist. Aber es ist nicht zum Thema gemacht geworden, das finde ich schade. Man kann auch die Popularität nutzen, um darauf aufmerksam zu machen. Ich fände es gut, wenn das einfach noch stärker thematisiert würde. Die Polizei hat mir empfohlen, an die Öffentlichkeit zu gehen, die Presse zu informieren, denn die Ermittlungsergebnisse würden gegen null gehen. Das hat man mir von Anfang an gesagt. Es wird ganz schwer, den Anrufer zu ermitteln, wenn er nicht noch mal anruft. Die Polizei hat in dem Beratungsgespräch gesagt: Wenn du Öffentlichkeit erzeugst, dann schreckt es die Person ab. Dann wird es wahrscheinlich nicht mehr passieren. Vielleicht bringt es auch einige Leute zum Nachdenken, wenn ich davon erzähle, was die Bedrohungen mit mir machen. Vielleicht wird das die Leute abschrecken. Und außerdem fühlt man sich nicht so allein, man hat das Gefühl, dass man gesehen wird. Dann ist die Situation auch leichter zu ertragen.

Susanne Günther, Stadträtin

Man muss sich gegenseitig über Parteigrenzen hinweg mehr unterstützen.

Susanne Günther, geboren 1972 in Coburg, lebt seit 1992 in Freising, wo sie Landschaftsarchitektur studierte. Sie verfügt über langjährige Berufserfahrung in den Bereichen Journalismus und Umweltbildung, war in der freien Wirtschaft und in Berufsverbänden in der Presse- und Öffentlichkeitsarbeit tätig und ist seit sechs Jahren Pressereferentin der Grünen im Bayerischen Landtag. Sie engagiert sich unter anderem in der Wohnungspolitik und im Klimaschutz, der auf kommunaler Ebene konsequenter betrieben werden müsse. Sie ist immer wieder frauenfeindlichen Angriffen in den sozialen Medien ausgesetzt.

Schere im Kopf

Wenn ich etwas gepostet habe, von dem ich weiß, es gibt eine ungute Reaktion darauf – das ist in der Regel so, wenn ich etwas zum Thema Frauenrechte poste –, dann mag ich manchmal am nächsten Morgen die sozialen Medien am liebsten gar nicht öffnen. Ich weiß genau, es geht wieder los. Dieses Unwohlsein in der Erwartung, dass sowieso wieder ein Shitstorm kommt, dieses unangenehme Gefühl und das Wissen, dass es Hassbotschaften und Nachrichten geben wird, die man einfach nicht lesen möchte, das macht etwas mit einem. Überhaupt diese vielen negativen Kommentare, die auf einen einprasseln … Das sind Dinge, die ich im Miteinander mit dem Gegenüber so nie habe. Was ich für bedenklich halte, ist, dass man vielleicht eine Instanz entwickelt, die sagt: Wenn ich das jetzt mache oder sage, dann passiert das und das. Ja, mache ich es dann überhaupt? Lohnt sich das überhaupt? Bin ich heute wirklich stark genug, darauf zu reagieren? Das finde ich grauslich. Es ist wie eine Schere im Kopf.

Fehlende Hemmschwellen

Der Shitstorm findet ja vor allem in den sozialen Medien statt. Die vermeintliche Anonymität und das schnelle Handeln spielen dabei eine große Rolle. Ich habe irgendwann mal gelesen:»Don't drink and tweet!« Das ist ein schöner Spruch. Ich habe manchmal schon das Gefühl, dass viele Leute – ob sie betrunken sind, weiß ich nicht – abends daheim sitzen, und dann twittern oder posten sie mal schnell irgendwas, eben weil es anonym ist und man in dem Moment aus dem Affekt heraus handelt. Das ist keine Entschuldigung, aber es ist natürlich schon eine andere Geschichte, wenn ich jemandem persönlich gegenübertrete und ihm sage:»Du bist zu dick«,»Du bist zu dünn«,»Du solltest mal richtig ordentlich rangenommen werden« – das ist mir online leider schon öfters passiert. Solche Sachen würde man wahrscheinlich von Angesicht zu Angesicht nicht sagen. Die natürliche Hemmschwelle ist einfach im Netz nicht vorhanden.

Polarisierung im Netz

Ich glaube nicht, dass die Unzufriedenheit allgemein größer geworden ist. Ich denke, da wird viel aufgebauscht. Das Netz ist einfach sehr oft schwarz oder weiß. Jetzt mal auf die Kommunalpolitik runtergebrochen: Wir haben Debatten im Stadtrat, auch heftige, und danach gehen wir – wenn nicht gerade Corona das verhindert – in die Wirtschaft und trinken alle miteinander noch etwas. Unser Verhältnis zueinander ist durch gegenseitigen Respekt bestimmt. Im Netz ist es eine andere Geschichte.

Bedroht als Frau

Es werden immer wieder die gleichen Beschimpfungen und Anfeindungen heruntergerattert. Kleines Beispiel: Ich war bei der letzten Kommunalwahl Oberbürgermeisterkandidatin. Kurz vor dem Weltfrauentag (8. März) habe ich darauf hingewiesen, dass es in dieser Stadt noch nie einen weiblichen Oberbürgermeister gab. Und ich wusste genau, wenn ich das online stelle, geht es wieder los. Und es war tatsächlich so. Ich glaube, mein Beitrag war keine zwei Minuten online, schon ging es wieder los mit den Beschimpfungen:»Hast du nicht mehr zu bieten als dein Frausein?« Das ist noch das Harmloseste. Als Frau wird man anders beschimpft, man ist entweder zu groß, zu klein, zu dick, zu dünn, zu alt, zu faltig, zu blond, zu blauäugig, was auch immer. Es ist unfassbar, diese sehr, sehr frauenfeindlichen Geschichten, die einen immer und immer wieder nur auf den Körper reduzieren. Das finde ich wirklich schlimm, und es kommt natürlich zu 95 Prozent von Männern.

Das ist zwar ätzend, aber ich komme leichter damit klar als mit faschistischen Anfeindungen. Es ist wie ein Trigger: Feminismus – paff, geht's los! Oder Parität in den Parlamenten – paff, geht's los! Unfassbar, wie so eine Lunte, die man mit einem einzigen Wort anzündet. Ich finde es manchmal schon fast lustig, wie man die Uhr danach stellen kann.

Männer als Verfasser von Hassnachrichten im Netz

Ein Beispiel aus der Kommunalpolitik: Es wurden im Kommunalwahlkampf drei Fake-Accounts gegen mich eingerichtet – das hab ich selbst aber erst nach ein paar Wochen festgestellt, nachdem ich gemerkt hatte, das ist immer wieder dieselbe Sprache, dieselbe Wortwahl, dieselbe Grammatik. Da war unter anderem ein weiblicher Account dabei, bei dessen Beitrag es auch um den Weltfrauentag ging. Warum wetterte eine Frau so heftig gegen den Weltfrauentag? Ich habe sie daraufhin zu meiner Veranstaltung eingeladen. Daraufhin kam nichts mehr. Das hat mir bestätigt, dass es ein Fake-Account ist. Geahnt hatte ich das schon vorher. Man merkte auch, dass es ein Mann geschrieben hatte, bestimmte Formulierungen kommen nur von Männern.

Flüchtlingspolitik

Wir haben einen Antrag gestellt, dass Freising zum »Sicheren Hafen« wird. Das Bündnis Seebrücke ist ja eine relativ große Organisation, die in vielen Städten Unterstützung findet. Ich hatte das erst gar nicht auf meiner privaten Seite, sondern auf einer politischen. Zuerst hat einer darunter gepostet – auch mit einem Fake-Namen –, dass die Fraktionsvorsitzende hier im Freisinger Stadtrat, also ich, doch zuallererst mal Flüchtlinge privat aufnehmen sollte. Dann hat er mich direkt angesprochen. Daraufhin haben viele aus meinem Kreis gepostet, dass es doch darum gar nicht geht. Doch er wurde dann immer massiver, und dann habe ich recherchiert und herausgefunden, dass es ein kommunaler CSU-Kandidat war beziehungsweise ist. Nach sechs, sieben Posts über eine Woche habe ich das herausgefunden und ihn direkt öffentlich angeschrieben. Unter einen seiner Posts habe ich geschrieben: »Sehr geehrter Herr XY, Listenkandidat 25 der Freisinger Kommunalliste der CSU, treffen wir uns doch mal und reden darüber.« Dann war's vorbei. Dann kam nie mehr was. Es zeigt, wie wichtig es ist, dass man solche Dinge nicht verschweigt oder mit sich selbst ausmacht, sondern öffentlich reagiert, sich öffentlich verteidigt.

Was kann jeder Einzelne tun?

Man sollte Auseinandersetzungen versachlichen, sachliche Argumente ins Feld führen und mehr direkt miteinander sprechen. Bestimmte Debatten sollten face-to-face ausgetragen werden. Ich denke, dass man auch in der großen Politik etwas mehr tun muss, damit so etwas unterbunden wird. Die Polizei muss mehr Unterstützung bekommen, die Fahndungsbehörden brauchen mehr Unterstützung, damit diese massiven Attacken, die gewaltverherrlichend sind, ein Ende haben. Und man muss sich gegenseitig über Parteigrenzen hinweg mehr unterstützen.

Stefanie Kirchner, Bezirksrätin

Warum greift man jemanden an,
der sich für etwas einsetzt, was den Menschen nutzt?

Die oberbayerische Linken-Bezirksrätin Stefanie Kirchner verwendet gern den Begriff »Sozialparlament«, wenn sie die Funktion des Bezirkstags erklärt. Als Gesundheits- und Krankenpflegerin betrachtet sie es als ihre vordringlichste Aufgabe, sich für Menschen mit Behinderung oder psychischen Erkrankungen und für Menschen, die ambulante oder stationäre Pflege brauchen, starkzumachen. Sie verfügt über jahrelange Erfahrung in diesem Bereich und fordert eine stärkere Einflussnahme des Bezirks auf das Bundesteilhabegesetz (BTHG), um schnellere Fortschritte bei der Umsetzung zu ermöglichen.

Ende Juni 2020 wurde Stefanie Kirchner in ihrem Wohnort Kösching auf offener Straße von einem mit einem Messer bewaffneten Mann hinterrücks angegriffen und gewürgt. Die Ermittlungen von Staatsschutz und Staatsanwaltschaft sind bisher ergebnislos geblieben.

Weitermachen – ja oder nein?

Den Gedanken, aufzuhören, gab es gar nicht. Ich habe sehr schnell mit dem Landesverband Kontakt aufgenommen und sehr viel Rückhalt erfahren – auch von der bundespolitischen Ebene. Für mich war klar: Du kannst nicht aufgeben. Nie! Es geht einfach nicht. Ich habe natürlich gesagt, ich brauche Zeit zum Verarbeiten, ich muss mich zurückziehen, ich brauche Abstand. Ich bin dann für eine gewisse Zeit untergetaucht und habe diese Zeit genutzt, um mich wieder gestärkt der Öffentlichkeit stellen und sagen zu können: Die haben keine Chance, wir machen weiter!

Unterstützung

Die allererste Unterstützung hatte ich von einer Antifa-Organisatorin in Eichstätt. Sie hat eine Kundgebung mit hier ortsansässigen Links-Sympathisanten organisiert. Ich habe das Ganze ja nur aus der Ferne über Facebook und WhatsApp mitbekommen. Da sind fünfzig

Leute gekommen, die mich wahrscheinlich gar nicht alle kannten. Passanten sind stehen geblieben und haben zugehört, also wahrgenommen, was wirklich passiert ist und dass es sich dabei mit großer Wahrscheinlichkeit um einen rechtsextremen Angriff handelte. Warum sollte er sonst »Ihr Scheiß-Linke« geschrien haben? Später gab es eine Mahnwache in Ingolstadt, die von der damaligen Linken-Landessprecherin Eva Bulling-Schröter mitorganisiert wurde, bei der Redner aus verschiedenen Parteien auftraten. Zu spüren, dass es im lokalen Bereich jeden erschüttert, hat mich darin bestärkt, mich nicht unterkriegen zu lassen.

Gründe für den Anschlag

Warum es diesen Anschlag gab, weiß ich nicht, denn ich habe mich als Politikerin nie offen positioniert. Klar verurteile ich Rechtsextremismus, aber ich habe keine Angriffe in verbaler Form dagegen gestartet. Das ist das, was mich ängstigt: Warum greift man dann gerade jemanden an, der sich für etwas einsetzt, was selbst diesen Menschen nutzt?

Verhalten der Polizei

Traurig gemacht hat mich, dass ich zuerst von der Polizei nicht ernst genommen wurde. Nachdem ich den Angreifer abgewehrt hatte, bin ich nach Hause gerannt und habe die Tat gemeldet. Meine Adresse im Einwohnermeldeamt ist geschützt, aber ich musste sie trotzdem angeben. Im Team des Streifenwagens war nur eine einzige Frau. Es war niemand vom kriminalpsychologischen Dienst dabei. Dass tatsächlich ein Angriff erfolgt war, konnte man nicht übersehen. Sie haben Fotos gemacht. Auch bei der Kriminaltechnik waren nur Männer dabei. Sie mussten meine Kleidung untersuchen und draußen warten, während ich mich umgezogen habe. Das sind Dinge, bei denen man sich als Frau sehr unwohl fühlt – in der Gesamtsituation.

Die einzige Polizistin fuhr mit mir noch einmal zum Tatort zurück und zeigte nicht gerade Feingefühl. So frei nach dem Motto: Jetzt zeigen Sie doch noch mal, wo genau ist es denn passiert? Sicher wollten sie die Spur des Täters von dort aus verfolgen, aber so kurz nachdem es passiert war … Ich kenne andere Fälle, wo der kriminalpsychologische Dienst sofort zur Stelle ist, um einzuschätzen, ob man jemanden allein nach Hause gehen lässt oder lieber in ein Krankenhaus bringt. Das ist nicht passiert. Ich bin am nächsten Tag zu meiner Hausärztin gegangen und habe die Stichverletzung von ihr versorgen lassen.

An diesem Tag kam dann das volle Programm: Die Ermittler vom Staatsschutz fuhren mit mir nach München in die Rechtsmedizin. Ich war völlig überfordert. Auf der Autofahrt nach München habe ich gedacht: Gestern so, heute so – warum?

Die Polizei hat keine Pressekonferenz einberufen. Angeblich gab es eine Unstimmigkeit zwischen Staatsanwaltschaft und Polizei. Deshalb habe man nichts gemeldet. Die Pressemitteilung ging dann über unseren Landesverband an die Presse raus. Was ich sehr gut fand: Die Presse hat sich wirklich an die Vereinbarung gehalten, erst zu berichten, als ich aus Kösching verschwunden war.

Allein gelassen vom Staat

Ich hab mich nicht nur von der Polizei, sondern auch vom Staat alleingelassen gefühlt. Bewusst geworden ist mir das erst später, aber ein Gewaltopfer in der Nacht von Sonntag auf Montag nach der Vernehmung allein zu lassen, ist doch unmöglich. Nach der Feststellung, es müsse wahrscheinlich der Staatsschutz eingeschaltet werden, es könnte eine politisch motivierte Tat sein, verließen die Beamten meine Wohnung. Vorher hatten sie noch angekündigt, das Verfahren werde eingeleitet, ich würde gewiss vom Staatsschutz dazu vernommen. Ja, und dann weg. Raus aus der Wohnung, keiner mehr da. Ohne eine Aussage dazu, ob jetzt Streifenwagen herumfahren, um mich zu beschützen. Denn ich wusste ja nicht, wohin der Täter gelaufen war. Wenn er Ortskenntnis besaß, konnte er wissen, wo ich wohne, und einen anderen Weg wählen, um hierherzukommen. Mit alldem haben mich die Polizei und die ermittelnde Behörde erst einmal alleingelassen. Ich hatte auch danach nicht das Gefühl, dass ich in irgendeiner Form besonders geschützt werde.

Bei der Dreistundenvernehmung wurde der Frage nachgegangen, ob es ein dezentral untergebrachter Ausländer gewesen sein könnte. Ich weiß, dass in alle Richtungen ermittelt werden muss. Dass sie nicht sagen können, das ist eine rechtsmotivierte Tat, ist mir schon auch klar. Sie müssen neutral ermitteln. Aber wenn es immer mehr Zeichen in die rechtsextremistische Richtung gibt … Ich habe ihnen sehr viele Hinweise gegeben, aber es blieb das Gefühl, dass man denen gar nicht mehr so genau nachgegangen ist, sondern in meinem Privatleben gewühlt hat.

Umgang mit der Angst

Die Tage danach waren für mich äußerst problematisch. Wenn ich unterwegs war und gehört habe, wie neben mir ein Motorrad langsamer wurde – da hat man plötzlich all die amerikanischen Krimis im Kopf. Die Angst war da, die hat mir keiner nehmen können – es war ja kein Ansprechpartner für mich da.

Inzwischen ist sie weniger geworden. Dass ich damit an die Öffentlichkeit gegangen bin, hat mich gestärkt. Ich hoffe und denke für mich, es schreckt diese Täter ab. Je mehr sie in den Fokus geraten, desto größer ist für sie die Gefahr, gefasst zu werden. Ich kenne bis heute die Intention des Täters nicht. Wollte er mich wirklich bewusst umbringen oder wollte er mir nur einen Schreck einjagen? Wollte er mir Angst machen, damit ich aufhöre? War damit der Fall für ihn erledigt? Man kann es erst dann herausfinden, wenn man mit dem Täter spricht und er sein Motiv preisgibt.

Mein Antrieb ist weiterhin die Unterstützung, die ich erfahren habe und erfahre. Die Leute treten einem nicht mit Mitleid gegenüber, sondern sagen:»Mensch, das ist Stärke, dass du weitergemacht hast und weitermachst! Dass du dich trotzdem weiterhin für deine politischen Ziele eingesetzt hast und einsetzen willst.« Ich bin ja auch gewerkschaftlich aktiv. Mein Netzwerk ist sehr groß und deckt alle möglichen Bereiche ab, und wenn man da die positive Resonanz bekommt, dann weiß man, es ist richtig, weiterzumachen. Es ist richtig; bei jedem Statement, bei jedem Auftritt, bei jedem Zeitungs- oder Radio- oder Fernsehinterview – auch jetzt in der Auseinandersetzung mit »Querdenkern«, gerade in Hinblick auf meine Corona-Infektion – gilt es zu zeigen: Leute, es ist was Ernstes! Ich stehe dazu. Ich steh dazu, dass ihr falschliegt, und das ist meine volle Überzeugung, dafür stehe ich ein. Das ist meine Motivation zu sagen: Ihr kriegt mich nicht klein! Ich mache weiter.

Marian Offman, ehemaliger Stadtrat

Ich werde mich mit aller Kraft dafür einsetzen,
dass sich die Shoa oder Ähnliches nicht wiederholt.

Marian Offman, geboren 1948 in München, gehörte von 2002 bis 2020 dem Münchner Stadtrat an. Zeitweise war er auch Pressesprecher der Münchner CSU. Zu den Schwerpunkten seiner Arbeit als Stadtrat zählten das bezahlbare und familiengerechte Wohnen, die Schaffung zusätzlicher Angebote in der Kinderbetreuung, der soziale Ausgleich, der Respekt für Senioren, der Erhalt Münchens als Kulturmetropole und eine klare Positionierung gegen Rechtspopulismus und Rassismus. Mehrmals bezog er auch öffentlich Stellung gegen Islamfeindlichkeit und unterstützte die Migrationspolitik der Bundesregierung. Im Sommer 2019 wechselte er von der CSU zur SPD. Die CSU hatte ihn bei der Listenaufstellung zur Kommunalwahl 2020 nicht berücksichtigt. Von 2004 bis 2012 war er Vizepräsident der Israelitischen Kultusgemeinde für München und Oberbayern. Seit 2021 ist er Beauftragter der Stadt München für den interreligiösen Dialog.

Politisches Leben

Mein politisches Leben war ziemlich bewegt, wechselvoll mit Höhen und Tiefen. Begonnen hat es Mitte der 1990er-Jahre. Ich war seit vielen Jahren im Vorstand der jüdischen Gemeinde und wurde 1995 eingeladen, nach Auschwitz zur Gedenkveranstaltung anlässlich des fünfzigsten Jahrestags der Befreiung des Lagers zu fahren. In Auschwitz waren auch Landtagsabgeordnete. Mit ihnen war ich ständig zusammen und hatte das Gefühl, dass sie voller Entsetzen über das Menschheitsverbrechen der Nazis genauso wie ich um die ermordeten Juden trauerten. Wenn es einige deutsche Politiker gibt, die mit mir auf einer Wellenlänge sind, was die Sicht des Holocausts anbelangt, dann kann ich auch in die Politik gehen, das waren meine Überlegungen. Bis dahin war das eigentlich für Juden nicht vorstellbar, in die Politik des Tätervolkes zu gehen. Auch für mich nicht. Ich habe mich bis dahin fast nur in jüdischen Kreisen aufgehalten und konnte mir nicht vorstellen, in einer Partei für ein politisches Mandat anzutreten. Ich habe mich sehr damit beschäftigt, warum ich in Deutschland lebte, denn meine Verwandten waren alle in Kanada und Israel.

Ich bin dann in die CSU eingetreten, um etwas zu bewegen und zu verändern, besonders im Umgang mit der Erinnerung und mit einer Zukunft in München und Deutschland, die von gegenseitiger Wertschätzung und Toleranz lebt, in der sich Menschen unterschiedlichen Glaubens respektieren und sich gemeinsam gegen Antisemitismus einsetzen. Dann kamen die Münchner Stadtratswahlen. Ich konnte mir nicht vorstellen, für den Landtag oder den Bundestag zu kandidieren. Das war für mich so fern. Heute weiß ich, dass es ein Fehler war, ich hätte mich um ein Mandat für den Bundestag bewerben sollen. Das hat auch mein Förderer, der langjährige Bundestagsabgeordnete der CSU Johannes Singhammer, gemeint. Er sagte:»Du hättest im Bundestag eine bella figura gemacht, du wärst geeignet gewesen.«

Stadtratskandidatur

Dann habe ich also das erste Mal für den Stadtrat kandidiert. Daraufhin gab es gleich ein antisemitisches Flugblatt gegen mich. Es sind viele dieser Flugblätter verteilt worden mit mehreren Kandidaten und mit Gründen, warum die nicht gewählt werden sollten. Einer davon war ich. Bei mir stand:»Marian Offman, der Immobilienhai aus der israelitischen Kultusgemeinde.« Ich bin dann natürlich nicht gewählt worden. Ich habe damals erwartet, dass das passieren könnte. Urheber war übrigens ein Stadtratskollege aus der CSU. Als ich Wahlkampf gemacht und in die Gesichter der Leute gesehen habe, habe ich mich bei älteren Menschen oft gefragt: Was hat er in der Nazizeit gemacht? Ist das vielleicht ein Antisemit, er schaut mich so verkniffen an?

Einige suchten meine Nähe, indem sie mir jüdische Witze erzählten und etwas albern jiddelten, was ich nicht mag, denn ich kann Jiddisch. Mein Vater hat nur Jiddisch mit mir gesprochen. Wenn ich mir heute überlege, was ich mir damals alles gefallen lassen musste und was ich ertragen habe … Immer wieder tauchte für mich die Frage auf: Warum mache ich das eigentlich?

Nachdem ich nicht gewählt worden war, sagte Peter Gauweiler zu mir: »Marian, jetzt musst du dir überlegen, was du machst. Wenn du weitermachen willst, dann komm in den Bezirksvorstand.« Das habe ich dann getan. Ich habe versucht, für die Gemeinde Zugang zum Freistaat zu bekommen. Mir ging es darum, dessen Vertreter für das Gemeindezentrum zu gewinnen. Sie mussten von der Notwendigkeit überzeugt werden. Das ist auch gelungen, weil ein Freund von mir, den ich in Auschwitz kennengelernt hatte und der wohl selbst jüdische Wurzeln hatte, in der Staatskanzlei in der Nähe von Herrn Stoiber arbeitete. Der damalige Finanzminister und viele andere haben das Projekt zunächst nicht unterstützt oder waren sogar dagegen.

Pressesprecher und Stadtratsarbeit

In der CSU hatte ich bei mancher Gegnerschaft auch viel Unterstützung. Ich hatte dort gute Freunde. Und es gab Menschen, die die Nähe zu mir gesucht haben. Mir ging es in der CSU um Werte: Religion, Familie, Kinder. Wertkonservativ heißt ja nicht gleich rechts.

Mich hat die Kinderfeindlichkeit in Deutschland irritiert. Das war für mich eines der wichtigsten Themen. Ich fing an, das Kinderthema in der Münchner CSU zu etablieren. Nach zwei Jahren im Bezirksvorstand hat mich Johannes Singhammer zum Pressesprecher gemacht. Es hat noch nie so viele Pressemeldungen der Münchner CSU gegeben wie in dieser Zeit. Am Ende hatte ich sogar Kinder in meinen Pressekonferenzen – wegen damals mangelnder Kinderbetreuung. Das war ein Riesenhype. Eine meiner ersten Schlagzeilen war: »Ein Kinderlächeln in München ist so selten wie ein Junikäfer im Winter.« Das war so eine Idee, ich dachte, ich könnte es versuchen. Am nächsten Tag stand es in großen Buchstaben in jeder Zeitung.

Beim zweiten Anlauf bin ich dann doch noch in den Stadtrat reingerutscht, und dann war ich 18 Jahre lang Stadtrat. Beim dritten Mal hatte ich ein super Wahlergebnis – auch wegen des Stadtwerke-Themas.

Weil ich den Kampf gegen die Stadtwerke wegen hoher Energiepreise geführt habe und für transparentere Verbraucherabrechnungen eingetreten bin. Dadurch bin ich bekannter geworden.

Haltung zeigen

Die Stadtratsarbeit hat mich fasziniert und beflügelt. Ich wusste, dass ich als Jude nicht der geborene CSU-Politiker war. Ich wusste, dass es Menschen gibt, die mich nicht wollen. Das hab ich auch immer wieder gehört, sie nannten mich einen Exoten.

Als ich dann stärker in der Öffentlichkeit stand, bekam ich eine Vielzahl von bösen antisemitischen Briefen: »Man hat vergessen, dich in Auschwitz zu ermorden«, »Man hat vergessen, dich zu vergasen« und dergleichen mehr. Ich hab dann angefangen, offensiv dagegenzuwirken. Ich bin zu vielen Demonstrationen der Nazis gegangen, weil ich – auch heute noch – der Meinung bin, als Jude muss man den Nazis Gesicht zeigen. Man muss ihnen zeigen, dass man keine Angst vor ihnen hat. Und das habe ich gemacht. Auch gegen Islamfeindlichkeit, insbesondere gegen den islamfeindlichen Extremisten Michael Stürzenberger, habe ich mich massiv eingesetzt. Bei »München ist bunt« war ich immer mittendrin. Auch wenn das böse Reaktionen im Internet zur Folge hatte: Es reicht nicht, nur zu reden.

Bedrohung, Schutz, zweierlei Maß

Die Art der Bedrohung hat sich mit dem Internet und sozialen Netzwerken wie Facebook verändert. Ich stehe schon seit Jahren auf Todeslisten, wovon ich zunächst nichts gewusst habe. Ich habe es von anderen erfahren. Das hindert mich nicht daran, auf Demonstrationen, zum Beispiel gegen eine Pegida/AfD-Veranstaltung am Stachus, zu gehen. Die Nazis kennen mich alle, was für mich auch eine Art Schutz ist. Weil sie genau wissen, wenn sie mir etwas antun, dann haben sie einen Märtyrer geschaffen. Das ist eine Hemmschwelle. Ja, auch Öffentlichkeit gibt einen gewissen Schutz.

Einmal – nach der sogenannten Hetzjagd von Halle – kommt einer zu mir und fragt mich: »Was sagen Sie denn dazu, was in Halle passiert ist?« Ich habe geantwortet:»Was soll ich dazu sagen? Der wird vor einem deutschen Gericht stehen, wie jeder andere auch, und er wird seine gerechte Strafe bekommen, und fertig. Ich weiß nicht, wieso Sie mich danach fragen.« Dann hat er gegen Flüchtlinge und Asylanten gehetzt. Irgendwann bin ich dann wütend geworden, und habe gesagt:»Ihre Freunde dort finden doch immer noch gut, was in der Nazizeit passiert ist, sie teilen die Ideologie der Nazis. Was sagen Sie denn dazu, dass die Nazis mit dieser Ideologie sechs Millionen Juden ermordet haben?« Darauf erwiderte er:»Die Zahl sechs Millionen können Sie aber nur im Reader's Digest gelesen haben.« Ich habe Strafanzeige gestellt wegen Volksverhetzung und wegen Leugnung des Holocausts. Nach relativ kurzer Zeit, ich glaube, sechs Wochen später, wurde mir die Einstellung der Ermittlungen mitgeteilt. Die Begründung: Der Volksverhetzungsparagraph (§ 130 StGB) käme nicht zum Tragen, Reader's Digest sei doch ein anerkanntes Blatt in Deutschland. Das schrieb die Staatsanwaltschaft München! Keine einzige von mindestens zehn meiner Anzeigen wegen Volksverhetzung war erfolgreich. Alle Ermittlungen wurden eingestellt oder auf Beleidigung reduziert.

Bei einer Veranstaltung von AfD-Leuten am Marienplatz, wo einer von ihnen den Hitlergruß zeigte, für 45 Sekunden, mit Video nachgewiesen, erstattete ich Anzeige. Die Staatsanwaltschaft sagte, die Polizei habe das nicht gefilmt, es gäbe keinen Nachweis. Ich wusste ja, dass gefilmt worden ist, und zwar von den Teilnehmern selbst. Die haben die Aktion stolz gefilmt und auf der Website»Politically Incorrect« veröffentlicht. Nachdem die Polizei das angeschaut hatte, wurde die Anzeige erneut niedergeschlagen mit der Begründung, es könnte auch ein Versehen gewesen sein.

Mit dem Antisemitismusbeauftragten der Generalstaatsanwaltschaft, Andreas Franck, streite ich mich immer wieder wegen der Einstellungen. Er hat nur gemeint:»Ich weiß, dass Sie ein Kritiker der Staatsanwaltschaft sind.«

Andersrum: Bei einer Demo von Pegida kommt so ein Junger von denen zu mir und hält mir ein Flugblatt mit der Botschaft »Beschneidung von Kindern ist Menschenrechtsverletzung« ganz nah vors Gesicht. Ich schiebe seine Hand zur Seite, und zehn Minuten später bin ich von acht Polizisten umringt, drei Frauen und fünf Männern. Sie sagen zu mir, sie müssten mir mitteilen, dass gegen mich Strafanzeige wegen gefährlicher Körperverletzung gestellt worden sei. Da hab ich zu ihnen gesagt:»Sie machen sich doch lächerlich. Sie haben doch neben mir gestanden, Sie haben doch gesehen, was passiert ist.« Bitterböse Mienen. Als hätte ich gerade eine Mordtat begangen. Da hab ich gesagt:»Wissen Sie was, ich will jetzt gehen. Mir reicht's, ich lass mir das nicht mehr gefallen.« Die Antwort:»Sie gehen jetzt nicht, Sie begleiten uns zum Verhörbus, wir müssen Ihre Personalien aufnehmen und Sie zur Sache vernehmen.« Ich:»Sie wissen doch, wer ich bin. Wozu brauchen Sie meine Personalien?« Dann haben sie mich tatsächlich nicht gehen lassen und meine Personalien aufgenommen. Es hat dann ein Dreivierteljahr gedauert, bis das Verfahren eingestellt wurde. Wenn ich eine Anzeige erstatte, dann ist das in sechs Wochen erledigt, aber wenn ich angezeigt werde, dann dauert es ein Dreivierteljahr. Wie soll ich das bewerten?

Und noch ein Beispiel: Gegen die Seite »judas.watch«, auf der ich stand, habe ich Strafanzeige gestellt – das Ergebnis: keine Volksverhetzung.

Was die Nazis natürlich besonders ärgert, ist, dass ich mich für Muslime einsetze und zum Beispiel gegen den Stürzenberger massiv agitiert habe, der wirklich ein Muslimhasser ist. Jetzt werde ich mich als Beauftragter der Stadt München für den interreligiösen Dialog einsetzen. Hass spaltet – ich möchte stattdessen Begegnungen mit und unter Menschen unterschiedlichen Glaubens unterstützen und gegenseitiges Verstehen fördern.

Von der CSU zur SPD
Ich habe mich 2019 dazu entschlossen, nach vielen Jahren CSU-Mitgliedschaft zur SPD zu gehen. Ich fühlte mich von der CSU nicht mehr ausreichend unterstützt. Mit meiner Haltung zur Flüchtlingspolitik passte ich nicht mehr in die Partei, und zur Stadtratswahl 2020 wurde ich nicht mehr aufgestellt. Mein SPD-Listenplatz war allerdings so weit

hinten, dass ich nicht mehr weit genug nach vorne »gehäufelt« wurde. Nun bin ich erster Nachrücker.

Keine Angst

Was mir noch sehr wichtig ist zu sagen: Ich habe keine Angst. Und ich werde, wenn die Nazis auf der Straße sind, weiter gegen sie demonstrieren. Das ist für mich eine sehr wichtige Aufgabe, ja, es ist für mich eine Verpflichtung. Auch als ich noch stärker in der Öffentlichkeit stand, habe ich mich nach meiner subjektiven Wahrnehmung nicht bedroht gefühlt.

Kein Gedanke ans Aufgeben – trotz allem

Ich lebe eigentlich in einem großen Zwiespalt. Ich war als Kind in Kanada bei meinen Verwandten und bin aus dummen Zufällen nach Deutschland gekommen. Meine Familie in Kanada hat meine Eltern, die in Scheidung lebten, bekniet, nicht nach Deutschland zurückzugehen. Sie hätten mich auch adoptiert. »Es kann nicht sein, dass der Marian nach Deutschland geht, in das Land der Täter und Mörder.« Ich lebe in Deutschland, weil ich mich mit aller Kraft mein Leben lang dafür einsetzen werde, dass sich die Shoa oder Ähnliches nicht wiederholt. Dem widme ich meine ganze Energie, und da kann ich nicht aufhören.

Ich weiß, dass ich da viele nichtjüdische Deutsche an meiner Seite habe, die das genauso sehen wie ich. Und dass die Gefahr besteht, sehen wir tagtäglich überall auf der Welt, immer wieder. Der Antisemitismus war nach 1945 immer in Deutschland präsent, in unterschiedlichen Formen, und in allen Bevölkerungsbereichen. Und heute erleben wir ihn besonders in der Form des israelbezogenen Antisemitismus. Heute bekennen sich Menschen ganz offen dazu. Dass die Nazis jetzt in deutschen Parlamenten sitzen, ist ein Alarmsignal. Aber sie sitzen natürlich auch in allen Parlamenten der europäischen Mitgliedstaaten und im Europäischen Parlament.

Das wirklich positive und einschneidende politische Erlebnis in jüngster Zeit sind die Wahlen in Amerika Ende 2020. Das stimmt mich zuversichtlich.

Belit Onay, Oberbürgermeister

*Ich bin ja nicht zum Selbstzweck Oberbürgermeister geworden,
ich will politisch etwas verändern.*

Belit Onay, geboren 1981 in Goslar, ist das erste Oberhaupt einer deutschen Landeshauptstadt mit Migrationshintergrund. Er studierte Rechtswissenschaften an der Leibniz Universität Hannover. Was ihn dazu bewog, in die Politik zu gehen, war der ausländerfeindliche Mordanschlag von Solingen, bei dem am 29. Mai 1993 fünf Menschen getötet wurden. Die Tat hat ihm bewusst gemacht, wie wichtig das politische Engagement der Menschen mit Migrationshintergrund ist. Er war vier Jahre Stadtrat in Hannover und von 2013 bis 2019 niedersächsischer Landtagsabgeordneter. Gleich nach der gewonnenen Oberbürgermeisterwahl im November 2019 wurde er mit rassistischen Hassmails beleidigt und bedroht.

Erfahrungen mit rassistischen Anfeindungen

Vor meiner Zeit als Oberbürgermeister in Hannover war ich schon sechseinhalb Jahre im niedersächsischen Landtag. Ich stand aber medial nicht in der ersten Reihe, sondern war regionaler Abgeordneter aus Hannover, sodass die Aufmerksamkeit weniger meiner Person als vielmehr den jeweiligen Themen galt. Rassistische Anfeindungen, vor allem über die sozialen Netzwerke, kamen vor, aber vor allem als Reaktion auf Aussagen von mir zu Reizthemen wie Flüchtlingspolitik und Migration.

Mit der Kandidatur zum Oberbürgermeister richtete sich die Aufmerksamkeit stärker auf meine Person. Es bestand eine reale Chance, dass ich gewählt werden könnte. Insofern gab es auch am Wahlkampfstand hin und wieder Beleidigungen bezüglich meines familiären Hintergrunds, also auch rassistische Beleidigungen. Das war aber eher selten der Fall.

Mit dem Wahlsieg nahm das plötzlich eine krasse Wende. Am Wahlabend selbst habe ich die Beiträge in den sozialen Netzwerken zunächst nicht verfolgt. Wir waren alle sehr glücklich und haben das Wahlergebnis gefeiert – auch mit Freunden, Bekannten und der Familie. Am nächsten Morgen musste ich feststellen, dass eine unfassbare Welle losgetreten war. Im Sekundentakt gab es beleidigende Nachrichten, Mails und Botschaften. Es war irre.

Darunter war ein Video eines aus der Identitären Bewegung stammenden Österreichers, der in dieser Szene eine bekannte Größe ist und unzählige Follower hat: Martin Sellner. Er hat noch am Wahltag ganz aktuell ein Video zu mir gemacht mit dem Thema, dass Hannover aus dem Abendland fällt oder so ähnlich. Und das führte zu einem Dammbruch.

Auswirkungen auf die eigene Motivation

Das hat schon etwas mit mir gemacht: Die Freude über den Wahlsieg war zunächst völlig verflogen, das muss ich ehrlicherweise sagen. Ich war niedergeschlagen und hatte wirklich das Gefühl, die ganze Welt hasst mich. Zwei Tage lang befand ich mich in einem emotionalen Tief, denn in dieser Intensität hätte ich das nie und nimmer erwartet. Hilfreich war in dieser Zeit mein Kontakt zu Cem Özdemir und Claudia Roth. Als sie mir telefonisch gratulierten, spürten sie sofort, dass etwas nicht in Ordnung war, und fragten: »Was ist mit dir los?« So waren wir gleich beim Thema. Sie halfen mir dabei, die Reaktionen einzuordnen, und rieten mir, wie damit am besten umzugehen sei. Sie hatten und haben ja leider selbst viel Erfahrung mit Hassbotschaften. Der Austausch war hilfreich, weil mir dadurch bewusst wurde: Du bist nicht der Erste und du bist auch nicht der Letzte, der das erlebt. Es hat eine gewisse Systematik. Das zu wissen, macht es nicht besser, aber zumindest kann man damit besser umgehen.

Einige Tage nach dem Wahlsonntag hatte ich ein Schlüsselerlebnis: Ich war auf dem Weg in den Landtag. An der Ampel sprach mich eine ältere Dame an. Sie wirkte auf mich zuerst unfreundlich, grimmig in der Grundhaltung. Sie fragte: »Sind Sie nicht der neue Oberbürgermeister, der gerade den Wahlsieg errungen hat?« Ich erwartete eine negative Reaktion, doch sie meinte: »Ich habe Sie zwar nicht gewählt, aber ich finde es gut, dass Sie gewählt wurden. Machen Sie was draus. Ich wünsche Ihnen viel Erfolg.« Das hat mir gezeigt: Es besteht eben ein Unterschied zwischen dem realen Leben, also dem, was Menschen, mit denen du alltäglich in direkten Kontakt trittst, zu dir sagen, und den Äußerungen in den sozialen Medien. Darauf hatte mich schon Claudia Roth hingewiesen. Für mich war dieses Erlebnis ein bisschen befreiend, eine gefühlte Umarmung, wenn es auch nur mit Worten war.

In den folgenden Tagen gab es eine starke Solidarisierung. Ministerpräsident Stephan Weil meldete sich zu Wort, der Städtetag, die Fraktionsvorsitzenden aus dem Landtag. Die Tagesschau hatte sogar eine Art Faktencheck aufgelegt und gefragt: Was ist das eigentlich für ein Typ? Zur Verwunderung aller war ich in den sozialen Netzwerken als Oberislamist bezeichnet worden – einfach nur wegen meines Backgrounds, also weil meine Familie aus der Türkei kommt.

Es gibt einige große Trigger-Themen, die sich in meiner Person fokussieren: Das erste ist mein Hintergrund als Migrant aus einem muslimischen Land. Da ist man im Zweifel Erdoğan-Anhänger oder Islamist. Und dann bin ich auch noch Grüner. Das Thema »autofreie Innenstadt« war mein Wahlkampfhauptthema. Das mobilisiert die Auto-Enthusiasten, die jeden Sonntag ihre Fahrzeuge polieren. Das Absurde ist übrigens, dass ich auch bei Mitbürgerinnen und Mitbürgern mit Migrationshintergrund teilweise verhasst bin, weil ich aus der Türkei komme, aber Grüner bin.

Seit meinem Amtsantritt bekommen wir Hassbotschaften, Pakete, Briefe, mal mehr, mal weniger. Wir bringen das alles zur Anzeige und haben einen guten Austausch mit der Polizei. Sie geht sehr behutsam vor. Dafür bin ich dankbar. Es wird ja häufig kritisiert, die Polizei habe keine Sensibilität, das kann ich für Hannover nicht sagen. Wir zeigen die Fälle zwar an, aber die Personen dahinter können nur sehr selten ermittelt werden. In einem Fall ist es mal sehr schnell gelungen. Für mich war das Erschreckende gar nicht nur die Wortwahl – die ist ja oft ähnlich –, sondern die Erkenntnis, welche Energie dahintersteckt. Wir haben Briefe bekommen, in die jemand wahrscheinlich ein paar Tage an Zeit investiert haben muss. Das macht vor allem Angst. Da nimmt sich jemand wirklich Zeit und Energie, nur um seinen Hass zu artikulieren.

Über diesen Fall berichtete der NDR am 3. März 2021:
»Das Amtsgericht Hannover hat einen 20-Jährigen wegen Volksverhetzung verurteilt. Er hatte nach Auffassung des Gerichts Oberbürgermeister Onay und andere vermeintlich ausländische Menschen bedroht. Das Amtsgericht entschied, dass der 20-Jährige einen sechsmonatigen sozialen Trainingskurs und Beratungsgespräche absolvieren muss. Zudem muss er zwei Wochen in Dauerarrest verbringen. Als menschenverachtend und perfide bezeichnete der Richter am Mittwoch die Briefe. Die Staatsanwaltschaft hatte den sozialen Trainingskurs sowie Beratungsgespräche für den Mann beantragt. Geurteilt und beantragt wurde nach Jugendstrafrecht, weil Reifeverzögerungen gesehen wurden, wie ein Gerichtssprecher sagte. Der junge Mann war nicht vorbestraft, er war Einzeltäter. Verbindungen zu einem rechtsradikalen Netzwerk konnten nicht festgestellt werden.

Der 20-Jährige hatte nach Überzeugung des Gerichts 18 gleichlautende Drohschreiben, betitelt mit ›Auswahl Ihrer Entsorgungsmethode‹, im Mai 2020 verfasst und in der hannoverschen Südstadt in Briefkästen geworfen, auf denen seiner Ansicht nach ausländisch klingende Namen standen. In den Briefen habe er angekündigt, die Betroffenen wegen ihrer ›artfremden Abstammung‹ demnächst ›entsorgen‹ zu wollen. Auch forderte er den Grünen-Politiker Onay auf, von seinen Ämtern zurückzutreten, sonst werde er ihn durch einen Sprengstoffanschlag töten. Ermittler hatten den 20-Jährigen im Mai vergangenen Jahres nach Zeugenaussagen fassen können.«[1]

Es gab verschiedenste Verfahren, die allerdings eingestellt worden sind. Dieses Verfahren ist meines Wissens tatsächlich das erste, bei dem es letztendlich ein Urteil gab. Das Problem ist nicht nur, dass viele Personen nicht ermittelt werden können, sondern auch, dass die Beweisführung – wenn sie mal ermittelt werden – vor allem in den sozialen Netzwerken sehr schwierig ist.

Einzeltäter oder organisierte Rechtsradikale?

Die radikalen Strukturen der verschiedenen rassistischen Bewegungen, zu denen zum Beispiel die Identitären gehören, ähneln sich. Das weiß ich noch aus meiner Zeit als innenpolitischer Sprecher. In der salafistisch-islamistischen Szene war es so, dass es einen harten Kern gab, der den Motor und die Propaganda am Laufen gehalten und den Hass ideologisch befeuert hat. Das wirkte dann auch auf diejenigen, die als Einzelperson, als »Einsamer Wolf« unterwegs waren. Ich erlebe das jetzt aktuell ähnlich. Es gibt einen Grundmotor, der im Dauerbetrieb läuft. Das schafft einen Boden für all jene, die sich nicht mit einem Mitgliedsausweis zu diesen Strukturen offiziell bekennen müssen, aber die Informationen konsumieren und dadurch ihre eigene Position noch mal neu justieren oder radikalisieren. Ich muss aber zugeben, ich habe – genauso wie die Polizei – keinen Einblick, wer eigentlich dahintersteckt. Es ist sehr diffus, sehr wirr, schwer greifbar. Davon betroffen sind ja unfassbar viele Menschen – gerade Ehrenamtliche, die nicht so einen Rückhalt und nicht so eine mediale Aufmerksamkeit haben und nicht so viel Solidarität erfahren wie ich. Und ich merke, das drängt Menschen auch zurück.

Gerade in der Flüchtlingsthematik haben sich ganz viele Menschen aus unterschiedlichen Bevölkerungsgruppen engagiert: ehemalige Lehrerinnen, Lehrer, es gab viele Unterstützer. Im Rat haben sich Menschen hingestellt und gesagt:»Wir brauchen mehr Unterkünfte, wir brauchen eine qualitative Begleitung, das kostet Geld.« Diese Menschen wurden extrem angefeindet – sogar in der Nachbarschaft, von Menschen, denen sie beinahe täglich begegnen. Und wenn dann die eigene Familiengeschichte Futter für solche wilden Theorien bietet, dann wird es noch dramatischer.

Politik und Familie

In diesem Jahr haben wir in Niedersachsen Kommunalwahlen. Ich habe selber einige Personen mit sichtbarem Migrationshintergrund angesprochen, ob sie nicht Lust hätten zu kandidieren. Nicht nur bei den Grünen, auch aus den anderen Parteien. Ich hab gesagt:»Wirf dich doch ins Rennen. Es wäre super, mehr Vielfalt dort zu haben.« Von drei Personen habe ich gehört:»Wir erleben ja, was du hier alles durchmachst, das will ich nicht. Ich hab Kinder, ich will das nicht.« Hass und Hetze verängstigen Menschen, und das ist eigentlich das Fatale.

Was dieser junge Mensch, der verurteilt worden ist, in seinen Briefen geschrieben hat, das ist in der Wortwahl sehr hart. Im Kern beinhaltet es diesen rassistischen Grundton: Ihr seid artfremd, ihr passt nicht in unseren deutschen Volkskörper. Das macht es so wahnsinnig erschreckend. Es ist eben nicht etwas, das so aus der Laune heraus passiert, sondern es handelt sich um eine gefestigte ideologische Struktur, die sich da entwickelt hat. Es wird viel Energie hineingesteckt.

Bei mir war es nicht so, dass ich gesagt habe, ich schmeiß jetzt alles hin, aber da waren schon Zweifel und auch Ängste. Ich hab meine Familie bewusst so gut es ging aus dem Wahlkampf herausgehalten – auch aus der Sorge heraus, dass der Fokus zu sehr darauf gelegt werden könnte. Meine Frau hat auch einen Migrationshintergrund. Unsere Story erzählt sich medial ganz gut. Die Medien hatten auch ein besonderes Interesse daran. Das wollten wir nicht zu sehr bedienen. Dennoch ist es bekannt. Ich bewege mich frei in der Stadt, das will ich auch. Ich will mit meinen Kindern auf den Spielplatz oder einkaufen gehen. Ich will mich normal bewegen können, davon will ich keine Abstriche machen. Die Polizei hat mir Tipps gegeben, wie ich mich verhalten, worauf ich achten soll – gerade in der Anfangsphase, als mir die Bedrohungslage insgesamt noch nicht ganz klar war. Es war schon so, dass ich es stärker registriert habe, wenn ich länger angestarrt wurde, und dass ich mich dann auf etwas Negatives eingestellt habe. Es ist schade, denn das ist nicht meine Grundhaltung. Häufig endete es dann freundlich, weil die oder der Betreffende sagte: »Ach, sind Sie nicht der Oberbürgermeister? Ich hab Sie erkannt unter der Maske. Ich wünsch Ihnen einen schönen Tag.«

Die eigene Motivation

Ich bin ja nicht zum Selbstzweck Oberbürgermeister geworden, weil das Neue Rathaus so schön ist, sondern ich will politisch etwas verändern. Ich will auch die Gesellschaft verändern. Darauf muss man sich immer wieder zurückbesinnen und sagen, du willst ja – ich will es gar nicht so pathetisch formulieren, aber es ist so – die Welt ein Stück besser machen. Natürlich spielt dabei auch eine Rolle, dass ich nicht will, dass meine Kinder auch so etwas durchmachen müssen oder mit solchen Themen konfrontiert sind. Ich will, dass sie hier leben können – in Hannover oder jeder anderen Stadt – und als Menschen wahrgenommen und behandelt werden, mit all ihren Stärken und Schwächen.

Sprechen über den (eigenen) Migrationshintergrund

Ich finde es nicht schräg, wenn man mich fragt: Wo kommt deine Familie her? Ich sehe das eher als positives Interesse. Entscheidend ist die Absicht hinter der Frage. Wenn es innerhalb eines interessanten Gesprächs passiert, ist es kein Rassismus. Ganz im Gegenteil. Ich frage ja auch Menschen, wenn sie einen schwäbischen Akzent haben. Das empfinde ich sogar oft als Türöffner für einen netten Austausch. Vor allem: Es interessiert mich, ich finde es spannend. Es ist auch eine Anerkennung der Biografie, der Historie. Das Entscheidende ist ja, wie ich es bewerte. Da merke ich, dass Deutschland zum Thema Migrationshintergrund eher eine defizitäre Diskussion und Grundhaltung hat. Sehr häufig oder zu häufig. Das unterscheidet uns von anderen Ländern. Deshalb ist es mein Wunsch, eine positivere Grundhaltung zu erzeugen und daraus auch die Gemeinschaft stärker zu fördern. Wenn ich das in meinem kleinen Hannover voranbringen kann, meinen Anteil dazu beisteuern kann, ist da, glaube ich, schon viel geholfen. Insofern versuche ich mich auch darüber zu motivieren, denn im Grunde wäre es eine Kapitulation, wenn ich aufhören würde. Das will ich nicht. Also bleibe ich am Ball, das ist schon eine klare Entscheidung.

Polizeischutz

Das Thema Personenschutz ist Fluch und Segen zugleich. Es schützt, aber man ist in einem goldenen Käfig, gefühlt jedenfalls. Es widerspricht meiner Art zu leben und mich frei bewegen zu können. Insofern haben wir das nicht weiterverfolgt. In der Pandemie sind große öffentliche Veranstaltungen allesamt ausgefallen, sodass es kein Thema war. Aber zu meinem allerersten Neujahrsempfang im Jahr 2020 war die Polizei anwesend und hat den Empfang begleitet. Die Verwaltung hatte darum gebeten, zusätzlich Sicherheitspersonal in Zivil um mich herum versteckt zu platzieren. Ich hab dem zugestimmt, damit sich die Kolleginnen und Kollegen besser fühlen. Es herrschte Unruhe, denn so etwas war bisher im Rathaus nie der Fall gewesen. Kein Oberbürgermeister hatte jemals solch einen Hass erfahren oder solche Anfeindungen wie ich zu der Zeit. Damit mussten auch alle anderen erst einmal umzugehen lernen. Im Stadtrat bin ich von Anfang an unterstützt worden. Die AfD fällt da etwas raus, verhält sich mindestens passiv, sagt gar nichts. Aber von allen anderen habe ich Unterstützung erfahren. Gerade beim Thema NSU 2.0, wo auch ich angeschrieben worden war, ist das von der Ratspolitik sehr stark mit Solidaritätsbekundungen begleitet worden. Sehr zügig, bereits einen Tag, nachdem es öffentlich war. Dazu muss ich sagen: Ich selber mache das nicht öffentlich. Ich gehe damit nicht zur Presse, sondern nur zur Polizei. Den anfangs erwähnten Fall mit dem 20-Jährigen haben wir nicht öffentlich gemacht, der ist durch die Gerichtsverhandlung öffentlich geworden. Auch die Info zu NSU 2.0 kam nicht von mir, das Schreiben ist ja auch an andere adressiert worden, die das dann öffentlich gemacht haben. Wir haben das nicht weitergegeben. Ich will den Personen auf keinen Fall ein Forum bieten.

Zurückhaltung bei sozialen Medien

Als ich neu im Amt war, habe ich mich erst einmal zurückgehalten. Wir haben das Thema Öffentlichkeitsarbeit neu bewertet, auch mit dem Team. Das Thema »Schere im Kopf« war präsent, die Frage, soll man alles sagen, wenn schon erwartbar ist, dass es bestimmt Reaktionen gibt. Das triggert genau die Blase. Aber irgendwann hab ich gesagt, dann ist es eben so. Wir sind mittlerweile relativ offen. Ich versuche wirklich, nichts zu ändern an meinem Verhalten, meinen politischen Ausrichtungen und dem, was ich kommunizieren will. Wir behalten eine klare Linie.

Mit privaten Themen halte ich mich grundsätzlich zurück. Das war schon in meiner Zeit als Landtagsabgeordneter so. Ich gebe keine privaten Informationen preis. Unabhängig vom Thema Bedrohung oder Anfeindung finde ich das überflüssig. Aber was das Amt des Oberbürgermeisters betrifft: Die Menschen wollen selbstverständlich wissen, wie lebt dieser Mensch, wer ist das eigentlich, wofür steht er? So eine gewisse Preisgabe im Wahlkampf habe ich zusammen mit meiner Frau vereinbart. Wir haben entschieden, dass sie bei einigen Terminen mit dabei ist, wobei sie sich nicht in der Rolle einer First Lady an meiner Seite sieht. Sie ist eine eigenständige Person. Diese Rolle als Frau an meiner Seite wollten wir nicht überstrapazieren, auch weil sie nicht real ist und unserem Zusammenleben nicht entspricht.

Meine Privatadresse stand ja auf dem Wahlzettel, das ist in Niedersachsen die Regelung. Wir hatten schon eine Weile vor, umzuziehen, nachdem wir unser zweites Kind bekommen hatten. Wegen der Wahl und wegen des neuen Amtes hatten wir das erst einmal verschoben. Aber als es dann losging mit den Bedrohungen, haben wir uns entschieden, umzuziehen. Ich will nicht, dass sich jemand bei Google den Wahlzettel raussucht und dann meine Privatanschrift hat. Deshalb sind wir gleich umgezogen – in ein sehr nettes Viertel, da hat es bisher keine Bedrohungen gegeben. Es gibt hier und da in der Nachbarschaft mal Graffitis. Eines Tages wurde sehr auffällig der Spruch »Fuck AfD« direkt vor unsere Tür gesprüht. Natürlich wurde das entfernt. Die Polizei vertrat die Einschätzung, dass das Graffiti aus der linken Szene zu unserer Unterstützung stammte – als eine Art Solidaritätsbekundung.

Pragmatismus und Kommunikation

Ich habe nicht vor, die Hände in den Schoß zu legen und zu sagen, die Welt ist so schlecht, damit muss man leben. Das gilt gerade auch für die Themen Mobilität und autofreie Innenstadt – das polarisiert tatsächlich: Autofeind versus Autofahrer! Als ob das zwei Lager wären. Ich hab selber kein Auto, aber es ist nicht so, dass ich das Auto verteufle. Wir haben ja auch einen Dienstwagen. Den benutze ich hin und wieder, wenn es notwendig ist für bestimmte Termine. Aber ich benutze ihn nicht wirklich gern, finde es angenehmer, wenn man ein paar Schritte mehr gehen, mit der Bahn oder mit dem Fahrrad fahren kann. Es ist auch eine Frage von Lebensgefühl. Und Hannover ist die Stadt der kurzen Wege, das funktioniert hier sehr gut.

Ich versuche, deutlich zu machen, dass dahinter Pragmatismus steht. Ich versuche, die Lebenswelten der Menschen anzuerkennen, den Bedarf anzuerkennen. Ich versuche, in der Stadt einen Dienstleistungsauftrag wahrzunehmen, die Situation für jeden einzelnen Bürger oder Einwohner zu verbessern.

Wenn man diese inhaltliche Diskussion führt, erreicht man Leute, die vielleicht erst mal skeptisch bis ablehnend eingestellt sind. Wenn allerdings bereits eine krasse Radikalisierung eingetreten ist, die stark auf meine Person zielt und sich gar nicht an Sachfragen festmacht, dann ist das tatsächlich sehr schwierig, weil man diese Menschen nicht mit inhaltlichen Debatten erreicht. Sie wollen ja, dass ich überhaupt nicht rede. Sie wollen mich am liebsten stumm schalten.

Die aktuelle Identitätsdebatte

Die Positionierung der Absolutheit, sowohl was Diskriminierung als auch den Kampf gegen Diskriminierung angeht, gerade wenn es um Migrationshintergrund geht, nimmt problematische Züge an. Es gibt ja nicht nur die Identität Türkisch, Deutsch, Muslimisch oder sonst was. Das sind ja nur Mosaiksteine in einem Gesamtkomplex. Meines Erachtens wird das in der gesamten aktuellen Identitätsdebatte überhaupt nicht erkannt. Mein Vater erzählte mir, als er aus der Türkei kam, sei das Thema Türkischsein nie vorrangig gewesen. Es spielte keine besondere Rolle. Hier in Deutschland habe er zum ersten Mal wirklich für sich realisiert, dass er Türke ist, weil es so wie ein Stempel verwendet wurde. Es war jedoch nie sein primäres Selbstverständnis.

Was mich betrifft: Ich erinnere mich zum Beispiel an das Thema 11. September. Vorher war man in der Klasse eher der Junge aus der Türkei, ab dem 11. September war man dann vor allem der muslimische Junge, gerade bei Debatten in der Schule. Dabei entsteht eine Wechselwirkung, und die muss man auflösen. Die Debatte, wie sie jetzt gerade geführt wird, bedient im Grunde genau diese Schubladen. Man kommt nicht aus der Schublade raus, wenn man die Schublade größer macht. Die Schublade muss weg. Unsere Zielsetzung in Hannover versuchen wir unter dem Thema »diskriminierungsfreie Stadt« zu subsumieren.

Wir wollen klarmachen, dass es nicht darum geht, wo jemand herkommt, was sein Background ist, sondern wo wir gemeinsam hinwollen. Wir richten uns gemeinsam nach vorne aus. Es geht nicht um die Frage, wann man Deutscher ist, sondern es geht um die Frage nach der Zukunft Deutschlands.

Nadine Schön, Bundestagsabgeordnete

Trotz der zahlreichen Hassmails und sexuellen Beleidigungen habe ich nie daran gedacht, aus der Politik auszusteigen.

Nadine Schön, geboren 1983 in Lebach, studierte Jura an den Universitäten Heidelberg und Saarbrücken. Studienbegleitend absolvierte sie 2002 bis 2008 eine journalistische Ausbildung im Rahmen eines Stipendiums der Konrad-Adenauer-Stiftung. Von 2004 bis 2009 war sie Mitglied des Saarländischen Landtages. Seit September 2009 ist sie Mitglied des Bundestages, seit Januar 2014 stellvertretende Fraktionsvorsitzende der CDU/CSU-Bundestagsfraktion für die Bereiche »Familie, Senioren, Frauen und Jugend« sowie »Digitale Agenda«.

Aktivität erzeugt Hassreaktionen

Beleidigungen und Hassreden erreichen mich in vielfältiger Form. Hauptreiber sind die sozialen Medien, und da entfällt die soziale Kontrolle, wie es sie früher viel stärker gegeben hat. Aber auch mit Hassmails muss sich mein Büro fast täglich befassen. Anlass sind häufig meine Reden im Deutschen Bundestag, Fernsehauftritte und Pressemitteilungen. Je aktiver und engagierter ich mich für meine Themen der Familien- und Frauenpolitik, der digitalen Entwicklung und Bildung einsetze, desto mehr bekomme ich auch aggressive Reaktionen.

Gender nervt

Besonders die Gleichstellungsthemen führen zu verbalen Ausfällen. Quote, geschlechtersensible Sprache, all das führt zu negativen Reaktionen. Als ich mich 2012 zusammen mit anderen Unions-Bundestagsabgeordneten öffentlich für die einkommensteuerliche Gleichstellung von eingetragenen gleichgeschlechtlichen Partnerschaften mit der Ehe eingesetzt habe, bin ich übel beschimpft worden.

Beleidigt als Frau

Bei Äußerungen zu Flüchtlingsfragen wird mir eine »linksversiffte« Haltung vorgeworfen, was auch immer das heißen mag. Fremdenhass wird mit Drohungen zu Vergewaltigungsfantasien verbunden, und mir wird gewünscht, dass ich von den Flüchtlingen sexuell missbraucht würde. Und immer wieder erlebe ich diesen Spruch, dass man das doch wohl noch sagen dürfe.

Trennung von Politik und Familie

Ich versuche, diese Gehässigkeiten nicht zu nah an mich heranzulassen, und trage sie nicht in die Familie. Das ist so eine Art Selbstschutzreflex. Eine Art dickes Fell braucht es schon. Und was mir wichtig ist: Meine Familie ist bisher direkt nicht betroffen, auch nicht mein privates Umfeld im Saarland und in meinem Bundestagswahlkreis St. Wendel. Es ist für mich ein Unterschied, ob ich in der Anonymität der sozialen Medien verbal angegriffen werde oder ob man davon ausgehen kann, dass es Menschen aus dem lokalen Umfeld sind. Deshalb finde ich auch, dass man Kommunalpolitiker besonders schützen muss.

Gespräche können wirken

Beleidigungen erreichen mich anonym, manchmal auch mit Klarnamen. Einmal habe ich Anzeige erstattet, die auch erfolgreich war. Der Täter konnte ermittelt werden. Nach Gesprächen hat er sich entschuldigt, und ich habe den Antrag auf Strafverfolgung wegen Beleidigung zurückgenommen. Das hat mich ermutigt, Hass und Hetze gegen mich nicht zu ignorieren.

Reaktionen

Mein Büro und ich versuchen, so viele Mails und andere Eingaben wie möglich zu beantworten. Wir machen uns diese Arbeit, weil ich die Hoffnung habe, damit doch etwas erreichen zu können. Manche sind froh, überhaupt eine Antwort zu bekommen. Manche entschuldigen sich, manche haben aus Wut geschrieben. Es gibt aber auch Grenzen. Nicht auf jede Hassmail muss man eingehen. Mit der Zeit bekommt man ein ganz gutes Gespür dafür. Leider werden per Telefon meine Mitarbeiterinnen und Mitarbeiter in meinem Berliner Büro beschimpft. Das finde ich besonders schäbig. Wenn, dann sollen die Verfasser ihre Wut an mir auslassen, aber nicht auch noch meine Mitarbeiter beleidigen und als Blitzableiter benutzen.

Politik ade?

Es kam für mich nie in Betracht, mir ernsthaft den Rückzug aus der Politik zu überlegen. Das könnte den Verfassern von Hassmails so passen. Ich habe auch nie daran gedacht, mich aus den sozialen Medien zurückzuziehen. Facebook-Live-Veranstaltungen der Fraktion sind immer wieder von Beschimpfungen, Sexismus und Hass geprägt. Da kann man wirklich die Freude am Gespräch verlieren, denn es kann dann kein inhaltlicher Austausch stattfinden. Dennoch lasse ich mich nicht demotivieren und resigniere auch nicht. Veranstaltungen über mein persönliches Profil sind davon längst nicht so stark betroffen, da kommt das sehr selten vor. Und bei Präsenzveranstaltungen gibt es diese persönlichen Angriffe nicht so wie in den digitalen Formaten.

Unterstützung

Die Kampagne des Saarländischen Rundfunks im Oktober 2020 gegen Bedrohungen von Mandatsträgerinnen und Mandatsträgern war sehr hilfreich. Eine Woche lang wurden Infos dazu gebracht und viel Aufklärung geleistet. Das sensibilisiert viele Menschen und eine breitere Öffentlichkeit, die davon zum Teil nichts wussten. Was mich freut, ist eine schnelle Reaktion von Bürgerinnen und Bürgern. Immer öfter gibt es gegen radikale Äußerungen ein Kontra aus der Zivilgesellschaft, es wird hinterfragt, und Unterstellungen werden aufgezeigt. Der Hype gegen Politiker schaukelt sich schnell hoch, eine breite Reaktion holt die Wutäußerungen wieder runter.

Erfahrungen von Journalisten

Franziska Klemenz, Journalistin

Ich hab relativ schnell am eigenen Leib erfahren,
was der Vorwurf »Lügenpresse« bedeutet.

Franziska Klemenz studierte an der Bauhaus-Universität Weimar. Nach einem Kompaktkurs Journalismus an der Henri-Nannen-Schule absolvierte sie diverse Praktika in ihrer Heimat Franken und in Dresden. Für »Bild« und »B. Z.« war sie im Polizeiressort tätig – mit dem Schwerpunkt Rechtsextremismus. Nach einem Volontariat bei der »Sächsischen Zeitung«, das sie 2019 abschloss, wurde sie dort Redakteurin für Politik und Vermischtes. Obwohl sie bei ihren Recherchen häufig behindert und bedroht wird, will sie weiterhin an ihrem Schwerpunktthema Rechtsextremismus festhalten.

Erste Begegnung mit der rechten Szene

Ich habe 2014 im Oktober mein allererstes Praktikum gemacht – damals war ich noch an der Uni –, und zwar bei der »Sächsischen Zeitung« in der Lokalredaktion Dresden. Ein Kollege sagte zu mir: »Wenn du mal was Spannendes erleben möchtest: In Dresden gibt es jetzt so eine neue Demo. Möchtest du mitkommen?« Er meinte Pegida. Ich hatte natürlich riesige Lust, es klang aufregend. Ich komme aus Franken und kannte Demonstrationen in dieser Größenordnung von – wie sich später herauskristallisieren sollte – Rechten nicht. Wenn es bei uns dazu kommen sollte, wurden sie meist vorher aufgehalten. Damals hatte sich Pegida erst zum zweiten Mal in Dresden versammelt. Es waren zunächst nur etwa 300 Leute auf der Straße, und ich dachte, dieser lose Haufen würde sich schnell wieder auflösen, das würde wahrscheinlich nicht wahnsinnig relevant werden. Vier Wochen später habe ich bereut, so gedacht zu haben, denn da waren auf einmal mehrere Tausend Personen bei Pegida auf der Straße. Erschreckend, aber gleichzeitig natürlich auch wahnsinnig aufregend, wenn man gerade erst angefangen hat, in diesen Job reinzublicken.

Ich bin dann wöchentlich zu Pegida gegangen, wollte das unbedingt mitverfolgen. Begleitend dazu habe ich meine Bachelorarbeit über die Renaissance des Lügenpresse-Vorwurfs geschrieben. Ich habe dann relativ schnell am eigenen Leib erfahren, was dieser Vorwurf bedeutet. Als ich Ende 2014, Anfang 2015 auf einer Demo stand, ist es mir das erste Mal passiert. Ich stand mittendrin, habe einen Block gezückt, geschrieben und wurde dann als Journalistin identifiziert: »Das muss eine von der Lügenpresse sein!« Dann hat sich eine Traube um mich herum gebildet. Zuerst waren es ein paar einzelne Männer im frühen Rentenalter, die angefangen haben, »Lügenpresse« zu skandieren, und auf einmal war es dann eine Gruppe von mindestens 15, eher mehr Leuten, die mich mit »Lügenpresse! Hau ab! Hau ab!« angebrüllt haben. Das war schon relativ beängstigend, muss ich zugeben. Inzwischen haben wir eine Regelung, dass man nur noch zu zweit auf solche Demos geht. Bei diesem Mal war ich alleine dort. Ich hatte mir gar nichts dabei gedacht, es war für mich mittlerweile eine ganz normale Sache. Ich habe mich dann aus dieser Traube herausbegeben, weil ich erkannt habe, dass ich nichts machen konnte. Ich würde wahrscheinlich nicht mal Zeugen haben, falls mir etwas passieren sollte. Hinterher würde ich vermutlich nicht einmal Täter benennen können.

»Alternative Fakten«

Das alles hat mich nicht davon abgehalten, in diesen Beruf zu gehen. Auf gar keinen Fall. Im Gegenteil. Parallel dazu habe ich in meiner

Bachelorarbeit alle Reaktionen – es waren damals innerhalb von ein paar Monaten etwa 800 Briefe und E-Mails, die zu unserer Pegida-Berichterstattung in die Redaktion kamen – analysiert und musste dabei feststellen, wie weit die Wahrnehmung auseinanderging. Das war das erste Mal, dass mir dieses Phänomen, das wir heute als »alternative Fakten« bezeichnen, begegnet ist. Drei Kollegen von mir haben eine investigative Geschichte gemacht über den Pegida-Initiator Lutz Bachmann, bei der sie aufdeckten, dass dieser Mann, der die ganze Zeit über angeblich kriminelle Geflüchtete hetzt, selbst schon vielfach vorbestraft war, und zwar wegen Drogenhandels, wegen sechzehn Einbrüchen, Diebstahls, Körperverletzung, wegen all solcher Dinge. Und dann berichtet man all das, und die Reaktion ist nicht: »Wir überlegen noch mal, ob wir diesem Mann wirklich glauben können«, sondern: »Ihr böse Lügenpresse, ihr wollt unseren Anführer verunglimpfen, deswegen jetzt erst recht.« Und dann wurde es gegen uns erst so richtig aggressiv.

Es ging genau in die entgegengesetzte Richtung von dem, was ich erwartet hatte. Gegen Lutz Bachmann gibt es immer wieder Verfahren wegen Volksverhetzung, inzwischen stuft auch der Verfassungsschutz Pegida als extremistisch ein. Ein Mann, den der Berliner Verfassungsschutz gut kennt, hat mal versucht, die Justiz für seine Zwecke zu nutzen. Infolge meiner Berichterstattung im Jahr 2016 über ihn hat der Anhänger der Reichsbürgerszene Dennis Ingo Schulz mich allen Ernstes wegen sexueller Nötigung angezeigt, weil ich ihn während des Gesprächs an seiner Haustür bedrängt haben soll. Die Anzeige wurde natürlich fallen gelassen. Dennis Ingo Schulz ist ganz eindeutig rechtsextrem und antisemitisch zu verorten. Es gab einen Prozess gegen diesen Mann. Als ich den Saal betrat, um als Zeugin auszusagen, raunte es durch die Menge der Zuschauer unter anderem: »Guckt euch mal die Hakennase an, das muss eine Jüdin sein.«

Zwischen den aktuellen Corona-Leugnern (»Querdenkern«, Reichskriegsflaggenschwenkern) und den Pegida-Anhängern, die besonders 2014/2015 stark auftraten, gibt es große Überschneidungen. Es gibt ja in Sachsen nicht nur Pegida, sondern es gab damals, 2015, wann immer irgendwo ein Heim für Geflüchtete aufmachen sollte, furchtbare Proteste. Die Ankommenden wurden mit Fackeln empfangen, es sind auch Steine geflogen.

Gewalttätige Angriffe

Dass man geschubst wird, das passiert immer wieder mal. Auch dass Leute versuchen, einem das Handy aus der Hand zu schlagen, den Block wegzureißen, so etwas passiert ganz oft. Das Bedrohlichste, was mir passiert ist an Gewalt, das war am 17. Februar 2020. Thüringens AfD-Chef Björn Höcke nahm an einer Pegida-Demonstration in Dresden teil, und das hat man natürlich mit noch wesentlich mehr Presse begleitet als andere Pegida-Demos. Dann kam tatsächlich auch noch Andreas Kalbitz dorthin, Brandenburgs umstrittener Ex-AfD-Chef. Also habe ich logischerweise sofort, als ich ihn gesehen habe, ein Foto gemacht. Es ist mein gutes Recht als Journalistin, Persönlichkeiten von öffentlichem Interesse, und dann auch noch auf einer öffentlichen Demo, zu fotografieren. Kalbitz stand in einer Menschentraube, und aus dieser Traube heraus kam ein großer breiter Mann mit einer Ordnerbinde am Arm auf mich zu und forderte mich auf, dieses Foto sofort zu löschen. Ich verweigerte das aus besagten Gründen, und dann riss er mit aller Wucht meinen Schal zu, sodass es mich richtig fest gewürgt hat. Ich hatte noch am Tag danach rote Striemen am Hals. Das war schon relativ ungemütlich. Zum Glück ging eine Kollegin dazwischen, sie drückte die beiden Seiten auseinander. In dem Moment, als es passierte, habe ich es gar nicht mal als so schlimm empfunden, aber ich muss sagen, dass mir in den Tagen danach der Gedanke noch nachgegangen ist, was passiert wäre, wenn niemand da gewesen und dazwischengegangen wäre.

Außerhalb von Veranstaltungen und Demos bin ich vergleichsweise selten angepöbelt worden. Inzwischen achte ich aber auch sehr darauf, dass ich entsprechende Kleidung trage, die mich unkenntlicher macht. Manchmal, wenn man Leute in der Straßenbahn sieht, die einschlägige Klamotten der rechten Szene tragen – es gibt ja schon Marken, die man eindeutig politisch zuordnen kann – und einen eine komplette Fahrt über anstarren, hat man allerdings das Gefühl, erkannt worden zu sein. Man erlebt auch vereinzelt, dass jemand flüstert: »Die sind von der Lügenpresse!« Aber da kann ich dank meiner Körpergröße – ich bin nur gut 1,70 m – relativ einfach untertauchen. Da gibt es andere Kollegen, die viel mehr herausstechen. Ein Kollege, der für die Berichterstattung über Lutz Bachmann relevant war, ist auf der Bühne vor Tausenden sogar mal als »personifizierte Lügenpresse« angegangen worden. Der Kollege hat dann auch Briefe nach Hause bekommen, die sich auf seinen engsten Familienkreis bezogen.

Auswirkungen auf das eigene Verhalten

Ich tarne mich, wenn man so will, weil ich weiterhin dazu in der Lage sein möchte, so zu berichten, wie ich es bisher getan habe. Ich glaube, es ist noch mal etwas anderes, wenn man überregional berichtet. Aber wenn man auf eine Region festgelegt ist, in diesem Fall also Ostsachsen, dann wird man überallhin ein weiteres Mal zurückkehren: nach Görlitz, nach Bautzen, an all diese Orte. Wenn man dann sofort identifiziert wird als »Lügenpresse«, erschwert das die Arbeit. Beim Recherchieren passiert es immer wieder, dass man auf Ablehnung stößt. Bei mir kommt noch erschwerend hinzu, dass ich keinen sächsischen Dialekt spreche. Da wird oft gefragt: »Sie kommen aber auch nicht von hier, oder?« Und wenn man aus »dem Westen« kommt, dann hat man sowieso bei ganz vielen gerade aus diesem Spektrum keine Berechtigung mehr, über Sachsen zu schreiben. Es sind immer welche dabei, die sagen: »Mit der Lügenpresse spreche ich nicht!«, oder: »Hauen Sie ab!«

Angriffe über soziale Medien

Die stärkste Bedrohung, die ich erlebt habe, stand in Zusammenhang mit dem schon erwähnten Anhänger der Reichsbürgerszene Dennis Ingo Schulz. Ich habe ihn damit konfrontiert, dass er in seinem Vlog (Video-Blog) das Erschießen eines SEK-Beamten durch einen Reichsbürger im mittelfränkischen Georgensgmünd gerechtfertigt hat. Da war ich noch bei der »B. Z.«. Während des Gesprächs hat Schulz den Fotografen und mich gefilmt und das dann ins Internet gestellt. Bei einer Szene, wo ich mir während des Sprechens über die Lippen lecke, wie man das eben manchmal so macht, um die Lippen zu befeuchten und dann weiterzusprechen, hat er auf mein Gesicht gezoomt und eine Zeitschaltung eingesetzt, sodass man immer wieder nur diese Szene sieht. Dann hat er das als Video veröffentlicht mit einer sexuellen Unterstellung. Daraufhin gab es wahnsinnig viele Reaktionen. Er hat ein paar Tausend Follower auf seinem YouTube-Kanal, da gab es ganz viele hässliche Kommentare, hauptsächlich sexistische. Außerdem wurde ich auf Facebook und auf Twitter bombardiert. Das Krasse ist dabei: Ich habe das Gefühl, das würde einem Mann nicht so passieren. Es waren Kommentare dabei mit ganz konkreten und detaillierten Vergewaltigungsfantasien und sehr viele Gewaltandrohungen: »Die Olle hätte ich in mein ranziges Drecksloch von Wohnung eingeladen […], als Fickschnitzel an den Stuhl gefesselt und dann hätte ich der mal gezeigt, wie sich eine Vergewaltigung anfühlt, da kann sie darüber einen Artikel schreiben.« Oder: »Wie viele Refugeeschwänze die kleine verhurte Pressefotze wohl schon gelutscht hat?« Oder: »Schon sexy die kleine Judenmuschi.«

Was mich durchaus erschreckt hat, war die Vorstellung: Da gibt es Menschen, da gibt es Männer, die sitzen vor ihrem PC und wissen, wie ich aussehe, und malen sich gerade ganz konkret aus, wie sie mich vergewaltigen und mir körperlichen Schmerz zufügen. Die finden diese Idee gut. Aber ich weiß nicht, wie sie aussehen. Die könnten an jeder Straßenecke hier in Berlin stehen. Das ist ein ganz wichtiger Punkt, dass sich Frauenhass und Rechtsextremismus häufig miteinander verbinden. Gerade im Internet.

Damals waren die Infos nur bei einer einzigen Person identifizierbar genug, um sie tatsächlich vor Gericht zu verwerten. Kurz nach den Attacken hat sich das LKA Berlin damals bei mir gemeldet und gefragt: »Frau Klemenz, wir würden Strafverfolgung einleiten, haben Sie Interesse daran?« Natürlich hatte ich das. Vor Gericht in Berlin saß leider eine Richterin, die von sozialen Medien keine Ahnung hatte und schon von vermeintlichen Fachbegriffen wie IT-Adresse, Browser usw. überfordert war. Der Angeklagte Gregor S. konnte ihr daher schlicht erzählen, es sei die Antifa gewesen, die bei Facebook einen Fake-Account von ihm erstellt habe. Er hätte damit nichts zu tun gehabt. Letztlich wurde der Prozess eingestellt. Hinterher hat die Szene Gregor S. als Sieger über die »Lügenpresse« gefeiert.

Corona-Demos

Ich muss ganz ehrlich zugeben, dass ich bei den Corona-Demos wieder einmal gemerkt habe, wie viel Idealismus in mir steckt. Eigentlich hatte ich vor gut einem Jahr erwartet, dadurch, dass jetzt alle einen gemeinsamen Feind haben – ein Virus, das es zu bekämpfen gilt –, würde es einen Vergemeinschaftlichungseffekt geben. Dass dann aber genau das Gegenteil eintrifft, damit hätte ich nie gerechnet. Es ist jetzt nahezu bundesweit der Effekt eingetreten, den man in Sachsen schon bei Pegida bemerkt hat: Die Frage, wie man es mit Pegida hält, vermag es, Freundschaften und Familienbande zu zerreißen, weil es diese zwei klaren Lager gibt: Freund und Feind. Das Gleiche hat Corona jetzt bundesweit geschafft. Ich kenne Freundes- und Familienkreise, in denen es zu Zerwürfnissen kam, weil ein Teil plötzlich an eine von Bill Gates orchestrierte Impfdiktatur glaubt.

Mir sagte mal bei einem Hintergrundgespräch jemand von der Identitären Bewegung, dass man erkannt habe, dass man auch mit Leuten gemeinsame Sache machen müsse, die ganz anders und einem eigentlich nicht so sympathisch sind. Bei der Identitären Bewegung zum Beispiel sind viele dabei, die sich elitärer geben, die auch viel mehr Wert auf das Design ihrer Website legen, auf das Design ihrer Videos, auf das Auftreten allgemein. Und die das Plumpe nicht so gut finden. Gleichzeitig wussten sie: Wenn sie sich intern zerpflücken, zerschlägt das unter Umständen die ganze Bewegung – das sieht man ja bei der AfD. Das ist vielleicht für einige der Grund, darüber hinwegzugehen, dass man eigentlich gar nicht so gut zueinanderpasst.

Agieren der Polizei

Die Polizei wirkt oft überfordert. Das ist bei Corona anders als bei Pegida. Lutz Bachmann hat immer wieder aufgerufen: Die Polizei ist unser Freund und Helfer, wir müssen freundlich zu denen sein. Im Gegensatz zur bösen Antifa behandeln wir die Polizei gut, und wir bedanken uns bei ihr. Einzelne Polizisten in Sachsen haben ihre Sympathie bekundet. Da lag mal eine Deutschlandflagge in einem Mannschaftswagen am Rande einer Demo, da klebte mal eine kleine Deutschlandflagge auf einem Schlagstock. Es ist zwar unsere Landesflagge, aber die kann in diesem Kontext leider durchaus gelesen werden als Zustimmung zu Pegida, wo Tausende Deutschland- und andere Flaggen geschwungen haben.

Die Beziehung der selbsternannten »Querdenker« und der Polizei ist anders. Vergangenes Jahr, Mitte Mai 2020, sind in Pirna dreißig Leute wie aus dem Nichts gewalttätig auf die Polizei losgegangen. Im März 2021 haben Leute in Dresden Polizisten gewürgt und geschlagen, haben nach der Polizei getreten. Zwölf Polizistinnen und Polizisten wurden bei der illegalen Demonstration verletzt. Ich habe wirklich das Gefühl, dass die Polizei überfordert ist. Jetzt noch viel mehr als bei einer homogenen Neonazi-Demo. Jetzt sind Kinder und Hunde dabei, Schwangere, es sind ganz viele Rentner dabei. Das heißt, es ist schwerer, dort Maßnahmen anzuwenden, die sonst üblich wären. Ehrlich gesagt, habe ich mir die ganze Zeit gedacht: Warum lässt man die Leute so lange gewähren? Stundenlang standen da etwa 2000 Menschen ohne Masken und ohne Abstand beieinander. Und das in einer Zeit, wo wir voll in die dritte Welle reingerasselt sind. Ich habe mir gewünscht, dass die Polizei rigoroser vorgeht. Als das alles mit Sachsens Innenminister nachbesprochen wurde, schien der damit sehr überfordert gewesen zu sein und offenbar keine Verantwortung bei sich zu sehen. Gleichzeitig glaube ich, dass die Polizei keine hässlichen Bilder erzeugen wollte – gerade im Jahr der Bundestagswahl.

Mit Leib und Seele Journalistin

Ich beackere ein ziemlich buntes Potpourri an Themen. Ich bin seit zwei Jahren aus dem Volontariat raus. Gerade habe ich noch viele unterschiedliche Themen, über die ich immer wieder Reportagen schreibe, was einerseits total schön ist, weil man wahnsinnig unterschiedliche Menschen kennenlernen darf. Gleichzeitig hat es natürlich auch große Vorteile, wenn man sich spezialisiert. Das sehe ich bei Kolleginnen wie

Andrea Röpke, die zu Rechtsextremismus in Deutschland ein wandelndes Lexikon ist, oder auch bei einer Reihe von Kollegen hier in Sachsen. Aber man merkt in einigen Redaktionen, dass man Frauen gerne davor schützen möchte, in diesem Bereich zu arbeiten. Man merkt, dass einige ein banges Gefühl dabei haben, Frauen da hinzuschicken, weil Frauen oft körperlich schwächer sind als Männer. Frauen sind bei körperlichen Auseinandersetzungen nun mal leider oft unterlegen, sodass man generell viel mehr Männer rausschickt als Frauen – und auch mehr Männer sich die Demo-Berichterstattung zutrauen. Als Frau muss man fast schon darum kämpfen, wenn man diese Themen bearbeiten möchte. Ich nehme das Risiko aber gerne auf mich, weil ich es so wichtig finde. Das bedeutet im Umkehrschluss eben, dass man sich und sein Privatleben besser schützen muss als eine Reihe von Menschen mit anderen Fachrichtungen oder Berufen.

Andrea Röpke, Politologin und Journalistin

Durch die Stigmatisierung als »Lügenpresse«
wird jede Form von Journalismus angegriffen.

Die Politologin und Journalistin Andrea Röpke publiziert seit Anfang der 1990er-Jahre zum Thema Rechtsextremismus. Ihre aufwendigen Insider-Recherchen erscheinen unter anderem in der »taz«, der »Süddeutschen Zeitung« und im WDR. Dafür wurde sie mehrfach ausgezeichnet, so etwa mit dem Paul-Spiegel-Preis für Zivilcourage (2015) und dem Otto Brenner Preis (2017). Sie arbeitet auch als Fernsehjournalistin für Spiegel TV, Panorama, Fakt und Kontraste. Zusammen mit Andreas Speit veröffentlichte sie einige Bücher, zuletzt »Völkische Landnahme: Alte Sippen, junge Siedler, rechte Ökos« (2019). Im Zuge ihrer Recherchen über die rechtsextreme Szene wurde sie mehrfach bedroht und tätlich angegriffen.

Aktuelle Situation

Gefährlich war die Berichterstattung in unserem Themenbereich eigentlich immer. Journalisten und Journalistinnen wurden auch schon vor 25 Jahren, als ich angefangen habe, als Todfeinde charakterisiert. Die Angriffe waren ähnlich, aber es gibt eine neue Qualität. Die Gewalt wendet sich nicht mehr in erster Linie gegen uns als Fachjournalisten oder Fachautoren. Durch die Stigmatisierung als »Lügenpresse«, als »Judenpresse« wird jetzt jede Form von kritischem Journalismus angegriffen. Das heißt, heute erleben wir bei den Großdemonstrationen, dass eben nicht mehr nur wir betroffen sind, sondern wirklich alle Vertreter unseres Metiers. Wir haben auch zunehmend stärkere Probleme damit, dass die Polizei vor Ort immer weniger willens ist, sich für uns einzusetzen und uns zu schützen.

Gleich zu den Anfängen der AfD 2013/2014 bin ich als Fachjournalistin oft bei den Veranstaltungen rausgeflogen. Viele der AfD-Mitglieder waren vorher bei der Schill-Partei, beim Bund freier Bürger (BFB) oder anderen rechten Gruppierungen, die erkannten mich, und dann flog man als Fachjournalistin eben raus. Zweimal waren die AfD-Ordner wenig zimperlich. Ich erinnere mich an dieses komische Gefühl, vor den anderen Kolleginnen und Kollegen aussortiert zu werden. Das hinterließ so einen Beigeschmack, nach dem Motto: Die Kollegin sorgt schon wieder für Ärger. Das hat sich aber ganz schnell gelegt, denn nach zwei, drei Jahren ist manchmal überhaupt niemand aus unserer Redaktion in die Veranstaltungen hineingekommen, weder »Der Spiegel« noch die ARD wurden zum Beispiel zu den Kyffhäuser-Treffen des völkischen »Flügels« der AfD zugelassen. Es hat sich gewandelt, wir Journalistinnen und Journalisten sind heute alle betroffen. Es ist tatsächlich so, die ganze Bandbreite der Gewalt, der Bedrohungen, der Einschränkungen betrifft jetzt das Gros der Kolleginnen und Kollegen – allen voran auch die in den Lokalredaktionen.

Früher war Rechtsextremismus ein journalistisches Nischenthema. Das heißt, wer sich mit Rechtsextremismus beschäftigen musste, hat das getan, weil es einen aktuellen Anlass gab, einen Vorfall. Wir dagegen waren eine kleine Gruppe, die fortwährend zum Thema recherchierte. Wir sind ja, wenn es hoch kommt, bundesweit vielleicht zwei Dutzend Leute, die das wirklich so intensiv betreiben und auch ausschließlich über Rechtsextremismus berichten. Wir kennen uns, wir arbeiten hinter den Kulissen. Es war absehbar, dass rechte Gewalt eskaliert, gerade nach den Enthüllungen zur Terrorgruppe NSU im Jahr 2011 wurde es deutlich erkennbar. Doch schon vorher haben wir Fachleute angefangen, vor Terror und Gewalt von rechts zu warnen – da hat kaum einer hingehört, außer den vielen Betroffenen im Land. Das Thema wurde nicht ernst genug genommen, das erschwerte uns eine präventive Berichterstattung ungemein.

Übergriffe von rechts geschehen nicht mehr nur alltäglich gegen Migranten, Andersdenkende, Homosexuelle, Juden und viele andere unschuldige Menschen, sondern auch gezielt gegen die Presse. Jetzt haben wir eine heterogene rechte Massenbewegung, die insgesamt sehr aggressiv und gewaltbereit auftritt. Sie dulden nur eigene Medien wie »Compact«, die »Junge Freiheit«, YouTuber oder eigene Blogger. Das geht ja so weit, dass die Journalistin Dunja Hayali und andere Medienschaffende bei rechten »Querdenken«-Veranstaltungen auf Plakaten in Häftlingskleidung gezeigt werden oder zu den Veranstaltungen der Bewegung demonstrativ Galgen mitgebracht werden. Heute ist es kaum noch überschaubar, wer uns bedroht, beleidigt und als Nächster angreifen könnte.

Systemische Gefahr

Der Begriff »Systempresse« wird durchaus im Sinne eines Fanals verstanden. Er hat eine bestimmte Wertigkeit in dieser vielschichtigen rechten Szene. Sie vertritt die Meinung, dass dieses vermeintlich verachtenswerte System, die Demokratie, gestützt oder sogar gesteuert wird von einer Medienwelt, die sie ablehnen. Sie greifen gezielt die GEZ und damit die Öffentlich-Rechtlichen an. Meine Kollegin Caterina Woj und ich haben gerade eine Fernsehdoku für den WDR fertiggestellt über die Unterwanderung der Schulen durch Rechtsextremisten. Heute ist es tatsächlich üblich, in den digitalen Medien prinzipiell seriöse, öffentlich-rechtliche Recherchen infrage zu stellen. Es wird uns prinzipiell eine Tendenzberichterstattung unterstellt – und das ist Kalkül. Rechts-kritische Berichterstattung soll unglaubwürdig gemacht werden. Wir haben ja die erschreckenden Bilder vom US-Kapitol gesehen: Wutenbrannte

Neonazis, zertretene Kameras … Die Eskalation geht auch hier in diese Richtung – und sie geht mehrgleisig vor sich: durch digitale Beeinflussung der Massen im Netz und Gewalt auf den Straßen. Die rechtsextreme Bewegung, die wir seit 2013 auf der Straße erleben, richtete sich zuerst gegen die Asylpolitik, später dann gegen die Corona-Politik der Regierung. Man muss beim gezielten rechten Vorgehen immer hinter die Kulissen schauen, und je intensiver wir Journalistinnen und Journalisten das tun, desto intensiver werden wir zum Feindbild.

Gefährdungspotenzial aus der rechtsextremen, antiislamischen, antisemitischen Bewegung

Das Gefährdungspotenzial kommt ganz massiv aus diesem Bereich. Vorschub geleistet hat dafür meiner Meinung nach die Extremismustheorie der Union, quasi die Doktrin der Gleichsetzung von Linksextremismus und Rechtsextremismus. Das heißt für alle, die intensiv über Rechtsextremismus aufklären, da werden engagierte Initiativen, mutige Menschen stigmatisiert. Leider kam das der Entwicklung des Rechtsextremismus zugute. Wenn zum Beispiel ein Kinderfest der Arischen Bruderschaft bei Thorsten Heise in Thüringen stattfindet – sie veranstalten seit Jahren Kinderfeste kombiniert mit Rechtsrock –, werden wir nicht reingelassen. Wir dokumentieren das Geschehen also von außen, stehen weit abseits, hinter einem Zaun. Die Rechtsextremen wollen aber am liebsten gar nicht von uns fotografiert werden. Sie bezeichnen uns als Störenfriede und wollen uns entfernen lassen, und die Polizei setzt deren Wünsche auch noch um. Da werden wir einfach als keine »richtige Presse«, als »gefährliche Linksextremisten« diffamiert. Die Extremismustheorie, die übrigens auch in der Ausbildung der Polizei angewandt wurde, erleichtert die Strategie der Rechten, uns in Misskredit zu bringen. Diese gefährliche Vereinfachung hat dazu beigetragen, dass Journalisten offen angreifbarer geworden sind. 2017 waren es dann fünf Journalistinnen, darunter ich selbst, die polizeiliche Platzverweise in Thüringen erhielten, als wir über den rechtsextremen »Eichsfeldtag« von Thorsten Heise und der Arischen Bruderschaft berichten wollten. Das haben wir nicht hingenommen, sind juristisch dagegen vorgegangen und haben gegen Landeskriminalamt und Polizei in Nordhausen gewonnen. Die Platzverweise waren gesetzeswidrig. Die Verantwortlichen mussten sich entschuldigen.

Von der Polizei bekommen wir kaum Schutz. Bei einer Demonstration in Leipzig 2020 war ich mit vielen Kollegen und Kolleginnen dabei, als sich ein rechter Tross formierte. Das waren welche aus der militanten Dortmunder Kameradschaftsszene sowie rechte Hooligans. Die putschten die »Querdenker« um sich herum auf, und wir Pressevertreter waren schließlich mittendrin und eingekeilt. Polizeibeamte sagten wieder einmal, sie seien nicht zu unserem Schutz da. Sie hätten die Versammlungsfreiheit zu schützen. Das ist leider gängig: bei rechtsextremen Kinderfesten, völkischen Lagern, bei politischen Geheimtreffen, bei Demos. Aber auch bei AfD-Veranstaltungen wie in Burgscheidungen in Sachsen-Anhalt, als die Polizei zunächst gar nicht bei Angriffen und Morddrohungen gegen uns einschreiten wollte. Das hat sich seit Langem formiert, und dahinter steckt eine Politik, die nicht nur von der rechten Szene, sondern auch von der rechtskonservativen Szene mit forciert wurde. Das Ziel ist die Diffamierung unserer Arbeit. Aber ich glaube, auch wir Medienschaffende müssen uns vorwerfen, zu lange gezögert zu haben. Wir hätten viel früher strategisch solidarisch dagegen angehen müssen.

Der einseitige Blickwinkel der Polizei

Wir hätten die Angriffe, Bedrohungen, Stigmatisierungen nicht einfach hinnehmen sollen. Letztlich wurde der Bock zum Gärtner gemacht, und wir sollen selbst schuld sein, wenn wir unsere Arbeit machen und über rechte Aktivitäten vor Ort berichten. »Was wollen Sie hier?« oder »Wären Sie zu Hause auf dem Sofa geblieben, dann gäbe es jetzt keinen Ärger«, das sind so Aussagen, die ich von Polizeibeamten zu hören bekam. Kolleginnen und Kollegen berichten von ähnlichen Aussagen. Eine Demokratie funktioniert aber nicht ohne die freie Presse. Es gilt, deren Rechte zu schützen. Die Auswirkungen erleben vor allem wir freien Journalistinnen und Journalisten letztlich immer wieder im Berichterstattungsalltag. Hier sind wir eindeutig stärker betroffen als

Redaktionen oder große TV-Teams. Uns wird vorgeworfen: »Sie sind doch von links, Sie sind doch Antifaschisten, Sie wollen doch nur stören, Sie sind doch gar keine Presse.« Manchmal habe ich unsere Bücher dabei, um zu zeigen, was wir machen, damit die eingesetzten Beamten uns weiterarbeiten lassen.

Als mir bei der Veranstaltung des völkischen-nationalistischen »Flügels« der AfD in Burgscheidungen 2018 von einem Teilnehmer die Kamera vom Stativ gewaltsam heruntergebrochen wurde, bestand die erste Reaktion der Polizeikräfte vor Ort in der Aufforderung, ich solle sofort die Aufnahmen des Angriffs löschen. Es ging ihnen nicht um die Sachbeschädigung oder darum, den aggressiven AfDler in seine Schranken zu weisen, sondern darum, uns zu reglementieren. Ein ARD-Team kam uns damals zu Hilfe. Die Redaktionen wollen manchmal gar nicht glauben, wie unterschiedlich wir behandelt werden. Erst wenn es Kolleginnen und Kollegen dann miterleben, sind sie entsetzt.

Wir solidarisieren uns inzwischen stärker, es hat sich unheimlich viel getan in den letzten Jahren. Unsere Berufsverbände und Gewerkschaften stehen hinter uns, unterstützen uns direkt, etwa bei den Massenveranstaltungen von »Querdenken«. Untereinander sprechen sich die freien Kolleginnen und Kollegen ab, wer zu welchen Demos fährt, wie die Situation vor Ort ist, ob es sicher genug ist, dorthin zu fahren, ob man Erfahrung mit der Polizei vor Ort hat. Die eigenen Solidargemeinschaften schützen uns viel mehr als die Polizei.

Das Fehlen von Vorgaben der Innenministerien an die Polizei

Als Buchautorin werde ich, genauso wie viele Kollegen, zu Vorträgen eingeladen. Auch mal zur Polizei. Es gibt Verantwortliche in den Behörden, die sich nicht mehr auf die Prävention staatlicher Stellen verlassen wollen. So habe ich schon an Polizei- und Richterakademien referiert. Oft bin ich aufgebracht, kann es nicht fassen, wenn die Polizei uns bei der Berichterstattung behindert oder keinen Schutz gewährt. Aber Streitereien bei Demonstrationen bringen wenig. Wir suchen auch die Gespräche mit den Verantwortlichen. Auch Verdi und der Deutsche Journalisten-Verband (DJV) setzen sich stark dafür ein. Der Einsatzleiter einer Polizeidienststelle in Niedersachsen erzählte einem Kollegen, dass zum Beispiel die Bereitschaftspolizei während der gesamten Ausbildung nur zwei Stunden Unterricht in Presserecht erhielt. Und diese zwei Stunden würden sich auch noch gut schwänzen lassen. Die eingesetzten Beamten kennen sich weder mit der Pressefreiheit noch mit dem Kunsturheberrechtsgesetz aus, sondern hören nur auf die rechten Forderungen nach dem Recht am eigenen Bild oder dem Persönlichkeitsrecht.

Eine Güterabwägung zwischen Grundrechten

Die Grundrechte der Meinungsfreiheit und Pressefreiheit werden vor Ort in der Regel dem allgemeinen Persönlichkeitsrecht geopfert. In der Praxis heißt das, wir sollen keine Porträtbilder mehr machen, es gibt dann sofort Geschrei und Forderungen, Bilder zu löschen. Es ist schon krude: Dieselben »Querdenker«, die uns anschreien und angreifen, filmen sich dann selbst mit dem Handy, posten, was das Zeug hält, oder stellen sich vor jede Fernsehkamera. Ich glaube, es gibt keine einzige Demonstration ohne Ärger. Auch wenn Rechtsextreme politische Veranstaltungen auf Privatgrund veranstalten, müssen wir der Polizei oft erst erklären, warum wir das Recht haben, darüber zu berichten. Meistens läuft es darauf hinaus, dass die bloße Anwesenheit von Presse als störend angesehen wird.

Wir haben keine vernünftige Aufklärung, wir haben keine Sensibilisierung, dass Pressefreiheit ein Grundrecht darstellt und dass unsere Arbeit zur Erhaltung von Demokratie und Gerechtigkeit beiträgt. Unfassbar fand ich die Tatsache, dass in Hannover sogar eine rechtsextreme Demonstration bekannter gewaltbereiter Anführer genehmigt wurde, die sich offen gegen drei namentlich genannte freie Journalisten richtete. Da wurden dem Hass gegen Medien Tür und Tor geöffnet. Wie konnten Anmeldebehörde und Ordnungsamt dem stattgeben und Medienvertreter so ausliefern? Diese unsensible Haltung und die fragwürdige Auslegung von Versammlungsfreiheit leisten den aktuellen Entwicklungen Vorschub. Die Rechtsextremen konnten sich da in Hannover auf dem Rücken von engagierten Journalisten austoben. Von der Meinungsfreiheit gedeckt.

Polizeischutz

Ob wir Polizeischutz erhalten, kommt jeweils darauf an, wohin wir fahren. Es hängt vor allem von Willen und Bereitschaft der verantwortlichen Einsatzleiter ab, sich mit den Rechten für uns auch mal anzulegen. Bei Vorträgen und Präventionsveranstaltungen in besonders gefährdeten Regionen geht es auch oft nicht ohne Polizeischutz. Die Veranstalter organisieren das. Vorträge zum Thema Rechtsextremismus sind heikel. Wenn wir zum Beispiel in jüdischen oder kirchlichen Einrichtungen wie in München referieren, dann zeigen Beamte Präsenz und ein Sprengstoffhund checkt den Veranstaltungsraum im Vorfeld ab. Störaktionen gibt es häufig – auch bei den Online-Seminaren während der Pandemie. Diese Aktionen sind zwar nicht so gefährlich, aber eben störend. Sie dienen dazu, Menschen einzuschüchtern. Es geht bei diesen Aufklärungsveranstaltungen zu rechten Aktivitäten gar nicht um mich oder uns Vortragende, das Wichtigste sind die Menschen, die zu uns kommen, die sich wirklich trauen, beim Thema Rechtsextremismus Gesicht zu zeigen, Fragen zu stellen, die Hemmschwelle zu überwinden. Also suchen wir Räume, in denen wir unseren Gästen Schutz bieten können. Leider klappt das nicht immer. Leider gibt es Regionen, die kaum noch öffentlich einladen. Da will niemand Ärger bekommen mit den dort aktiven Rechtsextremen. Auch Volkshochschulen oder Bürgermeisterinnen und Bürgermeister schrecken vor klaren Positionierungen zurück.

Cancel Culture

Die Rechten um Pegida, AfD oder »Querdenken«-Szene fordern Meinungsfreiheit für sich ein. Dieser Staat und die »Systemmedien« würden ihnen Maulkörbe verpassen, sie knebeln. So oder so ähnlich lauten die immer wiederkehrenden Behauptungen. Björn Höcke und andere haben die Vorgaben gemacht, dass wir wieder stolz auf unsere deutsche Geschichte sein dürften, nach dem Motto »Heldenkult statt Schuldkult«, wie sie das ausdrücken. Aber es geht ihnen um noch viel mehr, sie wollen den Paragraphen 130 StGB, die Sanktionierung von Volksverhetzung, aufheben. Dahinter verbirgt sich der Wille, die hochbelastete deutsche Geschichte ungehindert umdeuten zu können. Der geschichtliche Diskurs, vor allem hinsichtlich der Shoa, soll erweitert werden. Die Kriegsschuldfrage wird angezweifelt, das Unrecht der Vertreibung nach 1945 erhöht. Bei »Querdenken« liefen sie massenhaft mit Reichsfahnen herum. Das halte ich für besonders gefährlich. Schon seit Jahrzehnten fordern Holocaustleugner wie Horst Mahler oder Ursula Haverbeck die Abschaffung des Paragraphen 130, jetzt schließen sich manche AfDler und »Querdenker« an.

Unter dem Motto »Man wird doch noch sagen dürfen« strebt nicht nur die Höcke-Anhängerschaft eine geschichtliche Umdeutung an. Ich hätte nie im Leben damit gerechnet, dass auf so einer breiten Ebene eine so starke Akzeptanz dafür entsteht. Es schockiert bei Großdemonstrationen, wenn scheinbar normale Menschen – die Waldorflehrerin von nebenan, die Verkäuferin, die Kindergärtnerin, der Beamte oder Handwerker – das Deutsche Reich aufleben lassen wollen. Angeblich geht es denen nicht um die zwölf Jahre NS-Zeit, aber wer die Zusammenhänge kennt, kann das nicht ernsthaft glauben. Es ist längst ein rechter Kulturkampf entbrannt.

Dabei sinken die Hemmschwellen. Die völlig heterogene Szene arrangiert eine Art Arbeitsteilung. Zunächst waren es die rechtsextremen Hooligans aus den Stadien, die sich als Sicherheitskräfte der rechten Aufmärsche aufspielten, jetzt sind es auch Reservisten der Bundeswehr, die in Telegram-Gruppen bundesweit dazu aufrufen. Da marschieren rechte Ökos neben militanten Kameradschaftsaktivisten, AfDler neben fanatischen religiösen Lebensschützern, Rocker und Türsteher neben Friedensbewegten. Das ist schon krass. Es hat lange gedauert, bis in den Redaktionen endlich der Mut bestand, die Pegida-Demonstrationen als rechtsextrem und rassistisch einzuschätzen. Zu lange hat man auf die Bestätigung durch die Verfassungsschutzbehörden gewartet. Auf warnende Einschätzungen von Wissenschaftlern und Medienfachleuten wurde und wird weniger gehört. Das gibt der alarmierenden Entwicklung einen zeitlichen Vorsprung. Wir warnen schon seit Ewigkeiten davor, wie sehr diese breit aufgestellte Szene kooperiert. Doch erst wenn der Verfassungsschutz AfD und Identitäre als potenziell rechtsextrem einstuft, wird es im Mainstream wahrgenommen. Und genau diese Behörde wartet damit erfahrungsgemäß immer sehr lange, wenn es um rechte Umtriebe geht. Dabei hätten zum Beispiel die Erfahrungen bei der Aufklärung der Verbrechen des NSU eine Warnung davor sein sollen, den Inlandsgeheimdiensten zu vertrauen, wenn es um den Schutz vor Rechtsextremismus geht. Genau diese Behörden haben den rechten Terror nicht verhindert, obgleich sie von allen die meisten Informationen dazu besitzen. Wir haben all die Prozesse verfolgt. Wir haben gesehen, wie der Verfassungsschutz arbeitet oder auch nicht arbeitet, wie er vertuscht oder – so meine Einschätzung – manipuliert. Fragwürdige rechtsextreme Straftäter und Fanatiker werden von den Behörden weiterhin als V-Leute eingestellt. Ich unterstelle: Wenn die Verbrechen des NSU wirklich bis in alle Spitzen der Netzwerke von Mitwissern und Unterstützern aufgeklärt worden wären, wie Frau Merkel es versprochen hat, dann hätten Walter Lübcke und andere vielleicht nicht sterben müssen.

Selbstkritik

Bei all der geäußerten Kritik mache ich mich von Selbstkritik natürlich nicht frei. Wir sollten uns nicht überbewerten und nicht vergessen, dass es vor allem die der rechten Gewalt ausgelieferten Menschen sind, die keine Lobby haben. Aber wir können Vorbild sein und den Rechtsextremen Grenzen aufzeigen. Uns nicht gegen Diffamierungen und Beleidigungen als »Lügenpresse« mit journalistischen und rechtlichen Mitteln zur Wehr zu setzen, halte ich für einen Fehler. Redaktionen sollten mehr Mut bei der Berichterstattung zeigen. Sie sollten die AfD nicht wie eine normale demokratische Partei behandeln, das ist sie nicht. Dahinter verbergen sich rechtsextreme Strategen, die einen gewaltsamen Umsturz anvisieren. Das ist keine Behauptung von mir, sondern lässt sich nachlesen. Höcke spricht von einer Politik der »wohltemperierten Grausamkeit«. Beim Kampf werde man ein paar »Volksteile« verlieren. Mit dieser Radikalität hat es die AfD in Sachsen und Sachsen-Anhalt schon zur zweitstärksten Partei geschafft. Wir fordern Kindergärten, Schulen und Vereine dazu auf, humanistische, demokratische und antirassistische Satzungen aufzustellen, damit sie nicht von Rechtsextremen unterwandert werden. Aber was ist mit uns, mit den Medien? Warum geben sie denen, die zu Rassismus und Antisemitismus anstacheln, so viel Redezeit – und oft auch noch unkommentiert? Journalistische Ausgewogenheit darf nicht bedeuten, keinen Beitrag zur Erhaltung einer gerechten, emanzipierten Gesellschaft zu leisten. Natürlich müssen wir die am rechten Rand erreichen, aber dafür benötigen wir fachliche wissenschaftliche Analysen und Hilfestellungen sowie soziale und pädagogische Konzepte. Wir benötigen umfassendere gesellschaftliche Prävention und den Mut, Dinge endlich auszusprechen: Es gibt keine »Rassen«! Deutschland ist ein Einwanderungsland! Antifaschismus ist kein Terror, sondern eine gesellschaftliche Verpflichtung!

Keine Gedanken ans Aufgeben

Natürlich stellt der Rechtsextremismus nur einen Teil unserer gesellschaftlichen Probleme dar. Aber es ist nun mal mein Themengebiet. Manchmal denke ich: Warum beschäftigst du dich nicht mit Tier- oder Klimaschutz, sozialer Gerechtigkeit oder wirtschaftlicher Ausbeutung? Es gibt so vieles Wichtiges. Aber auch dieses Thema betrifft uns, und ich bin nun mal tief drin. Die AfD wird immer stärker, Teile der Bevölkerung werden immer reaktionärer. Das schockiert mich und manchmal ermüdet es mich auch. Einmal bin ich inmitten von Leuten niedergeschlagen worden, und niemand außer meinem Kollegen half mir. Das muss man erst einmal verarbeiten. Aber ich habe den rechtsextremen Täter angezeigt, und er wurde verurteilt. Es war keine Situation, in der ich ans Aufgeben gedacht habe. Daran gedacht habe ich ein anderes Mal: als Andreas Speit und ich 2019 das Buch »Völkische Landnahme« herausgebracht haben.

Es steckt wahnsinnig viel Arbeit in diesem Buch, und wir mussten dabei permanent dafür kämpfen, auf die Gefahr durch völkische Ansiedlungen und Verbreitung der Ideologie hinweisen zu können. Denn Polizei und Verfassungsschutz relativieren das Problem. Dann segelten uns auch noch fast zwei Dutzend Abmahnungen und Klageversuche ins Haus. Der Streitwert war so erschreckend hoch angesetzt, dass mir angst und bange wurde. Denn einige der Schreiben gingen an mich privat und nicht über Verlag oder Redaktionen. Das war so gewollt. Die Botschaft: Man weiß, wo du wohnst, man macht dich juristisch fertig. Das sind Signale, die ausgestrahlt werden und die einschüchtern sollen. Die Schreiben wurden immer dreister, zuletzt gewährten sie uns nur noch wenige Stunden, um eine Unterlassungserklärung zu unterschreiben. Aber das taten wir nicht. Andreas Speit und ich haben ganz tolle Anwälte, die sich auskennen und die wir sofort anrufen können. Aber es ist zeitraubend und unglaublich anstrengend. Wir Freiberufler sind ohnehin mit Existenznöten vertraut. Das sind dann schon Dinge, die an die Substanz gehen. Dabei geht es gar nicht um Fehler, die wurden uns gar nicht unterstellt. Es ging darum, überhaupt über dieses rechtsextreme Phänomen zu berichten. Unsere Bücher und Filme sind sehr recherchelastig, das bietet den Rechten mehr Angriffsmöglichkeiten. Wir benennen Rechtsextreme in Dörfern, an Schulen oder in führenden Positionen. Das gefällt natürlich nicht allen. Letztlich war es viel Lärm um nichts. Die Gerichte bestätigten unsere Berichterstattung. Der viel zu hoch angesetzte Streitwert kommt jetzt meinen Anwälten zugute.

Leider haben Abmahnungen und Klagewellen aber zur Folge, dass sich immer weniger Redaktionen trauen, Ross und Reiter namentlich zu benennen. Natürlich ist es richtig, die Namen von Angeklagten während laufender Verhandlungen abzukürzen. Aber rechtsextreme Anführer, Aktivisten oder Drahtzieher sollten auch benannt werden dürfen, wenn es ausreichend Beweismaterial gibt. Die kleine »Tageszeitung« ist da zum Beispiel aus meiner Sicht weitaus mutiger als der »Spiegel« oder große öffentliche Sender. Mit unserem letzten Buch haben wir versucht, Mut zu machen. Wenn Völkische bereits Kinder und Jugendliche gegen die Demokratie immunisieren und dazu Zeltlager, Drill und Schulungen durchführen, dann sollen sie auch die Verantwortung für ihr Handeln übernehmen. Und wenn sie im Zivilberuf zum Beispiel Grundschullehrerin sind, dann muss auch das thematisiert werden.

»Völkisch«

Das Ideal einer homogenen weißen »Volksgemeinschaft« ist weiter verbreitet, als viele vermuten. Diese antisemitische, rassistische und elitäre Ideologie ist zum Beispiel Bestandteil der Politik der AfD. Inzwischen warnt auch der niedersächsische Verfassungsschutz vor der Gefahr durch »völkische Siedler«. Das hat gedauert. Zunächst denken viele, es mit »Ökos« zu tun zu haben, weil diese Rechtsextremen altmodisch gekleidet daherkommen und sich für bäuerliche Landwirtschaft und alte Handwerksberufe interessieren. Sie sind gebildet und musisch begabt. Erst später treten nationalistische Ressentiments und Menschenfeindlichkeit zutage. Es gibt sie in allen Bundesländern und nicht nur auf dem Land. Sie sind organisiert in rechten Bünden, Kulturorganisationen, Burschenschaften oder der einschlägigen Wandervogel-Bewegung. Für sie ist Brauchtum ein Teil des elitären Kulturkampfes. Natur- und Umweltschutz reduziert sich auf den Begriff »Volksschutz«. Nur, wie sollen die Menschen von nebenan diese Form des Rechtsextremismus, die einen starken Einfluss auf den Nationalsozialismus hatte, erkennen, wenn es keine Aufklärung gibt? Es ist unser Job, darauf hinzuweisen, weil es sonst kaum jemand macht.

Hassmails und Anfeindungen

Ich persönlich bin nicht bei den sozialen Netzwerken. Facebook, Twitter, Instagram: nein! Wer mich erreichen will, kann das über den Verlag, die Anwälte oder die Redaktionen tun. Es gibt unzählige Vorträge und Veranstaltungen, bei denen mich Interessierte und Betroffene ansprechen können. Natürlich ist so ein Leben mit Einschränkungen verbunden. Manchmal würde ich auch gerne einen Kommentar absetzen, aber mein Name ist in bestimmten Kreisen bekannt, und es würde mehr Ärger als Nutzen nach sich ziehen. Nach jeder Veröffentlichung, egal ob man für die »taz« schreibt oder eine Fernsehdokumentation macht, sind die Beleidigungen von rechts immer massiv. Ich sammle sie mittlerweile, aber nicht nur die an mich gerichteten, sondern auch diejenigen, die meine Kolleginnen und Kollegen betreffen. Ich versuche, einfach so viel wie möglich zu dokumentieren.

Anzeige erstatten

Die Angriffe häufen sich. Zuletzt wurde meinem Kollegen, der neben mir stand, bei einer AfD-Wahlkampfveranstaltung in Sachsen-Anhalt ins Gesicht geschlagen. Ein Polizeibeamter sah es und schritt sofort ein. Der Schläger, ein älterer AfD-Anhänger, war verblüfft, als seine Personalien aufgenommen wurden. Er fühlte sich anscheinend im Recht, Medienvertretern ins Gesicht zu schlagen. Es wurde Anzeige erstattet. Wie auch in Burgscheidungen, als meine Kamera beschädigt wurde und mir mit »Kopf ab« gedroht wurde. Auch diese AfD-Sympathisanten rechneten nicht mit Strafverfolgung. Viele Kolleginnen und Kollegen nehmen Übergriffe in Kauf, weil sie Angst haben, ihre Privatadresse könnte durch eine Anzeigeerstattung publik werden. Eine Kollegin aus Sachsen-Anhalt, die immer wieder bedroht und beleidigt wird, erstattete kürzlich gemeinsam mit anderen Anzeige gegen den für seine nationalistischen und verschwörungsideologischen Thesen bekannten Aktivisten und Publizisten Jürgen Elsässer. Chapeau!

Ich kann Kolleginnen und Kollegen verstehen, die aus Sicherheitsgründen nur unter Pseudonym arbeiten. Wir verwenden auch Postfachadressen in unseren Presseausweisen. Denn die Rechten wollen den immer sehen. Der Druck wächst dann, der Ärger ist vorprogrammiert. Ich zeige den nicht, denn darin stehen persönliche Daten. Polizeibeamten wird der Presseausweis gezeigt, dazu sind wir verpflichtet. Die schreiben sich ohnehin andauernd unsere persönlichen Daten auf, die Angaben landen in Polizeicomputern. Das wird übrigens fast nur bei Freiberuflern gemacht. Soweit ich weiß, ist es selten, dass TV-Teams ihre persönlichen Daten angeben müssen. Mittlerweile tauschen wir uns zu all diesen Themen am Rande von Veranstaltungen aus, helfen uns gegenseitig mit Hinweisen und Tipps für einen besseren Schutz.

Ein Kollege aus Niedersachsen hat sich gerade etwas zurückgezogen. Er hat kleine Kinder und ist massiv angegriffen worden. Die Angreifer haben bei ihm vor der Tür gestanden und dort Kerzen vor der Haustür angezündet – um quasi seinen Tod zu feiern. Das haben die Kinder mitbekommen. Einer der gewalttätigsten Angriffe auf Journalisten spielte sich in Thüringen bei dem NPD-Chef Thorsten Heise ab. Der Prozess gegen die beiden rechtsextremen Täter wurde lange verzögert. Das Ganze ist unbeschreiblich. Da ist ein Kollege im Gesicht verletzt worden, der wird sein Leben lang mit dieser Verletzung herumlaufen, und die Justiz in Thüringen braucht Jahre, um endlich tätig zu werden. Das sind die falschen Zeichen. Wenn Behörden auf dem rechten Auge blind sind, dann ist es umso wichtiger, dass die Gesellschaft es nicht ist. Zivilgesellschaftliches Engagement ist ganz wichtig, doch dafür muss auch Geld zur Verfügung stehen, das nicht Jahr für Jahr wieder mit aufwendigen, zeitraubenden Anträgen erbettelt werden muss. Wo Beratung und Prävention Mangelware sind, fällt es den Rechten viel leichter, sich zu verankern. Umso bewundernswerter ist es, wenn ganz viele Menschen sich ehrenamtlich und antifaschistisch engagieren. Im ganzen Bundesgebiet gibt es zahlreiche tolle Initiativen für Mitmenschlichkeit und Miteinander.

Fakten, Zahlen –
worüber reden wir überhaupt?

Kommunalpolitiker im Fadenkreuz
von Hass und Gewalt

In Deutschland gibt es über 11 000 Städte und Gemeinden, 294 Landkreise und 107 kreisfreie Städte. Je nach Einwohnerzahl liegt die Zahl der Gemeinde-, Stadt- und Kreisräte zwischen 9 und 90. Hinzu kommen die Bürgermeister, Oberbürgermeister und Landräte und die Besonderheiten der Stadtstaaten. Die gewählten Kommunalpolitiker und Kommunalpolitikerinnen engagieren sich überwiegend ehrenamtlich in ihrer Kommune, sind direkte Ansprechpartner der Bürgerinnen und Bürger und entscheiden mit über die Angelegenheiten, die jeden in der Kommune berühren: das Schwimmbad, die Windräder, die Bebauung, das Gewerbegebiet, Radwege, Kindergärten und Schulen. Auf der kommunalen Ebene ist die Verbindung zwischen Politikern und Bürgern am engsten. Man kennt sich, man begegnet sich, die Gemeinde- und Kreistagssitzungen sind zu den meisten Themen öffentlich, die Diskussionen sind in den Kommunalzeitungen und zunehmend auch im Netz nachzulesen. Die ehrenamtlichen Politiker und Politikerinnen tragen für die Entwicklung ihrer Kommune und für das Leben vor Ort große Verantwortung. Sie verkörpern die Demokratie auf der untersten Ebene unseres föderalen Bundesstaates. Sie sind die Gesichter der Demokratie. Dafür gebührt ihnen zumindest interessierte Aufmerksamkeit und auch Dank. Aber die Realität sieht anders aus. Mit der Idylle eines friedlichen Miteinanders hat sie immer weniger zu tun. Immer mehr Kommunalpolitiker und Kommunalpolitikerinnen sehen sich Bedrohungen, Beleidigungen und auch Gewalt ausgesetzt.

Das Messerattentat auf die Kölner Oberbürgermeisterin Henriette Reker am 17. Oktober 2015 kurz vor der Kommunalwahl, der Mord an Regierungspräsident Walter Lübcke 2019, die andauernden Bedrohungen von Oberbürgermeister Christoph Landscheidt in Kamp-Lintfort, die Hassmails und verbalen Angriffe auf Hannovers Oberbürgermeister Belit Onay, die Fußtritte gegen Magdeburgs Oberbürgermeister Lutz Trümper bei einem Wahlkampfauftritt und die Morddrohung gegen den sehr jungen Kasseler Stadtrat Timo Evans sind einige bekannte Beispiele aus den letzten Jahren. Sie stehen exemplarisch für eine Entwicklung, die unsere Demokratie in ihrer Substanz gefährden kann. Diese Entwicklung hat das Potenzial, die politische Auseinandersetzung um kontroverse Themen emotional so aufzuladen, dass tiefe Verletzungen bis hin zum Verlust des Lebens die Folge sind und Kommunalpolitiker und Bürgermeister ihren Rückzug aus der Politik erwägen.

Um die Dimensionen dieser Entwicklung besser einschätzen und damit den Blick auf die Realität schärfen zu können, helfen Statistiken und Untersuchungen.

Im Jahr 2020 wurde die größte Umfrage zum Thema »Gewalt gegen Kommunalpolitiker« von dem Magazin »Kommunal« mit Unterstützung des Meinungsforschungsinstituts Forsa durchgeführt. Befragt wurden fast 2500 Bürgermeister, das entspricht etwa einem Viertel aller Bürgermeister in Deutschland. Die Ergebnisse sind alarmierend. In deutschen Rathäusern sind Beschimpfungen, Beleidigungen, Bedrohungen und selbst tätliche Angriffe keineswegs eine Seltenheit. Das berichteten 64 Prozent der von »Kommunal« im Auftrag des ARD-Magazins Report München 2020 Befragten. 2019 waren es mit 41 Prozent noch deutlich weniger gewesen. Und etwa die Hälfte der Betroffenen wurde sogar mehrfach bedroht.

Im April 2021 hat »Kommunal« die Umfrage im Auftrag von Report München erneut durchgeführt, und dieses Mal gaben sogar 72 Prozent der Befragten an, während der Corona-Krise schon einmal beleidigt, beschimpft, bedroht oder sogar körperlich angegriffen worden zu sein.[2] Das bedeutet einen weiteren Anstieg um 8 Prozent gegenüber 2020. Und nicht nur in Großstädten waren Beschimpfungen an der Tagesordnung. Unabhängig davon, in welcher Stadt oder Gemeinde die Bürgermeister befragt wurden, die Ergebnisse waren überall eindeutig. Zwar liegt der Anteil in Städten mit über 100 000 Einwohnern am höchsten – aber selbst auf dem Land in kleinen Gemeinden mit weniger als 5000 Einwohnern wurden 58 Prozent der Befragten Opfer von verbaler oder körperlicher Gewalt. »Nur in jedem vierten Rathaus (26 Prozent) gab es noch keinerlei Vorkommnisse«, so Christian Erhardt in der »Kommunal«-Ausgabe vom 10. März 2020.[3]

In der 2021er Umfrage gab es sogar in 79 Prozent der Kommunen Beleidigungen und Übergriffe gegen Gemeindevertreter oder Mitarbeiter, davon wurden 20 Prozent körperlich angegriffen, bespuckt oder geschlagen. Den Anstieg der Anfeindungen um neun Prozent gegenüber 2020 deutet mehr als ein Drittel der Befragten (37 Prozent) als einen Effekt der Corona-Pandemie.

Überwiegend ereignen sich die verbalen oder körperlichen Übergriffe auf öffentlichen Veranstaltungen (in 59 Prozent der Fälle) und in den Diensträumen (57 Prozent). Aber auch der private Raum ist nicht frei von Vorfällen. Immerhin 27 Prozent der Kommunalpolitiker sind bei privaten Tätigkeiten bedroht oder angefeindet worden.

Erst Anfang 2021 zogen Corona-Leugner und Gegner der Corona-Maßnahmen vor das Privathaus von Michael Kretschmer und bauten sich in einschüchternder Weise vor dem Schnee schippenden sächsischen Ministerpräsidenten auf. Und nicht zu vergessen: Auch der vom mittlerweile verurteilten Täter minutiös geplante Mord an dem Regierungspräsidenten von Kassel fand auf dessen privater Terrasse statt.

Private Belästigungen politischer Repräsentanten können durch nichts gerechtfertigt werden, weder durch Unmut über politische Äußerungen oder unpopuläre Entscheidungen, noch durch die Sorge oder die Angst um die eigene Existenz oder die Ablehnung freiheitsbeschränkender Pandemie-Maßnahmen, die von Corona-Leugnern als unbegründet und willkürlich wahrgenommen werden. Wenn aber die eigenen vier Wände nicht mehr tabu sind und damit der private Rückzugs- oder Zufluchtsraum entfällt, dann sind Kommunalpolitiker nur noch öffentliche Personen und als solche jederzeit angreifbar. Dann fehlt auch der Schutz ihrer Familien, dann sind sogar die Kinder bedroht. Dazu darf es nicht kommen. Diese perfide Demonstration der Schutzlosigkeit und Verletzbarkeit fordert also geradezu Gegenmaßnahmen heraus. Aber ab welchem Grad der Bedrohung wird es wirklich ernst? Wann werden aus Worten Taten? Nicht jeder bedrohte Kommunalpolitiker kann von der Polizei geschützt werden, und nicht jede verbale Drohung schlägt in physische Attacken um. Aber die Gefahr ist da und kann sich wie ein Gift im Denken ausbreiten. Deshalb dürfen die Bedrohungen nicht im Verborgenen bleiben, sondern müssen öffentlich gemacht werden, um damit auch dem Gefühl des Alleingelassenseins entgegenzuwirken.

Häufig gehen die Beleidigungen und Beschimpfungen schon während des Wahlkampfs los. So erlebte es zum Beispiel die SPD-Politikerin Vanessa Gattung. 2019 kandidierte die damals 29-Jährige als Landrätin im Emsland. Je bekannter sie wurde, desto mehr beleidigende Nachrichten bekam sie über die sozialen Medien:»Hure«,»Bitch«, oder»Fotze« gehörten laut Gattung noch zu den»harmloseren« Formulierungen.

Als sie 2021 für das Bürgermeisteramt in Papenburg kandidiert, erhält sie die ersten Drohbriefe, in denen ihr ein»grausamer Tod« gewünscht wird. Dass sie in den sozialen Netzwerken zum Ziel von Hasskommentaren werden könne, darauf hatte sie sich eingestellt, aber auf derartig heftige Anfeindungen war sie nicht gefasst. In einem zweiten Brief wird konkret beschrieben, wie sie sterben soll. Seitdem sind bei öffentlichen Terminen Beamte zu ihrem Schutz vor Ort.[4]

Aufgrund dieser und ähnlicher Hassattacken ist es nicht verwunderlich, dass vor allem in kleinen Kommunen immer weniger Menschen bereit sind, sich für die Gemeinderatswahlen aufstellen zu lassen. Gleiches gilt für die Bürgermeisterkandidaten.»29 Prozent der Bürgermeister«, so die»Kommunal«-Umfrage im Jahr 2020,»sind sich sicher, dass sie nicht erneut antreten werden. Besonders hoch ist dieser Wert bei den meist ehrenamtlichen Bürgermeistern in kleinen Gemeinden.«[5]

Natürlich gibt es auch Gegenbeispiele, Bürgermeister, die allen Anfeindungen und Angriffen zum Trotz unverdrossen weitermachen. Genannt sei hier der Oberbürgermeister von Weißwasser, Torsten Pötzsch. 2019 hatten Unbekannte die Radmuttern an den Rädern seines Privatautos gelockert – eine Tat, die durchaus tödliche Folgen hätte haben können. Die Ermittlungen laufen immer noch, bisher ohne Ergebnis. Für seinen Einsatz gegen die Spaltung der Gesellschaft wurde er 2020 mit dem Deutschen Nationalpreis ausgezeichnet. Anlässlich der Ehrung betonte er:»Ich nehme den Preis stellvertretend für die vielen Bürgermeister in Gemeinden und Städten entgegen, die sich immer wieder Angriffen auf die eigene Person, die Familie, auf Freunde und Bekannte ausgesetzt sehen. Wer sich als Politiker lokal engagiert, bekommt oft die Wut und den Frust ab.«[6]

Für Aufsehen sorgte auch der Fall von Andreas Hollstein. Der Bürgermeister von Altena, einer Kleinstadt in Nordrhein-Westfalen, wurde am 27. November 2017 mit einem Messer angegriffen. Der Grund für den Anschlag war Hollsteins Einsatz für Flüchtlinge. Im Amt ist er trotzdem geblieben.»Davon lass ich mich nicht einschüchtern, genauso wie von den Drohungen vorher nicht und auch von den Drohungen nachher nicht«, sagt er und betont, dass nicht nur Amtsträger betroffen seien, sondern auch Feuerwehrleute, Rettungssanitäter und Ordnungsdienstmitarbeiter. Lösen lasse sich das Problem nur, wenn»wir wieder dahin zurückkommen, in unserem Land zu diskutieren, andere Meinungen auch nicht grundsätzlich abzukanzeln und für sich selbst die einzig wahre Meinung zu vertreten«.[7]

Anders haben sich die Bürgermeister in Tröglitz und Oersdorf entschieden.

In Tröglitz in Sachsen-Anhalt wollte der Bürgermeister Flüchtlinge integrieren, woraufhin die NPD vor seinem Haus aufmarschierte. Nach mehreren Drohungen und Einschüchterungen trat der Bürgermeister zurück.

Auch im beschaulichen Oersdorf in Schleswig-Holstein engagierte sich der Bürgermeister im September 2016 für die Unterbringung von

Flüchtlingen. Unbekannte schlugen ihn mit einem Knüppel bewusstlos. Ein Jahr nach dem Angriff gab er sein Amt auf.[8]

91 Prozent der Bürgermeister in Deutschland sind männlich, nur jeder zehnte ist weiblich. Und nach Angaben des Deutschen Städte- und Gemeindebundes sind es immer weniger Frauen, die an der Spitze eines Rathauses stehen wollen. Die Gründe dafür sind vielfältig. Bürgermeisterinnen weisen darauf hin, dass sie bei ihrer Kandidatur mit größeren Widerständen zu kämpfen haben als die männlichen Amtsanwärter. 27 Prozent beklagen auch heute noch »Vorbehalte gegen das Geschlecht«. So lautet das Ergebnis einer Forsa-Umfrage, die im Auftrag des Beratungs- und Forschungsinstituts EAF Berlin in Zusammenarbeit mit »Kommunal« durchgeführt wurde. Dieser Umfrage zufolge sind Bürgermeisterinnen auch öfter verbalen und körperlichen Attacken ausgesetzt als die männlichen Kollegen. »Beleidigt, bedroht oder sogar tätlich angegriffen« wurden 76 Prozent der befragten Frauen und 67 Prozent der befragten Männer. 13 Prozent der Frauen wurden sexuell belästigt, bei den Männern hingegen sind es nur 2 Prozent.

Von den gewählten Bürgermeisterinnen und Bürgermeistern gibt knapp die Hälfte (49 Prozent) an, bei der nächsten Wahl wieder antreten zu wollen, während 33 Prozent keine erneute Kandidatur in Erwägung ziehen. Unentschieden waren laut Umfrage 18 Prozent.[9]

Zu denen, die sich gegen eine weitere Amtszeit entschieden haben, gehört der Landrat des hessischen Mainz-Kinzig-Kreises, Erich Pipa (SPD). Er erhielt bereits 2015 erste Morddrohungen, als er ein Bauprojekt vorgestellt hatte. Es ging um die Erweiterung eines Flüchtlingswohnheimes. Dabei hatte er gesagt: »Das Boot ist nicht voll.« Danach brach über ihn eine Welle von Briefen mit unmissverständlichen Drohungen herein. Täter wurden nicht gefasst, und die Beamten wirkten ratlos. Darauf entschloss er sich, bei der bevorstehenden Landratswahl nicht mehr anzutreten. »Ich bin zu dem Schluss gekommen, dass ich das mir und meiner Familie nicht zumuten kann. Ich mach den Zirkus nicht mehr mit.«[10]

Im März 2020 befand sich Deutschland zum ersten Mal im Pandemie-Lockdown. Die Kontaktbeschränkungen zehrten über viele Monate an den Nerven der Menschen, und das bekamen auch Landräte und Bürgermeister zu spüren. Wieder erhielten einige von ihnen Morddrohungen, so zum Beispiel der Bürgermeister von Dormagen, Erik Lierenfeld, der in einem in den sozialen Medien veröffentlichten Video eine Initiative der »Querdenken«-Bewegung kritisiert hatte. Die Gegner der Maskenpflicht wollten Schüler und Eltern auf dem Schulweg und vor Schulen über die angebliche Wirkungslosigkeit des Mund-Nasen-Schutzes informieren. Nachdem er das Video gepostet hatte, wurde er mit beleidigenden Mails zugeschüttet, in denen ihm auch Gewalt angedroht wurde. Er erstattete Anzeige. Der Staatsschutz ermittelt mit Spezialisten für Cyberkriminalität.

Zu erwähnen ist in diesem Zusammenhang auch, was sich im November 2020 im kleinen thüringischen Landkreis Hildburghausen abspielte. Die massiv gestiegenen Inzidenzen zwangen Landrat Thomas Müller im November 2020 zu einem kompletten Lockdown mit Schließung von Kitas und Schulen. Im Netz schlug ihm eine Welle des Hasses entgegen. Aus Beschimpfungen wurden schnell Morddrohungen. »Nimm dir einen Strick und häng dich weg«, lautete der Post eines Nutzers, darauf antwortete der Nächste: »Es ist besser, wenn wir ihm dabei helfen.« Die Drohungen nahmen solche Ausmaße an, dass der Landrat unter Polizeischutz gestellt wurde. Die Kripo nahm in dem Fall Ermittlungen auf.[11]

Es trifft aber nicht nur Bürgermeister und Landräte. Gerade im Zusammenhang mit der Durchsetzung der Maskenpflicht werden immer wieder auch Stadtmitarbeiter feindlich angegangen, und in Frankfurt erlitt ein Polizist schwere Verletzungen, als er im Zuge einer Maskenkontrolle tätlich angegriffen wurde.

Das sind – kurz geschildert – einzelne Fälle, aber es sind keine Einzelfälle.

Wenn Bürgermeister, Landräte und andere Amtsträger in so großer Zahl beleidigt und bedroht werden, dann ist das eine Dimension, die ein die Demokratie gefährdendes Potenzial birgt. Und genau das scheint bei den meisten Angreifern auch die Absicht zu sein. Ist aber die Wahrscheinlichkeit gar nicht so gering, als Kommunalpolitiker

Opfer von Hass und Hetze zu werden, so werden sich, wie die Umfrage von »Kommunal« zeigt, möglicherweise immer weniger Bürgerinnen und Bürger finden, die sich zu Gemeinderats- oder Bürgermeisterwahlen aufstellen lassen, und dann entsteht ein Vakuum, das Kandidaten aus dem rechten politischen Spektrum für sich nutzen. Erinnert sei nur an die Wahl des NPD-Mitglieds Stefan Jagsch zum Ortsvorsteher in Altenstadt-Waldsiedlung im Jahr 2019. Er war der einzige Kandidat und wurde von allen anderen Parteien unterstützt. Nach einem öffentlichen Aufschrei wurde er etwas später wieder abgewählt. Diese Entwicklung nicht von vornherein verhindert zu haben, ist ein Armutszeugnis für alle anderen Parteien in der kleinen Gemeinde. Natürlich lässt sich aus dem Vorfall kein allgemeiner Trend ableiten. Aber er kann als Mahnung dienen, nicht denjenigen eine Chance zu geben, die die kommunale Arbeit vor Ort für ihre langfristigen Pläne gegen die liberale Demokratie nutzen wollen.

Politisch motivierte Angriffe auf Amts- und Mandatsträger

Aussagekräftige Kriminalstatistiken über Beleidigungen und Bedrohungen von ausschließlich kommunalen hauptberuflichen und ehrenamtlichen Mandatsträgern gibt es leider nicht. Aber seit Januar 2019 werden im »Kriminalpolizeilichen Meldedienst politisch motivierte Kriminalität« (KPMD-PMK) bundeseinheitlich Straftaten gegen Amts- und Mandatsträger erfasst.[12]

Im Jahr 2018 wurden insgesamt 1256 politisch motivierte Angriffe auf Amts- und Mandatsträger gemeldet. 517 davon fallen in die Kategorie »rechts«, 222 in die Kategorie »links«, 33 waren durch eine »ausländische«, 3 durch eine »religiöse Ideologie« motiviert. 481 Angriffe ließen sich nicht klar kategorisieren.

Im Jahr 2019 stieg die Gesamtzahl der gemeldeten Straftaten auf 1674 Taten. Davon wurden 609 dem Phänomenbereich »rechts«, 310 dem Bereich »links«, 19 dem Bereich »ausländische Ideologie« und neun dem Bereich »religiöse Ideologie« zugeordnet. 727 Taten entfallen auf den Bereich »nicht zuzuordnen«.

Der Zuwachs um mehr als 30 Prozent gegenüber dem Vorjahr ist vor allem dem Anstieg in den Phänomenbereichen »nicht zuzuordnen« (+ 51,1 Prozent), »rechts« (+ 17,8 Prozent) und »links« (+ 39,6 Prozent) geschuldet.

In die Rubrik »nicht zuzuordnen« werden die Anzeigen zu den Vorfällen aufgenommen, bei denen die gesamten Tatumstände zum Zeitpunkt der Erfassung sowie die Motivation des Täters oder der Täter noch nicht bekannt sind und die deshalb weder einer rechten noch einer linken, weder einer ausländischen noch einer religiösen Ideologie zugerechnet werden können.

Im Jahr 2019 wurden insgesamt 89 Gewaltdelikte gegen Amts- und Mandatsträger erfasst (47 »nicht zuzuordnen«, 22 »links«, 17 »rechts«, 2 »ausländische Ideologie«, 1 »religiöse Ideologie«). In 20 Fällen handelte es sich um Körperverletzungsdelikte. Allein 37 der Gewaltstraftaten wurden unter dem Oberthema »Reichsbürger/Selbstverwalter« (34 »nicht zuzuordnen«, 3 »rechts«) gemeldet, wobei es sich bei 36 der 37 Fälle um Erpressungen (§ 253 StGB) handelt. 60 Prozent der Körperverletzungsdelikte wurden im Phänomenbereich »links« registriert. Gegenüber dem Jahr 2018 mit 43 Gewaltdelikten, darunter 11 Körperverletzungen, ist ein Anstieg von 107 Prozent zu verzeichnen.[13]

Für das Jahr 2020 konnten nach vorläufiger Erfassung 2629 Straftaten gegen Amts- und Mandatsträger festgestellt werden, darunter 78 Gewaltdelikte. Das ist wieder ein deutlicher Anstieg gegenüber 2019 und eine Verdoppelung gegenüber 2018.

Die Zahlen beziehen sich auf Amts- und Mandatsträger. Ebenso betroffen sind Beschäftigungsgruppen im öffentlichen Dienst, besonders Polizeibeamte, Lehrer und Mitarbeiter der Agentur für Arbeit. Es ist davon auszugehen, dass die Dunkelziffer um einiges höher ist. Der gleiche Trend zeigt sich auch bei anderen Opfergruppen. Die Zahl der politisch motivierten Straftaten steigt seit Jahren an. Insgesamt registrierten die Behörden 2019 41 117 Straftaten, darunter 22 342 rechts und 9849 links motiviert.[14]

Die Statistik in der nüchternen Polizeisprache spricht für sich. Durchschnittlich siebenmal täglich werden Amts- und Mandatsträger bedroht. Siebenmal täglich führt Hass auf Andersdenkende zur Gefährdung der Repräsentanten unserer Demokratie. Siebenmal täglich sind Menschen nicht bereit, eine andere politische Haltung zu respektieren, Tendenz steigend. Sie wollen nicht mit Argumenten streiten, nicht ringen um den richtigen Weg, sondern sie wollen verletzen, demütigen, Krawall machen, laut und manchmal auch mit Gewalt.

Es hat in den vergangenen Jahrzehnten immer wieder politische Attentate gegeben. Wer erinnert sich nicht an die Terroranschläge und Morde der RAF, besonders an den Deutschen Herbst 1977? Erst 1998 erklärte die RAF ihre Auflösung. Das Angriffsziel der Gruppierung war die »herrschende Schicht«, zu den 34 Mordopfern gehörten Führungspersönlichkeiten aus Wirtschaft und Politik.

Auf Politiker hat es immer wieder Mordanschläge gegeben. Erinnert sei an die lebensgefährliche Verletzung von Wolfgang Schäuble, die ihm von einem geistesgestörten Mann durch zwei Kugeln am 12. Oktober 1990 nach einer Wahlveranstaltung zugefügt wurde und die ihn in den Rollstuhl zwang.

Sechs Monate davor, im April 1990, hatte eine geistig verwirrte Frau den damaligen saarländischen Ministerpräsidenten und Kanzlerkandidaten der SPD Oskar Lafontaine auf einer Wahlkampfveranstaltung in Köln mit einem Messer angegriffen und lebensgefährlich verletzt. Die Attentäterin Adelheid S. wurde vor einigen Jahren aus der Psychiatrie entlassen und ist auf freiem Fuß.

In Berlin schlugen fünf Vermummte den Regierenden Bürgermeister Walter Momper im August 1991 mit einem Holzknüppel und sprühten ihm Reizgas ins Gesicht.

Ein Unbekannter griff im Juni 2000 die Parlamentarierin Angelika Beer (Bündnis 90/Die Grünen) in Berlin mit einem Messer an und verletzte sie am Arm. Sie hatte bereits zuvor mehrere Morddrohungen vor allem aus dem linksextremen Spektrum erhalten, weil sie den Nato-Angriffen auf Jugoslawien zugestimmt hatte.

Eine geistig verwirrte Frau verletzte den Hamburger Justizsenator Roger Kusch (CDU) bei einem Wahlkampfauftritt im Februar 2004 mit einem Messer und beschimpfte ihn dabei mit den Worten »Du schwule Sau«. Später kam sie in die Psychiatrie.

Diese Attacken auf Bundes- und Landespolitiker können nicht mit der heutigen Entwicklung gleichgesetzt werden. Es gab damals vereinzelt Gewalttaten, die politisch begründet wurden, zum Beispiel mit der Ablehnung des Kosovo-Einsatzes. Einige Male waren es auch psychisch kranke Täter, aber es waren keine so systematisch aus politischer Motivation betriebenen Angriffe auf Politiker wie in den letzten Jahren und sie erstreckten sich auch nicht auf die kommunale Ebene. Das hat sich in den letzten Jahren massiv verändert. Die Flüchtlingssituation seit 2015 hat Teile der Gesellschaft radikalisiert und zu rassistisch begründeter Ausgrenzung von Flüchtlingen geführt, verbunden mit dem Hass auf Politiker, denen man vorwarf, eine angeblich zu flüchtlingsfreundliche Haltung zu vertreten und somit die Interessen des deutschen Volkes zu verraten. Die rechte Gewalt gegen Amts- und Mandatsträger gipfelte im Jahr 2019 in der Ermordung des Kasseler Regierungspräsidenten Walter Lübcke. Täter und Unterstützer handelten aus rassistischer und fremdenfeindlicher Gesinnung. Getötet wurde Lübcke wegen seiner offensiv vertretenen verantwortungsbewussten Haltung im Umgang mit Flüchtlingen.

Opfern ein Gesicht geben

Durch die Pandemie haben sich die Motivation und damit die Begründungen für viele verbale Angriffe auf Politiker verändert. Corona-Leugner und Anhänger der sogenannten »Querdenken«-Bewegung sehen die angeblichen Eliten, also besonders die Regierenden, als eine Art »Merkel-Diktatur«, die das Virus nur benutzen würde oder erfunden hätte, um die Menschen zu unterdrücken und zu bevormunden. Ihre Absicht sei es, ihnen wahllos die Freiheitsrechte zu nehmen und sie »zu Sklaven« zu machen. Die Aktivisten missachten Hygienekonzepte, sie wenden sich besonders gegen die Maske als ein angebliches Symbol der Unterdrückung. Die Pandemiemaßnahmen lehnen sie vor allem deswegen ab, weil sie eine Aushöhlung der individuellen Rechte befürchten.

Diese Haltung auf Demonstrationen kundzutun, ist zunächst einmal Teil der Meinungs- und Versammlungsfreiheit und gehört zur Demokratie, auch wenn man die Einstellung nicht teilt und die Art des Engagements nicht gutheißt.

Nicht zur freien Meinungsäußerung gehört es allerdings, wenn Mandatsträger bedroht werden, so der Landrat Thomas Fügmann (CDU) im Landkreis Saale-Orla in Thüringen, vor dessen Amt rohe Gehirnmasse abgelegt wurde. Der Bürgermeister von Floh-Seligenthal in Thüringen, Ralf Holland-Nell (CDU), wurde von »Querdenkern« auf seinem Hof aufgesucht und direkt sowie per Post bedroht.[15] Das überschreitet die Grenze dessen, was zur erlaubten streitigen Auseinandersetzung gehört.

Die Bewegung der Corona-Leugner und Lockdowngegner wird von denen benutzt, die sich aus rechtsextremer, rassistischer oder antisemitischer Gesinnung gegen den Staat und seine Institutionen wenden. Auf eine Anfrage der Grünen im Bundestag antwortete die Bundesregierung: »Seit Beginn der Corona-Krise versuchen rechtsextreme Akteure aktiv, den bei Demonstrationsteilnehmenden aus dem esoterischen oder verschwörungsideologischen Milieu bestehenden Unmut über die Maßnahmen zum Infektionsschutz und über Einschränkungen des öffentlichen und wirtschaftlichen Lebens zu nutzen. In diesem Kontext ist es nicht ausgeschlossen, dass Esoteriker und Verschwörungsideologen sich zusätzliches radikales Gedankengut aneignen.«[16] Der sogenannte »Sturm« auf das Reichstagsgebäude in Berlin im August 2020 wurde von Reichskriegsflaggenschwenkern, Rechtsextremen, bekannten Akteuren der NPD und Mitläufern der »Querdenken«-Bewegung provoziert, auch einige AfD-Abgeordnete wurden gesichtet. Da geht es um mehr als um den Protest gegen Infektionsschutzmaßnahmen. Da geht es um rechtsradikales bis rechtsextremes Denken, das eben »Andere« ausschließt, die Europäische Union als Besatzungsmacht definiert und die Medien als Lügenpresse diffamiert.

Auf den Demonstrationen hochgehaltene Schilder zeigen auch verschwörungsmythisch aufgeladene Texte wie den an den »Judenstern« angelehnten Stern mit dem Schriftzug »ungeimpft«, und immer wieder werden Parallelen zum Schicksal von Sophie Scholl gezogen. Als wenn die Situationen vergleichbar wären! Auf unglaubliche Weise werden hier die Verfolgung und Ermordung der Juden und der politisch Andersdenken verharmlost.

In dieser von einer lautstarken aggressiven Minderheit geprägten Stimmung in Deutschland sind die Angriffe auf Mandatsträger aller demokratischen Ebenen zu einer permanenten Bedrohung geworden. Sie gehen weit hinaus über das allgemeine Risiko, als exponierter Politiker Opfer einer Gewalttat oder Beleidigung zu werden. Das ist in dieser Dimension 2021 anders als bei den versuchten Mordanschlägen und Körperverletzungen in den 1990ern.

Die Porträtierten in diesem Buch stehen beispielhaft für die Vielzahl angegriffener Politiker. Sexistisches, frauenfeindliches Verhalten wie es die Bundestagsabgeordnete Nadine Schön erlebt, ist häufig, und es mehren sich auch fremdenfeindliche und rassistische Motive, die zu den Belästigungen des Bundestagsabgeordneten Karamba Diaby und des Oberbürgermeisters Belit Onay führten, ebenso antisemitische Vorfälle, wie sie Marian Offman über Jahrzehnte als jüdischer Stadtrat in München erleben musste.

Die unsäglichen beleidigenden Hassmails gegen Renate Künast und der Rückgriff auf ihr untergeschobene gefälschte Zitate beruhen teils auf Frauen- und teils auf Fremdenfeindlichkeit. Die Gerichtsverfahren unter anderem wegen Beleidigung haben nur wegen einiger Schimpfwörter zu strafrechtlichen Verurteilungen geführt, was berechtigterweise öffentlich kritisiert wurde. Politiker müssen besonders in Diskussionen mit aktuellem Sachbezug mehr ertragen und hinnehmen als andere, und im Eifer einer hitzigen Diskussion kann man sich nicht vor jeder Wortmeldung überlegen, ob man das so sagen darf oder nicht, aber das ist kein Freibrief für unflätige, ehrverletzende Äußerungen.

Auch wenn nicht jede Hassmail mit einer tatsächlichen Bedrohung einhergeht, auch wenn nicht aus allen Schmähungen Taten werden – an der zumindest verunsichernden und auch ängstigenden Atmosphäre ändert das nichts.

Uns geht es mit den persönlichen Erfahrungsberichten darum, den Opfern ein Gesicht zu geben. Die Politikerinnen und Politiker, mit denen wir ein Gespräch geführt haben, stehen symbolisch für die weit über 2000 Opfer. Statistiken sind gesichtslos. Die Anonymität der Zahlen kann den trügerischen Eindruck erwecken, so schlimm wie dargestellt sei die Lage doch gar nicht. Sie verschluckt die Namen. Doch hinter den Zahlen verbergen sich die persönlichen Schicksale von Amts- und Mandatsträgern. Die gilt es zu dokumentieren. Außerdem lassen sich aus ihrer Analyse Erklärungsmuster für ein ungefähres Bild der politischen Ideologien gewinnen, die zu Hass und Hetze im politischen Diskurs führen. Rein zahlenmäßig liegen die Ursachen bei den Gewaltdelikten 2019 etwas stärker im linken Milieu, was wohl auch mit den Ausschreitungen rund um den 1. Mai und den alljährlichen Al-Quds-Demonstrationen gegen Israel in Berlin im Mai zusammenhängen kann. Der größte Teil der erfassten Gewalttaten ist jedoch keinem Bereich politisch motivierter Kriminalität zuzuordnen. Und genau das ist ein Problem. Für Polizei, Justiz und Politik ist es oft schwer, bestimmte Delikte – gerade Tötungsdelikte – als zum Beispiel rechtsextremistisch motivierte Gewalttaten einzustufen. Um den am 2. Juni 2019 verübten Mord am Kasseler Regierungspräsidenten Walter Lübcke als entsprechende Tat einzustufen, benötigte das Landeskriminalamt in Hessen ein halbes Jahr.[17]

Parteipolitische Zuordnungen

Die meisten gewalttätigen Angriffe richteten sich 2019 gegen Mandatsträger der AfD. Laut Polizeistatistik kamen die mutmaßlichen Täter dabei größtenteils aus dem linken Spektrum. In einigen Fällen ließ sich der Tathintergrund allerdings nicht eindeutig bestimmen.

Deshalb haben wir auch ein Gespräch mit dem Parteivorsitzenden der AfD, Jörg Meuthen, geführt. »Die klassische Linke, die Antifa – das sind die Gegner, aber seit ich gefordert habe, die AfD solle als Partei nicht in ein rechtsextremes Spektrum abrutschen, gibt es in der rechtsextremen Ecke Leute, die sagen, jetzt ist der Meuthen auch unser Feind. Seit ich diese sehr klare Kante nach Rechtsaußen fahre, kommt von dieser Seite etwas dazu. Bekanntermaßen hab ich dafür gesorgt, dass Herr Kalbitz aus der Partei ausgeschlossen wurde und nicht mehr reinkommt. Und aus dieser Ecke kommen eben auch Angriffe. Da gibt es dann mal ein Video, wo ein Sarg getragen wird. So ein klar feindliches Vokabular – ›Made, die zerquetscht gehört‹ –, das ist gang und gäbe.« Er selbst war physischen Attacken kaum ausgesetzt. »Ich habe einmal in einer Wahlkampfveranstaltung südlich von Hamburg eine tiefgefrorene Torte an den Kopf gekriegt. Es war letztlich harmlos, die Torte hat mich an der Schläfe getroffen. Es gab einen Schlag, und es ging alles irrsinnig schnell. Ich habe aber anschließend die Veranstaltung ganz normal fortgesetzt.« Hassmails bekommt er wie viele andere auch. »Man kriegt einen dicken Panzer, lässt es abprallen, aber das heißt nicht, dass nichts durchdringt. Völlig kalt lässt einen das nicht.«

Und dann kommen auch ihm Gedanken an den Abschied aus der Politik. »Die Überlegung, mit der Politik aufzuhören, kommt immer wieder. Ich hatte ja einen guten Job als Hochschullehrer, war angesehen, mir ging es gut – eine beschauliche badische Professorenexistenz, in der man es sich behaglich einrichten kann. Ich bin aus Empörung in die Politik gegangen, wirklich aus Empörung. Damals überhaupt nicht planend, das zu werden, was ich heute bin. Das hat sich erst beim Parteitag ergeben. Meine Kinder, meine Enkel raten mir alle: Lass es sein. Lass das! Wann gehst du da raus? Sie haben Angst um mich. Sie sehen, ich bin zum Teil mit bewaffnetem Schutz unterwegs. Im Europa-Wahlkampf wurde ich von einem LKA-Kommando begleitet, da habe ich mich sicher gefühlt. Ich musste aber auch eine Schutzweste tragen.« Andere AfD-Politiker berichten von Brandanschlägen auf ihre Autos oder Beschädigungen ihrer Büros.

Eine andere Dimension der Bedrohung von Politikern ergab sich aus dem Eklat um die Wahl des FDP-Landtagsabgeordneten Thomas Kemmerich zum Ministerpräsidenten in Thüringen im Februar 2020 mit den Stimmen der CDU und der AfD. Deren Fraktionsvorsitzender Björn Höcke ist prominenter Vertreter des sogenannten »Flügels« innerhalb der AfD, der vom Verfassungsschutz als rechtsextremistisch eingestuft wird. Diesen großen Fehler versuchte Kemmerich aufgrund des politischen Drucks – unter anderem aus Teilen der FDP – zu korrigieren, indem er kurze Zeit später von seinem Amt zurücktrat. Ungeschehen kann diese grobe Fehleinschätzung nicht gemacht werden, umso strikter muss die rote Linie zu Höcke und seinen Gefolgsleuten gezogen werden.

Linke Gruppen, aber auch Anhänger von Grünen und SPD, protestierten friedlich gegen die Wahl des FDP-Politikers zum Ministerpräsidenten, aber manche Gegner beließen es nicht bei gewaltfreien Demonstrationen. In Mecklenburg-Vorpommern, Sachsen, Nordrhein-Westfalen und Niedersachsen gab es Vandalismus gegen die Landesgeschäftsstellen der FDP. Kemmerich erhielt nach eigenen Angaben Drohungen und stand unter Personenschutz. In Mecklenburg-Vorpommern wurden Feuerwerkskörper auf das Haus einer FDP-Politikerin abgeschossen. Um sich in Sicherheit zu bringen, musste sie zusammen mit ihrer Tochter aus dem Haus fliehen. Im Vorfeld der Bürgerschaftswahl in Hamburg wurden etliche FDP-Plakate mit Hakenkreuzen, SS-Runen und Hitlerbart beschmiert, viele weitere wurden zerstört.

Die relevanten Akteure können als Verdachtsfall oder als erwiesen extremistisches Beobachtungsobjekt ins Visier genommen werden. Keine noch so nachvollziehbare Empörung rechtfertigt Gewalt oder die Drohung mit Gewalt gegen Personen und Sachen.

Wie 2019 waren auch 2020 Vertreterinnen und Vertreter der AfD am häufigsten Ziel von Angriffen: Fast 700 Straftaten wurden registriert. An zweiter Stelle folgt die Partei Bündnis 90/Die Grünen mit 206 Straftaten, auf die CDU entfielen 189, auf die SPD 169, auf die CSU 42, auf die Linke 138 und auf die FDP 35. Betroffen waren sowohl Parteimitglieder als auch Mitarbeiterinnen und Mitarbeiter. Gemeldet wurden unterschiedlichste Delikte, darunter Beleidigung, Körperverletzung und die Störung des öffentlichen Friedens durch Androhung von Straftaten. Angriffe gegen parteilose Politikerinnen und Politiker wurden in der Statistik nicht erfasst.[18]

Neben den Angriffen auf Mandatsträger sind auch solche auf Parteien zu berücksichtigen. Für das Jahr 2018 wurden dem Bundeskriminalamt im Rahmen des Kriminalpolizeilichen Meldedienstes in Fällen politisch motivierter Kriminalität (KPMD-PMK) 1982 Straftaten gemeldet, die in der BKA-Fallzahlendatei »Lagebild Auswertung politisch motivierter Straftaten« (LAPOS) mit dem Oberangriffsziel »Partei« gespeichert wurden.[19] Es handelt sich dabei häufig um Beschädigungen der Büros von Parteigliederungen. So wurden zum Beispiel im April 2021 die Fensterscheiben eines Bürgerbüros der CSU in München mit Eiern und Steinen eingeworfen.

Ein umfassendes Gesamtbild der Bedrohungen von Mandatsträgern, ihrer Büros und der Einrichtungen der Parteien kann aus den vorliegenden Zahlen nicht gezeichnet werden, denn es muss von einer nicht zu unterschätzenden Dunkelziffer ausgegangen werden. Nicht jede Hassmail, nicht jeder Anruf und nicht jedes andere bedrohliche Verhalten werden zur Anzeige gebracht. Die Gründe dafür sind vielfältig: Mal erachten Betroffene die Anfeindungen als nicht so gravierend, mal wollen sie sie mit einer Anzeige nicht auch noch aufwerten. Mal ist der Absender unbekannt, mal scheuen die Opfer den Aufwand oder sie verzichten auf eine Anzeige, weil sie davon ausgehen, dass das Verfahren sowieso eingestellt wird. Seit den Urteilen zu den herabsetzenden Beleidigungen der Abgeordneten Renate Künast, die erst zum Teil in nächsthöherer Instanz als strafrechtlich relevant bewertet wurden, kann das nicht verwundern. Die Abwägung zwischen dem hohen Gut der Meinungsfreiheit, die in Artikel 5 Absatz 1 des Grundgesetzes geschützt ist, und der Verletzung der Ehre und Persönlichkeit, die zu einer berechtigten Einschränkung des Grundrechts führen kann, ist ein sehr komplexer Prozess, besonders wenn politische Mandatsträger betroffen sind. Wer an der politischen Willensbildung in exponierter Stellung teilnimmt, hat auch einiges einzustecken. Aber Fäkalsprache, wüste Beschimpfungen bis zur Lebensbedrohung sind auch in einer Demokratie, die von der politischen Auseinandersetzung lebt, nicht erlaubt. Sie vergiften das politische Klima und sind offenkundig kein nur abwegiger inhaltlicher Beitrag, sondern einfach nur persönlich verletzend.

Das gesellschaftliche Klima und die Bereitschaft vieler Menschen, sich aktiv einzubringen, werden nicht nur durch strafrechtlich verbotenes Verhalten beeinflusst, sondern auch durch polemische, radikale, zuspitzende Äußerungen. Es ist eben nicht jedes herablassende und einschüchternde Verhalten strafrechtlich relevant, gleichwohl ist es oft genug abstoßend und kann dazu führen, dass die Betroffenen der Politik den Rücken kehren, weil sie weder sich noch ihrer Familie diesen Spießrutenlauf zumuten möchten. Genau diese Entscheidung hat der aus Syrien stammende Kandidat der Grünen für den Bundestag Tareq Alaows getroffen. Er hat seine Kandidatur zurückgezogen, nachdem er monatelang mit Hassmails und Drohungen traktiert worden war.[20] Begründet wurden die Angriffe ganz unverblümt mit rassistischen Vorbehalten wegen seiner syrischen Herkunft. Wenn mit viel Druck und Drohungen in unserer Gesellschaft für manche Menschen unliebsame Kandidaturen verhindert werden können, dann schwächt das unsere Demokratie, besonders die repräsentative Demokratie, weil Menschen mit Einwanderungsbiografie große Hindernisse für ein Mandat überwinden müssen. Es überrascht daher nicht, dass die Zahl der Bundestagsabgeordneten mit Einwanderungsbiografie in der 19. Legislaturperiode bei nur 58 lag.[21] Das macht uns alle ärmer, das bedeutet weniger Vielfalt. Es ist auch als Versagen der Zivilgesellschaft zu bewerten, wenn bedrohten Kandidaten nicht ausreichend Unterstützung geboten wird.

Das Bild der Bedrohung

Die politisch motivierten Straftaten nehmen in Deutschland in den letzten Jahren zu. Das sind deutliche Anhaltspunkte für die Gefährdung der Demokratie. Der respektvolle Umgang der Politiker miteinander, die Art, wie Debatten geführt werden, die Achtung vor dem politischen Wettbewerber unabhängig von der parteipolitischen Zugehörigkeit, der Verzicht auf Grenzüberschreitungen, auf menschenverachtende Instrumentalisierung und auf Ausgrenzung von Minderheiten sind Faktoren, die für die Stabilität der Demokratie notwendig sind. Die wehrhafte Demokratie setzt zuallererst auf die Verantwortung und auf das Engagement des Einzelnen und nicht darauf, dass staatliche Gewalten sie schützen. Verfassungswidrige Parteien können vom Bundesverfassungsgericht verboten werden. Für die Begründung des Vorwurfs der aggressiven Vorgehensweise gegen die freiheitlich demokratische Grundordnung müssen die Verfassungsschutzbehörden die Fakten zusammentragen. In Umfragen befürworten die Bürgerinnen und Bürger ein konsequentes Vorgehen der Politik und der Sicherheitsbehörden. Die Auffassung, dass politische Vereinigungen überwacht und verboten werden sollten, ist leicht mehrheitsfähig.

Aber das ist die Ultima Ratio, das schärfste Schwert in unserer Demokratie, in der die Parteien grundgesetzlich geschützt (Art. 21 Abs. 1 GG) bei der politischen Willensbildung des Volkes eine entscheidende Rolle spielen. Es fehlt den Akteuren und Mitgliedern bei einem Verbot die Organisationsstruktur zur Agitation, und das schwächt die Handlungsmöglichkeiten gegen unsere Werteordnung. Mit einem Parteienverbot ist das extremistische Denken aus den Köpfen der Anhänger aber längst nicht verschwunden. Die erfolglosen Versuche, die NPD als verfassungswidrige Partei durch das Bundesverfassungsgericht verbieten zu lassen, müssen uns Demokraten eine Lehre sein. Eine mögliche Beobachtung der AfD durch Verfassungsschutzbehörden wird derzeit noch gerichtlich geprüft. Personen und Gruppen in der »Querdenken«-Bewegung, die nicht als politische Partei organisiert ist, werden seit Ende April 2021 bundesweit vom Verfassungsschutz beobachtet.

Die relevanten Akteure können als Verdachtsfall oder als erwiesen extremistisches Beobachtungsobjekt ins Visier genommen werden. Dazu können nachrichtendienstliche Mittel wie das Speichern persönlicher Daten, die Anwerbung von V-Leuten und in begründeten Fällen auch die Kommunikationsüberwachung eingesetzt werden.

Da die eher als extremistisch eingeschätzten Teile der Bewegung trotz Berührungspunkten und Überlappungen mit rechten Ideologien nach Auffassung des Verfassungsschutzes nicht in die Kategorie Rechtsextremismus passen, wurde ein neuer Phänomenbereich mit der Bezeichnung »Verfassungsschutzrelevante Delegitimierung des Staates« geschaffen.[22]

Trotz der staatlichen Kontrollmöglichkeiten sind letztlich wir, die Bürgerinnen und Bürger, gefordert. Nur wir können die Schwächung unserer Demokratie durch Parteien mit verfassungswidrigen Bestrebungen nachhaltig verhindern, indem wir sie weder wählen noch unterstützen und indem wir dafür sorgen, dass ihre Thesen und ihre

Angriffe auf die liberale Demokratie nicht unwidersprochen bleiben. Es gilt, Verschwörungsmythen und Lügen zu entlarven und den noch nicht Unbelehrbaren eine andere Geschichte zu erzählen als die von der jüdischen Weltverschwörung oder von der Unterwanderung unseres Gemeinwesens durch Flüchtlinge oder von den machtgierigen Eliten, die die Mehrheit der Menschen für dumm verkaufen. Dafür müssen die ideologischen Vorstellungen gegen das so »verhasste System« in Deutschland offengelegt und widerlegt werden. Dafür muss aber auch das Alternativangebot, unsere offene, vielfältige, auf Respekt und Toleranz basierende Gesellschaft, einfach überzeugend dargestellt werden. Die Polizei muss die strafrechtlichen Verstöße konsequent ahnden und auch präventiv einschreiten. Auf keinem Auge dürfen die Sicherheitsbehörden blind sein. Ihre Arbeit muss vorurteilsfrei und fair bleiben. Fehler wie die Einseitigkeit und die Voreingenommenheit bei der verschleppten Aufklärung der zehn Morde des Nationalsozialistischen Untergrundes (NSU) dürfen sich nicht wiederholen. Dort wurden zuerst die Angehörigen der Ermordeten verdächtigt, und zwar ohne dass irgendwelche Anhaltspunkte vorgelegen hätten, sondern nur aufgrund ihres türkischen oder griechischen Migrationshintergrundes. Das ist rassistisch.

Das politische Klima ist rauer geworden. Tabus sind gefallen. Früher Unsagbares wie »Lügenpresse«, »Einwandererhorden«, »Mahnmal der Schande« ist sagbar geworden. Die demokratische Kultur sieht sich starken Angriffen ausgesetzt, Cancel Culture als Ausdruck des angeblich politisch Korrekten kann den freien Diskurs durch auferlegte Selbstbeschränkung einerseits und durch vorsätzlichen Shitstorm andererseits massiv einengen und gefährden. Werden diese Beschränkungen des argumentativen Diskurses absichtlich von Politikern oder Parteien betrieben, gefährdet das die liberale Demokratie.

Woher kommt die Radikalisierung?

Was ist bloß aus dem intellektuell geschätzten Diskurs mit dem Florett des geschliffenen Wortes geworden? Im Feuilleton der großen Tages- und Wochenzeitungen gibt es zwar immer wieder anspruchsvolle Beiträge zu aktuellen Themen wie Kunst-, Meinungs- und Pressefreiheit, zu Rassismus und Feminismus, zu Identitätspolitik und Gerechtigkeitsfragen. Dominiert aber werden der Informationskonsum und die Kommunikation von Millionen Menschen auch in Deutschland von den sozialen Medien, von digitalen Plattformen, Foren, Chats und Messengerdiensten.

Soziale Medien als wichtige Nachrichtenquelle

Für junge Menschen sind die sozialen Medien teilweise die einzige Nachrichtenquelle. Das Jahr 2020 war coronabedingt ein Digitalisierungstreiber. 72 Prozent der 12- bis 19-Jährigen besitzen ein Medienendgerät, WhatsApp bleibt für die Kommunikation der bedeutendste Online-Dienst. 94 Prozent der Jugendlichen nutzen den Dienst mehrmals in der Woche oder sogar täglich, bei Instagram sind es 72 Prozent, und der Trend setzt sich ungebrochen fort. Auch Snapchat, Pinterest und Twitter verzeichnen gegenüber dem Vorjahr Steigerungen. Zu den größten Gewinnern zählt laut einer Studie des Medienpädagogischen Forschungsverbunds Südwest »aber die chinesische Plattform TikTok – hier hat sich die regelmäßige Nutzung um 19 Prozentpunkte erhöht«.[23]

Was den Medienkonsum von Erwachsenen angeht, so zeigt die Studie Digital News Report aufgrund von Daten aus 40 Ländern, darunter auch Deutschland, dass das Fernsehen seit der Pandemie allgemein etwas häufiger als Nachrichtenquelle benutzt wird. Aber auch die Erwachsenen greifen vermehrt auf digitale Medien zurück, um sich zu informieren, selbst wenn der Anteil kostenpflichtiger digitaler Nachrichtenquellen noch bei vergleichsweise schwachen zehn Prozent liegt (im Vorjahr acht Prozent). Etwa 22 Prozent der Befragten in Deutschland geben an, Facebook als Informationsquelle zu nutzen. An Bedeutung gewinnen daneben vor allem WhatsApp und YouTube.

Laut der genannten Studie haben die aktuellen Entwicklungen offenbar auch Einfluss auf das Vertrauen in Nachrichten.»Im Jahr 2020 zweifeln 52 Prozent der 18- bis 24-Jährigen an dem Wahrheitsgehalt von Nachrichten. Zum Vergleich: Im Vorjahr waren es gerade mal 38 Prozent. 37 Prozent der erwachsenen Internetnutzer/-innen befürchten, dass sie echte Nachrichten nicht von Falschmeldungen unterscheiden können.«[24]

Diese kurzen Schlaglichter auf das Kommunikationsverhalten zeigen die große Bedeutung der sozialen Medien und Messengerdienste, die Verunsicherung hinsichtlich des Wahrheitsgehalts von Nachrichten und ein steigendes Bedürfnis nach Informationen. Das Vordrängen der sozialen Medien vergrößert einerseits die Informationsgewinnung, schafft andererseits aber auch vielfältige Zugänge für Desinformation, gezielte Manipulation, Hetze, Hass und Diskriminierung. Sie finden im Internet und in den sozialen Netzwerken, Foren und Kommentarspalten seit Jahren eine immer stärkere Verbreitung. Auch im Deutschen hat sich dafür der Begriff Hatespeech etabliert. Hatespeech ist jedoch kein reines Netzphänomen, sondern greift reale Macht- und Diskriminierungsstrukturen auf. Betroffen sind meistens Schwächere, Minderheiten wie Flüchtlinge, Menschen mit Migrationshintergrund, Homosexuelle und immer wieder Frauen, die sexistischen und übergriffigen Anmachen ausgesetzt sind.

Seit 1990 entlädt sich Hass immer stärker gegen Politiker und Politikerinnen, die wegen ihrer Abstammung als fremd angesehen werden.

Zum Ziel von Anfeindungen werden aber nicht nur Politiker mit Einwanderungsbiografie, sondern auch solche, die ihre positive Haltung zu Flüchtlingen, zu Europa, zum Judentum und zum Islam, zur sexuellen Vielfalt und zur Pluralität unserer Gesellschaft klar artikulieren. Seit Covid-19 und den zahlreichen massiv die Freiheitsrechte beschränkenden Corona-Maßnahmen richten sich Kritik und Beschimpfungen von Corona-Leugnern und sogenannten »Querdenkern« besonders gegen Politiker, die sich für einen strikten Lockdown einsetzen, um das Infektionsgeschehen einzudämmen.

Die »Süddeutsche Zeitung« kommt in einer Auswertung von zwölf Millionen Nachrichten im Messengerdienst Telegram während eines Jahres und in einer Datenanalyse in den Netzwerken zu dem Ergebnis, dass die Proteste der Corona-Leugner und »Querdenker« auf der Straße und das Wüten in digitalen Echokammern zusammenhängen. Die umfangreiche Recherche zeigt auch, wie sich Verschwörungserzählungen, Beleidigungen und Rassismus in einer toxischen Mischung verbinden. Fast ein Fünftel der Posts ist auffällig, und Telegram dient als eine Art Verstärker, da dieser Messengerdienst kaum Regulierung kennt und anders als zum Beispiel bei WhatsApp unbegrenzt viele Abonnenten im jeweiligen Kanal erreicht werden können. Julia Ebner, die am Institut für strategischen Dialog in London zu Extremismus forscht, sagt: »Wir können davon ausgehen, dass es in Deutschland Hunderttausende Menschen gibt, die mit radikalen Online-Communitys sympathisieren.« Gerade während der Pandemie mit wenigen direkten Kontakten wächst der Online-Raum, und er wird gezielt zur stetigen Radikalisierung genutzt.[25]

Radikalisierungstreiber

Diejenigen, die Hasskriminalität verbreiten, Drohungen bis hin zu Morddrohungen adressieren, und diejenigen, die sich in allgemeinen Eliten- und Regierungsbeschimpfungen aufgrund aktueller politischer Entscheidungen ergehen, sind, wie auch die Recherche der »Süddeutschen Zeitung« zeigt, keine homogene Gruppe. Politiker-Hasser kommen aus unterschiedlichen Milieus und Szenen. An Corona-Demonstrationen beteiligen sich unzufriedene Bürger, Verteidiger der Demokratie und Grundrechte, Esoteriker und erbitterte Gegner der Institutionen unseres Systems und ihrer gewählten Vertreterinnen und Vertreter. Mit von der Partie sind außerdem immer wieder Pegida-Anhänger, Rechtsextreme der verschiedensten Gruppen (zum Beispiel Der dritte Weg), rechte Hooligans und Anhänger der verschwörungsgläubigen Internet-Sekte QAnon, die nach den USA auch in Deutschland auftritt und kaum verhohlen judenfeindlich ist. Die Bundesregierung hat unter anderem in ihrer Antwort auf eine Kleine Anfrage von Bündnis 90/Die Grünen zu der Gefahr durch rechtsextreme und verschwörungsideologische Instrumentalisierung der Corona-Demonstrationen bestätigt, dass es sich um einen sehr heterogenen Personenkreis handelt, der auch Rechtsextreme und Reichsbürger umfasst.[26]

Nach Einschätzung der Extremismusforscherin Julia Ebner knüpft QAnon an die alten antisemitischen Ritualmordlegenden an, wonach Juden das Blut von Christen trinken und die Weltherrschaft anstreben. Ebner sieht QAnon als potenzielle Gefahr für die nationale Sicherheit und verweist darauf, dass die QAnon-Ideologie in kurzer Zeit mithilfe von Trump-Anhängern und Rechtsextremen aus dem Netz ins reale Leben vorgedrungen sei, wo ihr Gewalt- und Mordpotenzial bereits zu erkennen sei. Demokratiezersetzend wirke die Bewegung vor allem deswegen, weil ihre Anhänger für rationale Argumente nicht mehr zugänglich seien.[27]

Diejenigen, die zielgerichtet immer wieder gegen Politikerinnen und Politiker hetzen und in nicht wenigen Fällen sogar mit Gewalt drohen, sind nicht die Teilnehmer an Kundgebungen gegen einzelne politische Entscheidungen, sondern es sind überwiegend Rechtsradikale, zum Teil auch Linksradikale. Julia Ebners Recherchen ergaben, dass Rechtsextreme und Verschwörungsideologen bereits Mitte 2020 begonnen haben, die Corona-Protestbewegung zu unterwandern und die Frustration Zehntausender zu instrumentalisieren.

Matthias Quent, Soziologe und Gründungsdirektor des Instituts für Demokratie und Zivilgesellschaft in Jena, befasst sich in Studien und Untersuchungen intensiv mit Rechtsradikalismus, Radikalisierung und

Hasskriminalität. Ein Teil dieses Milieus ist nach seinen Erkenntnissen davon überzeugt,»dass ein ›Zerfall‹ der ›deutschen Kultur‹ bevorstehe.

Aufklärung und Demokratie hätten demnach die angeblich natürliche soziale Hierarchie von Menschen(-gruppen) und ›Völkern‹ aufgehoben und damit eine verfassungsrechtliche und kulturelle Moderne geschaffen, die der eigentlichen und unabänderlichen Natur der Menschen widerspreche. […] Viele Rechtsradikale glauben, eine solche ideologisch konstruierte Zukunftsgefahr sei nur durch extreme Maßnahmen und Selbstjustiz zu bannen: Die verbreitete Enttäuschung über den Bedeutungsverlust von Kategorien wie ›Volk‹, ›Nation‹ und ›Rasse‹ entlädt sich in radikalisierter Form in Gewalt gegen Minderheiten und Repräsentantinnen und Repräsentanten der staatlichen Ordnung.«[28]

Dieses Gedankengut vertritt auch die rechtsradikale Identitäre Bewegung, die nach den Anschlägen des rechtsterroristischen und islamfeindlichen Massenmörders Anders Breivik 2011 in verschiedenen europäischen Staaten entstand. Sie will den Untergang einer rassistisch konstruierten, europäischen Identität verhindern und beruft sich auf die christlichen Kreuzzüge und damit auf den Massenmord an Juden und Muslimen. Ihre Strategie ist es, Debatten um einen Kulturkonflikt zwischen dem»Abendland«und islamisch geprägten Kulturen zu radikalisieren und mit dem Streit das gesellschaftliche Zusammenleben zu destabilisieren.[29]

Wenn man die Entwicklung der hier beschriebenen Bewegungen unter die Lupe nimmt, erkennt man, dass sich kulturelle und ökonomische Faktoren wechselseitig verstärken und schlichte Kausalitätsannahmen somit zum Scheitern verurteilt sind. Die Globalisierung führte zu Abstiegsprozessen und -ängsten, für die auch die sogenannten»Eliten« verantwortlich gemacht werden. Die politischen Einflussmöglichkeiten werden immer wieder als ungleich verteilt angesehen, und diese Ungleichverteilung gilt vielen als Ausweis einer fortgesetzten Aushöhlung der Demokratie.

Daneben gibt es einen bis weit in die Vergangenheit zurückreichenden Antisemitismus und Rassismus in Deutschland, der in den letzten Jahren immer sichtbarer und auch gewaltgeneigter geworden ist.

Der Rassismus ist dabei in seiner gesamten strukturellen Dimension, die noch nicht in allen Facetten erforscht ist, ein wesentlicher Treiber für den Hass auf Minderheiten, für deren Dämonisierung und für die Verbreitung von Verschwörungserzählungen und die Diffamierung Andersdenkender. Der Antisemitismus ist in allen gesellschaftlichen Schichten zu finden, in links- wie rechtsradikalen Milieus und zunehmend in der Form des islamistischen oder israelbezogenen Antisemitismus.

Zu den nationalen Entwicklungen kommen globale wie der internationale Terrorismus und grundlegende gesellschaftliche Veränderungen, die mit der Digitalisierung seit nunmehr 20 Jahren das Wirtschaften, Arbeiten und Leben stark prägen. Das Internet hat die Welt zum globalen Dorf gemacht, was mit der Disruption altbewährter Strukturen einhergeht und zu Orientierungslosigkeit oder -schwäche führen kann.

Das alles sind Entwicklungen, die die Sehnsucht zurück in die ach so gute alte Zeit erblühen lassen, mit straffer Führung, mit einem einseitigen Wertegerüst und einfachen Schwarz-Weiß-Gemälden. Das gibt Verunsicherten Orientierung und Halt. Und da die Regierungseliten das alles nicht wahrhaben wollten und unfähig seien, müsse gegen sie auf allen Ebenen vorgegangen werden, so lautet eine einfache Erzählung.

Seitdem ist auch die Radikalisierung als Thema aktuell. Sie umfasst »alle ideologischen Richtungen«, kommentiert die Rechtswissenschaftlerin Britta Bannenberg, Inhaberin des Lehrstuhls für Kriminologie an der Justus-Liebig-Universität Gießen.»Islamistische und rechtsextremistische Gruppen und Einzeltäter schaukeln sich gegenseitig auf und motivieren andererseits Linksextremisten und Amokkräfte zu mediale Aufmerksamkeit erregenden Taten und Anschlägen. Insbesondere Linksextremisten attackieren dabei auch gezielt ihr Feindbild Polizei und wenden sich gegen Staat und Demokratie. Reichsbürger, Pegida-Bewegung und Rechtsextremisten stellen den Staat gleichfalls in Frage und zeichnen sich durch eine Ablehnung von Demokratie und staatlichen Institutionen aus, was nicht nur Polizeibeamte, sondern auch Gerichtsvollzieher, Amtsträger in ganz unterschiedlichen Funktionen und kommunale Mandatsträger zu spüren bekommen.«[30]

Zu erwähnen sind auch die mitunter sehr konkreten Anstiftungen zu Terror und Gewalt in der Rechtsrockszene. Im Frühjahr 2019, wenige Monate vor dem Mord an Walter Lübcke, veröffentlichte die Schweizer Band Erschießungskommando das Lied »C18«, in dem es heißt:

»Wenn es dunkel wird im Land, bleibt der Killer unerkannt, er schleicht sich lautlos an das Haus […] bald da wird ein Leben enden, in den eigenen vier Wänden. Das Opfer ahnt nicht sein Bestreben, es wird keine Rettung geben. Kühl im Kopf, handelt besonnen, kein Opfer ist ihm je entkommen. Weißer Stolz, weiße Kraft, ein Mann, der keine Fehler macht, der Totenkopf am schwarzen Hemd, Schnellfeuerwaffen schallgedämpft. C18! Heil Combat 18!«

Zur militanten Neonazi-Organisation Combat 18 sollen die im Mordfall Lübcke Verurteilten Verbindungen gehabt haben.[31]

Combat 18 ist in Deutschland Anfang 2020 nach Artikel 9 Absatz 2 des Grundgesetzes in Verbindung mit § 3 des Vereinsgesetzes vom Innenministerium verboten worden, denn sie »richtet sich gegen die verfassungsmäßige Ordnung, da sie mit dem Nationalsozialismus wesensverwandt war. Das heißt im Einzelnen: ›Combat 18 Deutschland‹ bekennt sich zur NSDAP und ihren Funktionären, ist rassistisch, antisemitisch und fremdenfeindlich ausgerichtet und weist eine kämpferisch-aggressive Grundhaltung auf. Zudem laufen Zwecke und Tätigkeit von ›Combat 18 Deutschland‹ den Strafgesetzen zuwider.«[32]

Nach Matthias Quent zeigt der Fall Combat 18 »besonders drastisch, dass rechtsterroristische Anschläge nicht im luftleeren Raum geschehen, sondern Ausdruck und Ergebnis gewaltbefördernder Subkulturen sind im Rechtsrock und im Internet, wo der geständige Attentäter aus Halle seine Bezugsgruppen hatte.« Letztlich, so Quent, brauche es zur Eskalation nur wenige Personen, die die zitierten Liedzeilen als Handlungsweisung verstehen.[33] Und wie schwer sich die Sicherheitsbehörden mit dem frühzeitigen Erkennen dieser Personen tun, zeigt sich auch darin, dass weder der Mörder von Walter Lübcke noch der Attentäter aus Halle zum Tatzeitpunkt als Gefährder galten.

Inzwischen wird die Bedeutung des Internets und insbesondere der sozialen Medien für die Ausbreitung von Respektlosigkeiten bis hin zum Hass zu Recht kritisch gesehen und wissenschaftlich untersucht. Immer mehr Veröffentlichungen befassen sich mit der Wirkung der Informationsintermediäre auf die Meinungsbildung. Die Journalistin Nicole Diekmann hat als Betroffene ein Buch über die »Shitstorm-Republik« geschrieben und die nach ihrer Einschätzung absichtlich als »Empörungsmaschinen« konzipierten sozialen Medien analysiert.[34]

»Die inflationär gebrauchten Begriffe ›Fake News‹, ›Filter Bubbles‹ und ›Echo Chambers‹ stehen für ansteigenden Populismus, Misstrauen gegenüber etablierten Medien, selektive Wahrnehmung und emotional aufgeladene und feindselige Kommentare, die sich in ausufernden Hassbotschaften schon bei vermeintlich neutralen Äußerungen entladen. Eine Beleidigung, Beschimpfung oder auch Morddrohung ist im Schutz der Anonymität schnell geschrieben, und man erfährt als unzufriedener Mensch, der andere anpöbelt, beschimpft und bedroht, eine sofortige, vermeintlich positive Resonanz«, so beschreibt es Britta Bannenberg.[35]

Die langjährigen, aufwendigen Untersuchungen von Experten und Sonderermittlern besonders in Hessen zum Hintergrund des NSU 2.0 haben sichtbar gemacht, wie schwierig es ist, anonym bleiben wollenden EDV-Kennern im Darknet und im E-Mail-Verkehr auf die Schliche zu kommen.

Das hört sich alles so an, als würde eine Mehrheit in Deutschland hinter diesen Angriffen auf die Repräsentanten der parlamentarischen Demokratie stehen. Das ist mitnichten der Fall. Anders als die mediale Berichterstattung und die marktschreierischen Posts und Tweets vermuten lassen, ist es eine hasserfüllte und zum Teil herrvorragend vernetzte Minderheit, der es immer besser gelingt, ihre Botschaften bis in die Mitte der Gesellschaft zu tragen. In den ansteigenden Zahlen der politisch rechts motivierten Straftaten zeigt sich die Dynamik, aber es zeigt sich eben auch, dass es nur wenige radikale Akteure sind, die unausgesetzt damit beschäftigt sind, unsere Demokratie sturmreif zu schießen, und deshalb auch im Fokus der Sicherheitsbehörden auf Bundes- und Länderebene stehen.

Diese Minderheit agiert mit einer gezielten Strategie, die sich teilweise auch auf Unterstützung aus dem politischen Raum verlassen kann.

Björn Höcke und seine große Anhängerschar in der AfD und im rechtsradikalen Milieu verkörpern das symbolhaft.

Die große Gefahr liegt angesichts des deutlichen Unbehagens vieler Menschen an bestimmten gesellschaftlichen Entwicklungen besonders seit 2015 darin, dass sich Zorn und Hass weit in die bürgerliche Mitte ausbreiten und die Grenzen zwischen demokratischem Protest und Verschwörungswahnsinn, zwischen ernsthaften Debattenbeiträgen und Beschimpfungen verwischen. Dass sich die Mehrheit der Bürgerinnen und Bürger dem nicht ausreichend entgegenstellt und auch die journalistische Berichterstattung nicht immer den gesamten Diskurs auch von Minderheitenmeinungen abbildet, kann diese Entwicklung befördern.

Bemerkenswert und auch erschütternd ist der Glaube von Bürgerinnen und Bürgern an die abstrusesten Erzählungen, Verschwörungsmythen und rechtspopulistischen Schreckensszenarien, die seit 2015 besonders mit Flüchtlingen und Asylbewerbern verbunden werden und die häufig Ursache für die Attacken gegen die Vertreter der parlamentarischen Demokratie sind. Denn nach Ansicht der Rechtsextremen schaden Menschen aus anderen Kulturkreisen den Interessen des deutschen Volkes. Ihr Hass richtet sich gegen Minderheiten, die in Deutschland angeblich nichts zu suchen haben und für die sich Politiker dennoch einsetzen. Dann werden diese Politiker ebenso zum Feindbild wie die Journalisten, die nicht nur die Meinung der Gegner darstellen, sondern Sachverhalte umfassend recherchieren und berichten. Diese sehen die Corona-Leugner, Aluhutträger, Pegida- oder QAnon-Anhänger als »Lügenpresse«. Und mit ihren verqueren Ansichten wollen sie möglichst viele Menschen berieseln, indoktrinieren und für ihre Ziele instrumentalisieren. Zugleich geht diese Entwicklung mit einem Vertrauensverlust in staatliche Institutionen, in das parlamentarische System und in die seriöse Arbeit von Journalisten einher.

Kritik steigert sich bis zur emotionalen Gegner- und Feindschaft. Gerichtet gegen Politikerinnen und Politiker, zielt das mitten ins Herz der Demokratie, denn man versucht, ihnen die Motivation, die Einsatzbereitschaft, die Freude an ihrer Arbeit und ihrer Verantwortung als

Volksvertreter zu rauben. Sind sie erst einmal eingeschüchtert, mutlos, hoffnungslos oder einfach lustlos und treffen sie nach sorgfältiger Abwägung die Entscheidung, sich die auf kommunaler Ebene überwiegend ehrenamtliche politische Arbeit nicht mehr antun zu wollen, dann ist ein erstes Ziel erreicht. In diesem Fall entsteht ein Vakuum, in das diejenigen stoßen könnten, die statt der offenen und pluralen eine homogene Gesellschaft wollen, in der die angeblich Fremden keinen Platz haben. Wer nicht dazugehört, bestimmen die anderen. Minderheiten-Grundrechte sind mit so einem Diktat nicht vereinbar. Statt kultureller Vielfalt hängt man einer deutschen Leitkultur an. Statt Genderbewusstsein und Gleichberechtigung soll das alte Rollenbild der Frau in Haus und Hof und bei der Kindererziehung gelebt werden. Statt Geschichte und Nazi-Vergangenheit kritisch zu reflektieren, soll man ehrfürchtig die »deutsche Größe« bewundern. Deshalb können die vielfältigen Bedrohungen von Politikern und Politikerinnen mit Hasskommentaren die Demokratie gefährden.

Gründe für die Bedrohung von Kommunalpolitikern

Gerade bei den Kommunalpolitikerinnen und Kommunalpolitikern gibt es eine große Bandbreite an Bedrohungs- und Gewalterfahrungen. Selten greifen monokausale Erklärungen, vielmehr werden verschiedene Aspekte als relevant wahrgenommen. Wie die Heinrich Böll Stiftung in mehreren Hundert Interviews herausgefunden hat, ist kennzeichnend, »dass Ursachen auf unterschiedlichen Ebenen verortet werden: Gewalterfahrungen werden auf generelle gesellschaftliche Entwicklungen zurückgeführt, aber auch auf konkrete Ereignisse in der Gemeindepolitik und das individuelle Agieren der Kommunalpolitiker/innen im öffentlichen politischen Leben.«[36] Zu den Ergebnissen der Befragung gehört, dass die Interviewten einen raueren Ton in der Debatte und eine wachsende Gewaltbereitschaft feststellen. Außerdem werden die Veränderungen des gesellschaftlichen Klimas häufig mit dem Eintritt der AfD in die Politik in Verbindung gebracht.

Die Eindrücke der Lokalpolitiker verdeutlichen, dass sich die Kritik nicht auf ein abstraktes gesellschaftliches Konstrukt bezieht. Vielmehr hat sie auch bei gesamtgesellschaftlichen Entwicklungen einen direkten lokalen Bezug. Das gilt für den Bau von Flüchtlingsunterkünften in den Kommunen, für kommunale Unterstützungsmaßnahmen zur erleichterten Integration und für die Unterbringung von Flüchtlingskindern in Kitas und in Schulen. Emotional reagieren Bürger aber auch immer wieder auf regional begrenzte Themen wie die Standortsuche für den Bau von Einrichtungen der allgemeinen Daseinsvorsorge wie Kliniken, Müllentsorgungsanlagen oder Recyclinghöfe. Gleiches gilt für die Ausweisung von Gewerbegebieten, zumal wenn diese mit der Herausnahme von Grundstücken aus Landschaftsschutzgebieten verbunden ist. Der Bau von Windrädern kann vorübergehend sogar zur Spaltung einer Gemeinde führen.

Die stärkere Politisierung des lokalen Umfeldes während der Wahlkampfphasen heizt die Stimmung oft zusätzlich auf. Abneigungen und Vorbehalte gegen bestimmte Parteien oder Wahlbündnisse und deren Repräsentanten äußern sich dann zum Beispiel auch in direkten Beleidigungen an Wahlkampfständen oder in der Zerstörung von Wahlplakaten – Aggressionen, die außerhalb der Wahlkampfzeit naturgemäß ausbleiben. Die Messerattacke auf Henriette Reker, die parteilose Oberbürgermeisterkandidatin in Köln, zeigt das auf fürchterliche Weise. In Wahlkampfphasen sind die Kandidatinnen und Kandidaten für ein Bürgermeister- oder Landratsamt im Straßenleben durch Plakate, Infostände und Veranstaltungen auf Marktplätzen sichtbarer und präsenter und damit angreifbarer.

Die von uns befragten Kommunalpolitikerinnen und -politiker haben sehr unterschiedliche Bedrohungen erlebt.

Susanne Günther, Freisinger Kreisrätin von Bündnis 90/Die Grünen, berichtet vor allem von sexistischen Pöbeleien,»von frauenfeindlichen Geschichten, die einen immer und immer wieder nur auf den Körper reduzieren«. Als Frau, sagt sie, werde man anders beschimpft.»Man ist entweder zu groß, zu klein, zu dünn, zu alt, zu faltig, zu blond, zu blauäugig, was auch immer.« Zu den harmloseren Anwürfen habe noch gehört, dass sie gefragt wurde, ob sie nicht mehr zu bieten habe als ihr Frausein.

Der Oberbürgermeister von Hannover, Belit Onay von den Grünen, berichtet von seinen Erfahrungen mit rassistischen Angriffen. Bevor er für das Amt des Stadtoberhaupts kandidierte, waren rassistische Ausfälle in den sozialen Medien eher selten gewesen. Doch noch am Wahlabend, während er seinen Erfolg mit Freunden und Familie feierte, rollte in den sozialen Medien schon eine Lawine des Hasses auf ihn zu. Dass an der Spitze einer deutschen Großstadt ein türkischstämmiger Politiker stand, veranlasste Martin Sellner, einen prominenten Vertreter der Identitären Bewegung, dazu, den Untergang der deutschen Demokratie heraufzubeschwören. Das von ihm gepostete Video dürfte laut Onay die Lawine losgetreten haben.

Der junge, gerade erst gewählte Kasseler Stadtrat Timo Evans von der FDP machte 2021 einen engagierten, unkonventionellen, vollkommen digitalen Kommunalwahlkampf – es war sein erster überhaupt. Ziemlich schnell gab es erste negative Reaktionen auf Facebook. Die FDP wurde als »Schwuchtelpartei«, »Wohlstandspartei« oder »Bonzenpartei« tituliert. Auch persönliche Attacken blieben nicht aus. In einem Beitrag machte sich jemand über Timo Evans' langen Bart lustig und fragte hämisch, ob die FDP in Kassel zu arm sei, um sich einen Rasierer zu leisten. All das focht den jungen Politiker nicht an. Weitaus bedenklicher und aufwühlender als diese vergleichsweise harmlosen Sticheleien war allerdings ein anonymer Drohanruf, den Evans im April 2021 erhielt. Über die Motive des Anrufers oder seiner Hintermänner ist wenig bekannt. Evans hält einen homophoben Hintergrund für möglich, da er nach seiner Teilnahme an einem Christopher-Street-Day-Umzug schon einmal wüst beschimpft worden war.

Frank Vogel, Landrat im Erzgebirgskreis, Vizepräsident des Deutschen Landkreistages und Präsident des Sächsischen Landkreistages, schildert in einer Publikation des Nationalen Zentrums für Kriminalprävention seine Erfahrung wie folgt: »Mit meinem Amtsantritt war mir bewusst, dass ich damit stärker im Fokus der Öffentlichkeit stehe und mein Tun und Handeln auch kritisch begleitet wird. Einen allzu großen Einblick in meine Privatsphäre habe ich daher nie zugelassen. Ich erachte Öffentlichkeit und den Umgang damit gut und nicht problematisch, solange dies auf sachlicher Ebene geschieht. Im letzten Jahrzehnt zeichnete sich meines Erachtens ein zunehmender Werteverfall in unserer Gesellschaft ab. Sachlichkeit, Respekt dem Mitmenschen gegenüber, die Fähigkeit des Zuhörens, des persönlichen Gesprächs und Auseinandersetzens mit der Meinung des Anderen gingen verloren. Beschädigungen des Dienstwagens, Beleidigungen, Drohungen jeglicher Art, vor allem in den Social-Media-Kanälen meist in anonymisierter Form, nahmen insbesondere seit der Flüchtlingskrise zu. Die letzte Drohung erreichte mich im vergangenen Jahr wenige Tage vor Weihnachten: ›Es wird der Tag kommen, wo wir Euch alle aufknüpfen, da bin ich optimistisch. [...] Das wird ein Volksfest, der Vogel ganz oben!‹«[37]

Marian Offman war bis 2020 18 Jahre lang Stadtrat in München, und in dieser langen Zeit sah er sich immer wieder antisemitischen Beschimpfungen ausgesetzt. Je stärker er in der Öffentlichkeit stand, desto heftiger wurden die Attacken, und je heftiger die Attacken wurden, desto entschiedener hielt er dagegen. »Ich bin zu vielen Demonstrationen der Nazis gegangen, weil ich – auch heute noch – der Meinung bin, als Jude muss man den Nazis Gesicht zeigen.« Ebenso resolut setzte er sich auch gegen Islamfeindlichkeit ein.

Offman betont wie viele andere, dass sich die Art der Bedrohung mit dem Aufkommen der sozialen Medien verändert habe.

In unserem Gespräch schildert er beeindruckend und gleichzeitig für uns zutiefst verstörend die nie abnehmende Bedrohungssituation, die eben nicht nur abstrakt bestand. Für Auftritte bei Demonstrationen und Veranstaltungen benötigte er immer wieder Polizeischutz.

Schwer erträglich dürften auch die Pseudoargumente der Holocaustleugner oder -relativierer gewesen sein, die versuchten, ihn in Diskussionen zu verwickeln. In einer dieser leidigen Diskussionen erinnerte er daran, dass die Nazis mit ihrer Ideologie sechs Millionen Juden umgebracht haben. Da der Kontrahent Zweifel an der Zahl der Todesopfer äußerte, stellte Offman Strafanzeige, aber das Verfahren wurde eingestellt. Von solchen Erfahrungen ließ sich Offman allerdings nicht entmutigen. Er weiß, wie wichtig sein Einsatz gegen Hass und Hetze ist und dass man nur etwas erreichen kann, wenn man sich nicht einschüchtern lässt. Deshalb betont er:»Ich habe keine Angst. Und ich werde, wenn die Nazis auf der Straße sind, weiter gegen sie demonstrieren. Das ist für mich eine sehr wichtige Aufgabe, ja, es ist für mich Verpflichtung. Auch als ich noch stärker in der Öffentlichkeit stand, habe ich mich nach meiner subjektiven Wahrnehmung nicht bedroht gefühlt.«

Umgang von Kommunalpolitikern mit Bedrohungen

Wie würden Sie, liebe Leserin und lieber Leser, reagieren, wenn Sie im Postbriefkasten, im E-Mail-Postfach oder in den sozialen Netzwerken an Sie adressierte Beschimpfungen und Bedrohungen vorfänden, seien sie anonym oder mit Klarnamen versehen? Würden Sie es einfach an sich abperlen lassen nach dem Motto, es wird schon nichts passieren, würden Sie sofort Anzeige erstatten, würden Sie sich um Sicherheitsvorkehrungen zum Schutz vor möglicher Gewalt bemühen, würden Sie Ihr gesellschaftliches Engagement überdenken, und würden Sie auf Unterstützung hoffen?

Genau diese Gedanken gehen den betroffenen Politikerinnen und Politikern auf allen Ebenen durch den Kopf. Immer wieder. Sie denken an ihre Familie, an ihre Kinder, für die es keinen Schutz rund um die Uhr geben kann. Sie wägen Risiken ab, sie sehen sich als gewählte Mandatsträger in der Pflicht, und sie wollen ihrer Verantwortung als Repräsentanten von Millionen Bürgerinnen und Bürgern gerecht werden. Überall werden ehrenamtliche Politikerinnen und Politiker mit Anfeindungen konfrontiert. Eine mal eben rausgehauene verbale Bedrohung im Netz kann für die betroffene Person mit großem emotionalem Druck einhergehen. Es werden verantwortungslos Ängste und Verunsicherung geschürt. Und das ist in den meisten Fällen Absicht. Denn genau dazu führen Sätze wie:»Ich kenne deine Wohnungsanschrift, ich kenne deine Kinder, ihnen kann was geschehen.«

Vor dem Hintergrund der Anschläge, Verletzungen und auch des Mordes an Walter Lübcke kann und darf keine Drohung auf die leichte Schulter genommen werden.

Drohungen führen auch zum Rückzug aus der Politik. Im Januar 2020 gab Dieter Spürck (CDU), der Bürgermeister von Kerpen in Nordrhein-Westfalen, bekannt, dass er für eine weitere Amtszeit nicht zur Verfügung stehe, da er Drohungen erhalten habe, die sich nicht nur gegen ihn, sondern auch gegen seine Familie richteten. Man teilte ihm mit, dass seine »Kinder es zu spüren« bekämen, wenn er sich nicht »intensiver für den Hambacher Wald einsetzen« würde. Im Zusammenhang mit der Flüchtlingspolitik hieß es, wenn einem Kind in Kerpen etwas geschehe, dann werde es seinen Kindern »ebenfalls so gehen«. Spürck stellt fest, dass es eine »zunehmende Verrohung in der ganzen Gesellschaft« gebe. »Soweit mich das selbst betrifft, halte ich das für ein tragbares Berufsrisiko, aber nicht für meine Frau und meine Kinder.«[38]

Unsere Interviewpartner haben ihre Gefühle, Beweggründe und Entscheidungen geschildert. Ihre Reaktionen reichen von »ein Aufgeben kam für mich nie in Betracht« bis zum genauen Gegenteil: »Ich ziehe mich aus der Politik zurück, zumindest vorläufig.«

Für Stefanie Kirchner aus Eichstätt stand von Anfang an fest, dass sie weitermacht, auch wenn sie bekennt, dass sie etwas Zeit und Abstand brauchte, um die Angriffe auf sie zu verarbeiten. Am meisten geängstigt hat sie, dass sie keinen konkreten Anlass für die Übergriffe sah.

Offenbar bedarf es für manche Beleidigungen gar keines Anlasses, oftmals reicht schon die Zugehörigkeit zu einer bestimmten politischen Richtung. Für Rechtspopulisten sind Linke vielleicht per se ein Affront, genau wie manche Linksradikalen jeden Konservativen an sich für unzumutbar halten. Manchmal mag es so einfach sein. Eine allgemeingültige Erklärung kann daraus natürlich nicht hergeleitet werden.

Aber es macht etwas mit den Betroffenen. Es belastet, verursacht Selbstzweifel, Spontaneität geht verloren, und man hinterfragt sein Verhalten, seine Aussagen.

Das belastet Susanne Günther. Sie berichtet davon, dass die Angst vor dem nächsten Shitstorm zu einer Art Selbstzensur führen könne. Diese Schere im Kopf beeinträchtigt die Gedanken- und Meinungsfreiheit, damit können die Haltungen und Entscheidungen von Kommunalpolitikerinnen und Kommunalpolitikern beeinflusst werden. Das geht an die Wurzeln der Demokratie, denn das freie, unabhängige und gemeinwohlorientierte Handeln der Mandatsträger ist die Basis für das Vertrauen der Bürgerinnen und Bürger in ihre Repräsentanten. Diese Freiheit darf weder durch Korruption noch durch Bedrohungen, weder durch Gewalt noch durch Manipulation beeinträchtigt werden. Anhaltende Shitstorms belasten. Es ist nur natürlich, dass man versucht, sie zu vermeiden. Wenn man wenig sagt, nicht Position bezieht, bietet man weniger Angriffsfläche.

»Man muss auch Mut und Haltung zeigen«, sagt dagegen Andreas Hollstein, der Bürgermeister von Altena in Nordrhein-Westfalen, der mit einem Messer angegriffen wurde. Die Zivilgesellschaft muss deutlich zeigen, dass sie das nicht hinnimmt. Demokratie, so Hollsteins Überzeugung, lebt davon, dass Menschen miteinander reden.[39]

Welche Gefahr die Bedrohungen für den Fortbestand der Demokratie darstellen, verdeutlicht auch Bundespräsident Frank-Walter Steinmeier beim traditionellen Neujahrsempfang auf Schloss Bellevue am 9. Januar 2020: »Es darf nicht sein, dass Kommunalpolitikerinnen und Kommunalpolitiker in unserem Land schlaflose Nächte haben, weil sie beleidigt oder bedroht werden. Es darf nicht sein, dass Menschen sich von ihrem Amt zurückziehen, weil sie um ihr Leben und um das ihrer Familien fürchten müssen.«[40]

Der Aschaffenburger Oberbürgermeister Jürgen Herzing (SPD) wurde im Mai 2021 bei einer Kundgebung gegen die Corona-Maßnahmen verbal bedrängt. Ein Demonstrant baute sich vor ihm auf und drohte ihm, er solle künftig nachts aufpassen, wer hinter ihm stehe. Die Polizei hat den Mann identifiziert, es wurden mehrere Ermittlungsverfahren gegen verschiedene Teilnehmer eingeleitet. Nach Auskunft der Polizei sei die Stimmung auf dieser Demonstration äußerst aggressiv gewesen, was eine normale Kommunikation mit den Protestierenden fast unmöglich gemacht habe.[41] Auch wenn nachvollziehbar ist, dass die Corona-Politik und die damit einhergehenden Freiheitsbeschränkungen großen Verdruss ausgelöst haben, so rechtfertigt doch nichts verbale

Bedrohungen, mit denen ein Demonstrant versucht, einen Oberbürgermeister einzuschüchtern, indem er ihm klarmacht, dass er mit körperlicher Gewalt zu rechnen habe, wenn er nicht nach seiner Pfeife tanzt. Die auf verschiedenen Ursachen beruhende Aggressivität führt dazu, in der Konfrontation eigene Stärke zu sehen. Man verlässt bewusst die Ebene der inhaltlichen Auseinandersetzung. Der Schritt von Worten zu Taten ist dann nur noch sehr klein.

Martina Angermann (SPD) war von 2001 bis 2019 Bürgermeisterin von Arnsdorf in Sachsen. Hass und Hetze machten sie krank, sonst hätte sie das Amt vielleicht noch heute inne. 2015 sollen die sächsischen Gemeinden Geflüchtete aufnehmen. Martina Angermann bereitet sich vor, sucht die Zusammenarbeit mit Unternehmen, Vereinen und der Schule, um die Aufnahme zu organisieren. Aber ein neu gegründetes »Bürgerforum« stellt sich quer, macht Stimmung gegen die Geflüchteten und greift Martina Angermann persönlich an. In den sozialen Medien wird sie mit Vorwürfen überzogen. Im Mai 2016 verprügeln vier Männer einen jungen, psychisch kranken Iraker und binden ihn an einen Baum. Vom Tathergang gibt es unterschiedliche Versionen. Die Stimmung gegen die Bürgermeisterin wird immer schlechter, die Anfeindungen hören nicht auf. Die AfD im Gemeinderat greift sie immer wieder an. Wegen eines Burn-outs lässt sie sich vorzeitig in den Ruhestand versetzen. Für ihre Arbeit wurde sie von der Bundesregierung als »Botschafterin für Demokratie und Toleranz« ausgezeichnet.[42]

Aus Worten und aus Anfeindungen wurden Verletzungen. Verschiedene politische Akteure haben das Diskussionsklima in Arnsdorf bewusst und vorsätzlich vergiftet. Der Umgang mit Geflüchteten hat bis heute das Potenzial zur Spaltung. Vielleicht wäre alles anders gelaufen, wenn Martina Angermann mehr Unterstützung in ihrer Gemeinde gehabt hätte.

Das sollte uns alle beschäftigen und uns motivieren, nicht nur zuzuschauen. Eine positive Geste, ein aufmunterndes Telefonat, ein unterstützender Leserbrief, eine Solidaritätsbekundung können für die Betroffenen von unschätzbarem Wert sein.

Die Bedeutung der ehrenamtlichen politischen Tätigkeit

»Die intrinsische Motivation, sich zu engagieren, ist die zentrale Triebfeder für Lokalpolitikerinnen und -politiker. Das Amt als Gemeinderatsmitglied ist kein geplanter Karriereweg. Größte Herausforderungen für sie sind die teils konfliktbehaftete Ratsarbeit, die parteipolitische Durchdringung, zeitliche Belastung, öffentliche Sichtbarkeit, die Vermischung von Privatem und Ehrenamt sowie die generalisierende Zuordnung zu einer politischen Klasse. Die mögliche Konfrontation mit Gewalt ist im Vorfeld einer Amtsübernahme kaum Thema.« Zu diesem Ergebnis kommt die Heinrich Böll Stiftung (HBS) in ihrer bereits zitierten Untersuchung zu den Arbeitsbedingungen und Gewalterfahrungen von Ratsmitgliedern in Deutschland.[43]

Die Kommunalpolitikerinnen und -politiker sind permanent vor Ort, leichter auch außerhalb der sozialen Medien erreichbar, und damit wächst der Druck auf sie. Die Gefahr wirkt näher und damit bedrohlicher. Im Vergleich zu Bundes- oder Landespolitikern sind sie im wahrsten Sinn des Wortes immer sehr dicht dran am Bürger, und sie sind meist ohne Begleitung unterwegs. Auch besteht für sie selten die Möglichkeit, auf Polizeischutz zurückzugreifen. Die sichtbare Schutzlosigkeit verschärft die Situation.

Die Mehrheit der Gesprächspartnerinnen und Gesprächspartner in der HBS-Studie ist sich bewusst, »dass Pöbeleien und Beleidigungen schon immer Teil von Politik gewesen sind und es sich bei der verbalen Gewalt keineswegs um eine neue Erscheinung handelt. Allerdings, und dies dürfte nicht zuletzt mit den neuen medialen Kanälen und dort geführten Debatten verbunden sein, wird eine neue Quantität, vor allem aber auch Qualität der Anfeindungen wahrgenommen. Als neue Qualität wird dabei vor allem eine gesunkene Hemmschwelle gegenüber Beleidigungen und Bedrohungen genannt. Die Aggressivität im Umgang sei gestiegen und die Wertschätzung für (ehrenamtliche) Amtsträgerinnen und Amtsträger gesunken. Das bestätigen die vielen persönlichen Erlebnisse. Die Ehrenamtlichen haben den Eindruck, Kommunalpolitik habe sich in den letzten Jahren negativ verändert, auch im Rat selbst herrsche generell ein rauerer Ton. Die Zusammenarbeit zwischen den Fraktionen würde weniger werden, die Bereitschaft und Fähigkeit zur Diskussion nehme ab. Damit kommen hier die Polarisierung des Parteienwettbewerbs, der Trend einer populistisch bis menschenverachtend geprägten politischen Kommunikation und die auch empirisch beschriebene Zunahme politisch motivierter Gewalt im Unguten zusammen.«[44]

Die verbalen Beleidigungen weisen verschiedene Facetten auf. Entweder richten sie sich pauschal gegen die als unfähig und korrupt angesehene »politische Klasse«, der undifferenziert auch sämtliche Kommunalpolitiker zugeordnet werden. Oder sie richten sich gegen die individuelle Person: Mal wird dem einzelnen Ratsmitglied Kompetenz abgesprochen, mal stehen die politischen Positionen und Entscheidungen des einzelnen Politikers im Fokus der Kritik, mal fallen die Angriffe aber auch sehr persönlich aus, es fehlt dann oft jeglicher Sachbezug zu politischen Fragen, insbesondere weibliche Gemeinderäte haben darüber hinaus auch häufig sexistische Anfeindungen abzuwehren.[45]

Tätliche Übergriffe, so die Befragten in der HBS-Studie, stehen »vor allem im Zusammenhang mit ihrem Engagement gegen Rechtsextremismus oder für Migration. Ferner nehmen die Betroffenen wahr, dass aktive rechte Netzwerke vor Ort oder Vertreter rechtsorientierter Parteien respektive Wählergruppen zu einer Häufung von Drohungen führen.«

Zugleich geben mehr als die Hälfte der interviewten Kommunalpolitiker an, dass die Gewalterfahrungen und Misserfolge bei der Umsetzung von Strategien gegen Gewalt sie nicht davon abhalten werden, sich auch »weiterhin und ohne Einschränkungen« politisch in ihrer Stadt oder Gemeinde einzusetzen. Das ist sehr ermutigend und bringt die starke Motivation und die Identifizierung der ehrenamtlichen kommunalen Mandatsträger zum Ausdruck. Es zeigt auch die große Verantwortung, die mit dem gewählten Amt angenommen wird und der sich die Oberbürgermeister, Landräte und Kreis- und Gemeinderäte nicht entziehen wollen.

Etwa jeder dritte Interviewte räumt ein, dass ihn die Gewalterfahrungen beschäftigen. Während die einen sich mit einer »Jetzt erst recht«-Haltung motivieren, wollen andere die weitere Entwicklung abwarten, bevor sie sich endgültig entscheiden. Jeder zehnte Befragte erwägt allerdings ernsthaft, wegen der Gewalterfahrungen das Mandat niederzulegen.

Insgesamt bleibt die Motivation also trotz Gewalterfahrungen hoch. Sie speist sich aus »der Überzeugung, dass das Engagement gesellschaftlich wichtig ist und persönlich eine Bereicherung bietet: Begegnungen mit unterschiedlichsten Menschen, die entgegengebrachte Anerkennung sowie der Erwerb von Kompetenzen, die auch auf andere Lebensbereiche übertragen werden können. Die unmittelbare Wirksamkeitserfahrung durch das Einreichen von Anträgen, das Verfolgen des eigenen Wirkens und die damit verbundenen Ergebnisse motivieren stark, die Arbeit als Kommunalpolitiker fortzusetzen.«[46] Das unterscheidet sich von dem Einfluss, den Oppositionsabgeordnete im Bundestag oder in den Landtagen haben. Angehörige anderer Fraktionen zu einer unterstützenden Abstimmung zu bewegen, ist im Bundestag sehr viel schwieriger als im Kommunalparlament, in dem es natürlich auch die Parteienorientierung gibt, die Entscheidung jedoch in vielen Fällen keine parteipolitische, sondern eine sachlich orientierte ist. Außerdem sehen die Kommunalpolitiker jeden Einzelnen in der Verantwortung, seinen Teil zu einem funktionierenden Gemeinwesen und zu politischer Vielfalt beizutragen.

Es steckt viel Herzblut im ehrenamtlichen kommunalpolitischen Engagement. Diese Begeisterung soll aber nicht darüber hinwegtäuschen, dass die Arbeitsbedingungen der Kommunalpolitiker verbessert werden müssen. Die Arbeitsbelastung ist neben dem Beruf, neben der Familie sehr hoch, nicht nur in den Abendstunden, sondern auch tagsüber. Die Aufwandsentschädigung kann nicht ansatzweise finanzielle Benachteiligungen besonders in der freiberuflichen Arbeit ausgleichen. Konkrete Projekte wie Schulbauten, Bauausweisungen oder Radwegeausbau müssen sich die Kommunalpolitiker ansehen. In Gemeinderats- oder Kreistagssitzungen können die Bürgerinnen und Bürger den Beratungen und der Abstimmung vieler Punkte folgen. Eine angenehme Enthaltung gibt es im kommunalen Parlament nicht – anders als in den Landtagen und im Bundestag. Die Kontrolle durch die Bürger ist hautnah, das eigene Verhalten muss erklärt und vertreten werden. Das ist wichtig und verlangt gleichzeitig gute Vorbereitung, die über die Teilnahme an Sitzungen hinausgeht.

Das sind nur einige Gesichtspunkte, die zeigen, wie einzigartig und herausfordernd das kommunale Engagement ist. Umso verstörender und unverständlicher erscheinen Bedrohungen und Beschimpfungen, deren sich die Mandatsträgerinnen und Mandatsträger zu erwehren haben.

Die Bedrohung von Bundes- und Landespolitikern

Der Bundestagsabgeordnete Karamba Diaby kam in den Achtzigerjahren als Stipendiat vom Senegal in die damalige DDR zum Studium und wurde 2013 der »erste Schwarze«, wie er selbst sagt, im Deutschen Bundestag. Dort vertritt er bis heute den Wahlkreis Halle in Sachsen-Anhalt. 1990 wurde er bei einer Begegnung mit Neonazis ins Gesicht geschlagen. Es war zwar das einzige Mal, dass Karamba Diaby direkt körperliche Gewalt erlebt hat. Verbale Gewalt dagegen gab es immer wieder. Noch schlimmer ist allerdings das offensichtlich rassistisch motivierte Verhalten ihm gegenüber: ein Taxifahrer weigert sich, ihn in die Staatskanzlei in Magdeburg zu fahren, in einer Bundestagskantine will man ihn nicht an die Kasse für Abgeordnete mit entsprechender Karte lassen, da es anscheinend unvorstellbar ist, dass ein Schwarzer Bundestagsabgeordneter ist. Außerdem landen in seinem E-Mail-Postfach unzählige Hassnachrichten, aus denen er in seinem Buch »Mein Leben für die Demokratie« zitiert. Der Inhalt dieser Mails ist so widerlich, dass er hier nicht wiederholt werden soll.

Erst 2020 gab es die Beschädigung eines Fensters in seinem Wahlkreisbüro in Halle. Auch wenn keine Patronen gefunden wurden, deutet vieles darauf hin, dass auf das Büro geschossen wurde. Bis heute ist unklar, wer für die Tat verantwortlich ist, aber Vermutungen legen nahe, dass Rechtsradikale oder Rechtsextreme dafür in Betracht kommen. Denn der Sozialdemokrat Karamba Diaby, der deutsche Staatsangehörige aus dem Senegal, ist für Neonazis und für diejenigen, die sich dem rechten Rand zugehörig fühlen, ein Fremder, ein Ausländer, der in Deutschland nichts verloren hat. Fremdenhass wird auch von manchen Bundestagsabgeordneten der AfD ganz offen in Debatten im Deutschen Bundestag geschürt. Der frühere Parteifreund von Karamba Diaby, Thilo Sarrazin, polemisiert mit seinen Büchern gegen Muslime und bedient fremdenfeindliche Vorurteile.

Die Saat ist längst aufgegangen, und deutsche Staatsangehörige wie Karamba Diaby müssen darunter leiden. Eingebürgerte Ausländer sind für Fremdenfeinde eigentlich gar keine richtigen Deutschen, weil sie ihre Wurzeln nicht »loswerden«. Deutscher kann man danach nur durch Abstammung sein. Deutschsein und Schwarzsein wird nach wie vor als Widerspruch betrachtet.

Dennoch lässt sich Karamba Diaby nicht von der Politik abbringen und nimmt auch gut gemeinte Ratschläge von Freunden nicht an. Einem früheren Kommilitonen, der ihm empfiehlt, seine politische Karriere an den Nagel zu hängen, antwortet er: »Wenn ich das mache, dann freuen sich die Leute, die mich nicht in Ruhe lassen wollen. Sie sagen, na siehst du, es geht doch! Jetzt hat er aufgehört, wir sind wieder ausländerfrei, es geht! Diesen Gefallen möchte ich diesen Leuten nicht tun.« Auch seinen Optimismus konnten die vielen Attacken nicht erschüttern:»Ehrlich gesagt, meine Überzeugung ist, dass die überwiegende Mehrheit dieses Landes offen ist und mich auch unterstützt. Sonst wäre ich nicht zweimal gewählt worden in Halle.«

Die stellvertretende Vorsitzende der CDU/CSU-Bundestagsfraktion und Familienpolitikerin Nadine Schön aus dem Saarland erhält immer wieder wegen ihrer frauenrechtlichen und familienpolitischen Positionen beleidigende Anrufe. Nicht selten werden auch ihre Mitarbeiter am Telefon beschimpft.

Schön wird eine »linksversiffte Haltung« vorgeworfen und im Zusammenhang mit Flüchtlingsfragen werden Drohungen ausgesprochen. So wünschen ihr einige, dass sie von Flüchtlingen »sexuell missbraucht« wird. Besonders gendergerechte Sprache führt immer wieder zu verbalen Ausfällen ihr gegenüber.

Sie lässt sich davon nicht einschüchtern und ist der Auffassung, dass sie als Politikerin einiges auszuhalten habe, jedenfalls unterhalb der Strafbarkeitsschwelle. Gegen persönliche Abfälligkeiten hat sie sich einen gewissen Selbstschutz zugelegt und lässt diese gar nicht an sich herankommen. Außerdem will sie sich einfach nicht so wichtig nehmen, schon allein, um die Beleidiger dadurch nicht aufzuwerten.

Claudia Roth, langjährige Parteivorsitzende von Bündnis 90/Die Grünen und Bundestagsabgeordnete, erlebt persönlich seit Jahren zunehmend bedrohliche Beleidigungen. Mal werden sie ihr auf den Anrufbeantworter gesprochen, mal verstopfen sie ihr E-Mail-Postfach, mal werden Hasspostings in den sozialen Medien abgesetzt. Ihre Positionen zu Flüchtlingen, zu den Festnahmen türkischer Journalisten und Autoren und zu weltweiten Menschenrechtsverletzungen haben sie zur Zielscheibe blindwütiger Ausländerhasser gemacht. Sie erstattet immer wieder Anzeige. In einem Interview mit der »Schwäbischen Zeitung« erklärt sie, wie sie mit den Anfeindungen umgeht. Sie will sich nicht zum Schweigen bringen lassen, lehnt es aber auch ab, einen Panzer um sich zu bauen. »Dann wäre ich nicht mehr Claudia, dann wäre ich ein anderer Mensch – und sie hätten ihr Ziel erreicht.« Einen Teil der Drohungen fangen Roths Mitarbeiter ab, andere liest sie vor Publikum bei sogenannten Hate-Slams vor.[47] Auch so kann man sich gegen Angriffe wappnen: Man stellt sie in der Öffentlichkeit vor, um zu demonstrieren, wie haarsträubend sie sind.

Grünen-Chef Robert Habeck bekommt, wie er schon 2019 in einem Interview sagte, Hassmails und auch Morddrohungen.[48] »Ich versuche, das aus dem Kopf zu kriegen [...] Wenn man angstgetrieben Politik macht, hat man schon verloren.« Hintergrund war der Landtagswahlkampf in Thüringen, der auch zu Bedrohungen gegen den damaligen CDU-Landesvorsitzenden Mike Mohring führte.

So viel lässt sich festhalten: Der individuelle Umgang der Politikerinnen und Politiker mit Beleidigungen und Bedrohungen ist unterschiedlich. Er hängt von der Intensität der Angriffe, von der eigenen Einstellung und von der Einschätzung der Gefahr ab. In den Interviews mit den Betroffenen in diesem Buch kommt quer durch alle Parteien und auf den verschiedenen politischen Ebenen deutlich zum Ausdruck, dass sie sich ihrer Verantwortung für unsere Demokratie bewusst sind und bereit sind, vieles durchzustehen. Diese Einstellung stärkt der Rückhalt bei den Bürgerinnen und Bürgern. Sicherheit, besonders für die Familie, spielt eine große Rolle bei der Entscheidung, ob man bereit ist weiterzumachen oder nicht. Da fühlen sich manche Bundespolitiker fern von dem Wahlkreis und dem privaten Umfeld besser, auch sicherer aufgehoben als die Kommunalpolitiker, die immer im direkten Kontakt mit den Bürgern stehen und unmittelbar betroffen sind. Die Anfeindungen tun der Motivation der Politiker in vielen Fällen keinen Abbruch. Das heißt aber nicht, dass die Gefährdung überschätzt wird. Sie wird von der Polizei als so groß bewertet, dass Abgeordnete immer wieder Polizeischutz bekommen.

Das Bundeskriminalamt ist für den erforderlichen Personenschutz unter anderem der Verfassungsorgane des Bundes zuständig, zu denen auch die Mitglieder des Deutschen Bundestages gehören. Ob jemand als Schutzperson eingestuft wird, ist abhängig von der Beurteilung der individuellen Gefährdungslage, aus der sich die Festlegung einer Gefährdungsstufe und die Personenschutzmaßnahmen ergeben. Neben Position und Funktion sind dabei die allgemeinen Rahmenbedingungen (z. B. Kriminalitätslage) sowie personenbezogene Erkenntnisse (z. B. Reizthemen, sicherheitsrelevante Vorfälle) maßgeblich.

Die Anzahl der vom Bundeskriminalamt als Schutzpersonen eingestuften Menschen nahm in den letzten Jahren leicht ab.

Ständigen Personenschutz erhielten 2018 11 Personen, anlassbezogen war der Schutz für 33 Personen. Im Folgejahr blieb die Zahl der Personen mit ständigem Schutz konstant, die mit anlassbezogenem Schutz sank auf 29. Im Jahr 2020 sanken beide Zahlen: von 11 auf 10 und von 29 auf 26. Mit Stand vom 26. März 2021 beträgt die Anzahl der Schutzpersonen 33, davon 8 mit ständigem und 25 mit anlassbezogenem Personenschutz.[49] Das mag sich gering anhören, aber man muss sich vorstellen, was dahintersteckt: eine unmittelbare Gefahr für Leib oder Leben des oder der Abgeordneten. Repräsentanten unserer Demokratie sind bei der Ausübung ihres politischen Mandats nicht sicher, weil Extremisten, Wutbürger, Demokratiefeinde oder Psychopathen sie bedrohen. Soll sich wegen dieser sehr ernst zu nehmenden Gefährdungen der Staat zu einem Überwachungsstaat entwickeln, der seine Feinde mit allen technischen Mitteln ausforscht und bespitzelt – für die Sicherheit von uns allen? Ist das das Ziel der Hetzer, Hasser, Pöbler? Sie dürfen es nicht erreichen. Unsere Demokratie dürfen wir ihnen nicht überlassen.

Je mehr Politiker bedroht werden, umso größer wird die Gefahr für die Demokratie. Je weniger die Politiker die Unterstützung in der Gesellschaft haben, umso mehr wächst die Entfremdung und umso mehr nimmt die Systemkritik zu. Genau das ist die Strategie derjenigen, die ideologisch getrieben Politiker bedrohen.

Die individuellen Reaktionen sind vielfältig. Manche suchen bewusst die Öffentlichkeit. Sie wollen damit eine gewisse Enttarnung vornehmen, aber auch eine Bloßstellung der niederen Gesinnung der Beleidiger, ihrer teils unerträglichen Wortwahl und ihres verdorbenen Charakters. Sie wollen nicht allein bleiben mit dem Hass, nicht zulassen, dass er ihre Seele auffrisst.

Viele Politiker berichten von der großen Unterstützung aus der Zivilgesellschaft, von der Stärke, die dadurch auf sie übergeht. Solidarität wärmt, stärkt, schützt. Wenn sie fehlt, kann das gefühlte Alleinsein schwach machen.

Es besteht eben ein Unterschied zwischen dem realen Leben, also dem, was Menschen, mit denen wir alltäglich in direkten Kontakt treten, zu uns sagen, und den Äußerungen in den sozialen Netzwerken.

Aber natürlich darf man sich nicht alles gefallen lassen. Anzeige zu erstatten, wird auch von der Polizei empfohlen, wenn es sich um strafbare Äußerungen oder um physische Gewaltandrohung oder sogar Gewaltanwendung handelt. Gegen anonyme Beschimpfungen im Netz erfolgreich zu ermitteln, ist eine große Herausforderung für Polizei und Staatsanwaltschaften.

Diese Erfahrung hat auch Belit Onay gemacht.»Seit meinem Amtsantritt bekommen wir Hassbotschaften, Pakete, Briefe, mal mehr, mal weniger. […] Für mich war das Erschreckende gar nicht nur die Wortwahl – die ist ja oft ähnlich –, sondern die Erkenntnis, welche Energie dahintersteckt. Wir haben Briefe bekommen, in die jemand wahrscheinlich ein paar Tage an Zeit investiert haben muss. Das macht vor allem Angst. Da nimmt sich jemand wirklich Zeit und Energie, nur um seinen Hass zu artikulieren.«

Gefährdung der Demokratie

Friedliche, gewaltfreie Demonstrationen von Systemkritikern sind noch nicht Ausweis einer Gefährdung der Demokratie. Kritik ist in der Demokratie systemimmanent vorhanden. Andernfalls gäbe es eine Diktatur der Mehrheitsmeinung, also einer Meinung, die die Auffassung anderer nicht gelten lässt und sie unterdrückt, auch mit Mitteln der Zensur und der Überwachung. Das sind Instrumente autoritärer Systeme.

Streit hält die Demokratie zusammen. Erst aus dem Widerstreit der Meinungen kann eine Einigung erwachsen. Liest man auf Twitter, Facebook oder in Telegram-Gruppen, wie Politiker mit Hass überzogen werden, hat man allerdings kaum den Eindruck, dass eine Annäherung angestrebt wird. Es herrscht das Lagerdenken vor, eine unversöhnliche Konfrontation, in der es nur noch darum geht, sich über die Gegenseite moralisch zu erheben.

Was ist Sinn und Zweck solcher Auseinandersetzungen? Eine interessante Antwort darauf liefert der US-amerikanische Politikwissenschaftler Eitan Hersh. Politische Debatten, so Hershs These, seien für viele Menschen, vor allem Männer, zu so etwas Ähnlichem wie ein Fußballspiel geworden: Es gibt eine klare Unterscheidung zwischen Gut und Böse; man stellt sich bedingungslos auf die Seite der eigenen Mannschaft, und den Gegner gilt es um jeden Preis zu besiegen, auch wenn er mit seiner Ansicht womöglich nicht ganz falschliegt.

Hersh beschreibt das als »politisches Hobbytum«. Nach seiner Vorstellung geht es dabei nicht mehr um Engagement, sondern primär um Unterhaltung. Um gegenzusteuern, wirbt Hersh für den aktiven Einsatz für das Gemeinwohl, zum Beispiel in Form von Müllsammelaktionen.[50] Ob man mit einem solchen Ansatz die ideologisch Radikalisierten noch erreichen kann, ist allerdings mehr als fraglich.

Das Freund-Feind-Schema setzt sich in manchen Parteien in Deutschland immer mehr durch. Entscheidend ist dabei immer die Zugehörigkeit zu einer Gruppe. Vor allem Rechtspopulisten versuchen immer öfter, die Bürger dazu zu bringen, sich zwischen zwei Optionen zu entscheiden. Durch die Vorgabe klarer Feindbilder versucht man, die eigene Anhängerschaft emotional an sich zu binden. Typisch dafür ist die Äußerung von Alice Weidel in einer Bundestagsdebatte zu Einwanderung und Asylpolitik, in der sie von »Kopftuchmädchen und alimentierte[n] Messermänner[n] und sonstige[n] Taugenichtse[n]«[51] sprach, um so gegen Geflüchtete und generell gegen die Asylpolitik der Bundesregierung zu polemisieren.

Ein weiteres Beispiel ist der Umgang mit der privaten Seenotrettung im Mittelmeer. Für die Gegner sind Seenotretter kriminelle Schleuser, denen das Handwerk gelegt werden muss, und für die Befürworter Helden, die die Versäumnisse der internationalen Politik auszugleichen versuchen. Es gibt nur Schwarz und Weiß, Freund und Feind.

Es wird nicht mehr über eine politische Lösung für Menschen ohne Heimat und in Not diskutiert, sondern ein moralisch aufgeladenes Urteil gefällt. Es wird vor allem auf Polarisierung und Radikalisierung gesetzt, eine Konsensbildung oder das Finden eines Kompromisses sind nicht erwünscht, weil dann die Feindbilder-Strategie nicht mehr aufgeht. Das kann letztlich die Demokratie destabilisieren, denn sie funktioniert nicht über Sieg und Niederlage, sondern braucht einen Grundkonsens über die Wertegrundlagen und die Bandbreite des politischen demokratischen Spektrums. Der aus früheren Zeiten bekannte Mechanismus, sich Gruppen von Menschen als Sündenböcke für schwierige Situationen vorzunehmen, geht immer zulasten von Minderheiten. So sollen die Menschen gegeneinander aufgewiegelt und die Gesellschaft gespalten werden. Das geht über das allgemeine Mobilisieren im Wahlkampf weit hinaus. Die Methode des Polarisierens beruht auch darauf, Recht haben zu wollen. Dazu werden Falschinformationen, Hetze und auch Hasstiraden im Netz verbreitet. Argumente und Fakten zählen wenig oder gar nichts. Je mehr die gegenwärtige Politik scharf kritisiert wird, Untergangsszenarien entwickelt und Unterwanderung an die Wand gemalt werden, umso mehr wachsen Verunsicherung, Orientierungsverlust und dann die Gefahr von Irrationalität und Konfrontationsgewalt. Das ist alles nicht neu.»So lange, wie es menschliche Kultur gibt, gibt es auch Kulturpessimismus, die Angst vor dem Verlust von Identität und Kultur durch Fortschritt.«[52]

Wie viel Streit verträgt die Demokratie? Ein Thermometer gibt es dafür nicht, aber Seismographen, Antennen. Verrutschen die Abgrenzungen zwischen den demokratischen Parteien und den abgedrifteten Radikalen bis dahin, sich mit ihnen in den ein oder anderen Punkten gemein zu machen, Mehrheiten mit ihnen zu bilden, dann verschärft sich der Prozess der Erosion demokratischer Grundlagen, der den Bürgerinnen und Bürgern signalisiert, auch die extremsten Haltungen seien noch tolerabel. Das wäre der Fall, wenn mit den Stimmen einer Partei, deren Richtung vom Rechtsextremisten Björn Höcke geprägt wird und die deshalb in den Fokus des Verfassungsschutzes geraten ist, eine Regierungsmehrheit zustande käme. Das hätte in Thüringen nicht passieren dürfen und musste deshalb sofort rückgängig gemacht werden. Macht mit der AfD herzustellen, ist ein Verrat an den Werten unseres Grundgesetzes. Nicht Verharmlosung als diffuser Protest, Normalisierungsversuche und Integration sind die richtigen Antworten auf Rechtsradikalismus, sondern die unmissverständliche Verurteilung und explizite Positionierung gegen Rassismus, Antisemitismus und Nationalismus. Offenheit, Gleichberechtigung und Vielfalt sind als positive Werte offensiv zu vertreten. An dieser Grenzziehung darf nicht gerüttelt werden.

Es gibt in Deutschland keinen Grund, in Alarmismus wegen der Gefährdungen unserer Demokratie zu verfallen. Aber wir müssen die Entwicklung und die Einschätzung von Politikwissenschaftlern ernst nehmen, die darauf hinweisen, dass die größte Gefahr für moderne Demokratien nicht Staatsstreiche sind, sondern ein Erosionsprozess, der ihre Institutionen und Werte schleichend zerstört.[53]

Eine Atmosphäre der Gewalt, der Bedrohung und der Einschüchterung schwächt das politische Engagement. Wenn dann noch ideologische Überschneidungen des militanten mit dem parlamentarischen Rechtsradikalismus hinzukommen und wenn es in den Sicherheitsapparaten rechtsradikale Netzwerker und Chatgruppen gibt, wie jüngst in der hessischen und nordrhein-westfälischen Polizei, dann bröckelt die Demokratie immer mehr.

Matthias Quent beschreibt es so:»Der Rechtsterrorismus erreicht seine Wirkung – selbst wenn er den Staat offensiv angreift – vor allem durch gewaltmäßige ›Botschaften‹ an gesellschaftlich meist marginalisierte Gruppen. Deren Einschüchterung und Vertreibung ersetzen nicht die Verfassungsnormen, doch sie befördern eine abweichende Verfassungsrealität, in der die prinzipielle Gleichwertigkeit von Menschen nicht mehr besteht, die Menschenwürde angreifbar wird und die Verfassungsordnung vulnerabel erscheint. Für das demokratische System ist daher die beabsichtigte mittelbare Wirkung von Terrorismus in allen Phänomenbereichen stets eine größere Gefahr als die unmittelbaren Folgen der Anschläge selbst.«[54]

Und dagegen kann neben der wehrhaften Demokratie auch eine starke Zivilgesellschaft, die sich nicht auseinandertreiben lässt, helfen. Die Zivilgesellschaft ist der Ort, wo wir verhandeln, was wir mit gesellschaftlichem Zusammenhalt meinen. Das hört sich indes einfacher an, als es ist. Denn gesellschaftlicher Zusammenhalt ist ein Begriff, den Menschen unterschiedlich definieren. In ihrer Analyse »Zivilgesellschaft und gesellschaftlicher Zusammenhalt« weisen die Politikwissenschaftler Rupert Graf Strachwitz und Siri Hummel auf eine Studie zum bürgerschaftlichen Engagement hin, die zeigt,»dass Menschen sich sowohl gegen als auch für Migration engagieren, weil sie um den gesellschaftlichen Zusammenhalt fürchten. Die beiden Gruppen assoziieren aber mit gesellschaftlichem Zusammenhalt etwas fundamental anderes: die erste Gruppe eine geschlossene Gesellschaft, die zweite eine offene.«[55]

Die Zivilgesellschaft besteht aus einer Vielzahl von Akteuren – Vereinen, Verbänden, Organisationen und Bewegungen –, die sehr unterschiedliche Interessen und Anliegen auf sehr unterschiedliche Weise verfolgen. Dazu gehören Aufsehen erregende Aktionen wie bei Greenpeace, die Demos von Fridays for Future, der gezielte Einsatz für politisch Verfolgte bei Amnesty International, aber auch das Agitieren von Abtreibungsgegnern oder Sprachschützern. Längst nicht allen geht es dabei um die liberale Demokratie, den Rechtsstaat oder die Freiheits- und Bürgerrechte. Und nicht alle Akteure haben den Zusammenhalt der Zivilgesellschaft im Sinn, sondern eben ihre eigenen Ziele, die sich zulasten der Interessen vieler anderer auswirken können.

Das ist kein neues Phänomen, nur die Anliegen verändern sich angesichts der technologischen, wirtschaftlichen und internationalen Entwicklungen. Neu ist, dass der Aushandlungsprozess schwieriger geworden ist. Denn die Fragmentierung in der Gesellschaft verlangt die Bereitschaft zum Verhandeln, zur gewaltfreien Konfliktlösung und zur Kompromissfindung. Und dazu bedarf es des gegenseitigen Respekts.

Zusammenhalt in der Gesellschaft entsteht dann, wenn aktiv versucht wird, desintegrierenden Prozessen entgegenzuwirken. Die Bereitschaft zu diesem Verhalten lebt auch von der Akzeptanz der parlamentarischen Demokratie als Regierungsform.

Leider nimmt die Zustimmung in der Bevölkerung in Deutschland ab. In einer 2019 durchgeführten Umfrage zeigte sich weniger als die Hälfte der Befragten mit dem Funktionieren der Demokratie zufrieden, in Ostdeutschland kaum mehr als ein Drittel.[56] Es sind Fragmentierungen zu beobachten, da in manchen Gruppen die Kritik am politischen System heftiger ausfällt als im Durchschnitt der Gesellschaft.[57]

Ein Ort des gesellschaftlichen Zusammenhalts sind für viele Bürgerinnen und Bürger die Vereine. Die Corona-Pandemie hat das aktive Vereinsleben über lange Monate fast vollständig zum Erliegen gebracht, ein negativer Faktor für den gesellschaftlichen Zusammenhalt.[58] Neben den politischen Parteien gibt es in Deutschland über 800 000 zivilgesellschaftliche Initiativen, Vereine und Organisationen, die sich in Größe, Funktionen, Rechtsformen und Zielen erheblich unterscheiden.[59] Sie geben den Bürgern Rückhalt, entfalten eine gewisse Bindewirkung innerhalb der Gesellschaft und sind in den meisten Fällen nicht auf Exklusion angelegt.

Das gilt freilich nicht für Gruppen wie Pegida, rechte Burschenschaften oder die sogenannte Identitäre Bewegung. Einige Gruppen setzen auf eine klare Abgrenzungsstrategie. Sie wollen nicht unterschiedliche Interessen ausgleichen, sondern vertreten polemisch und zugespitzt ihre islamophoben, fremdenfeindlichen und rassistischen Auffassungen. Es sind homogene Gruppierungen, die auf gemeinsamen Überzeugungen beruhen. Der Zusammenhalt der eigenen Gruppe wird durch den Ausschluss von Fremdgruppen gestärkt.

Die Zivilgesellschaft ist insgesamt politischer geworden, und oft genug stehen sich die Akteure unversöhnlich gegenüber. Die Verhärtung in der Kommunikation und die Konfrontation zwischen Teilen der Zivilgesellschaft fordern heraus, sich zu bekennen, Haltung zu zeigen und damit die Kraft der Zivilgesellschaft zu beleben. In der Konfrontation kann eine Chance zum Bekennen liegen, aber auch die Gefahr eines immer stärkeren Auseinanderdriftens.

Nicht unbedingt zum gesellschaftlichen Zusammenhalt trägt bei, wenn die Gesellschaft zu stark in einzelne Communitys zerfällt, die sich jeweils über ein verbindendes Element als abgeschlossenes Kollektiv verstehen. Das birgt die Gefahr der Exklusion und einer mangelnden Verständigungsbereitschaft. Gräben werden tiefer, und das Verbindende nimmt ab. Natürlich gibt es den grundrechtlich abgesicherten Minderheitenschutz in einer Gesellschaft der Individuen. Und es ist gut, wenn sich Menschen wegen ihrer sexuellen Orientierung, ihrer Herkunft oder ihres Glaubens gegenseitig stärken und unterstützen. Berechtigt ist auch die Erwartung, dass die Mehrheitsgesellschaft ihnen mit Verständnis, Respekt und Empathie begegnet und sie ihre Rechte diskriminierungsfrei leben können.

Aber der gesellschaftliche Diskurs muss über die Gruppen hinaus geführt werden, die sogenannte Identitätspolitik kann dazu führen, dass sich der Einzelne auf eine Gruppenzugehörigkeit reduziert sieht, die seiner gesamten Persönlichkeit nicht gerecht wird.

Politikerinnen und Politiker sollten die Interessen und Rechte aller Menschen im Blick haben, und das bedeutet auch, dass es ihr zentrales Anliegen sein sollte, den Ausgleich zu suchen. Sie müssen alles tun, damit niemand Angst haben muss, wegen seiner Einwanderungsbiografie, seines Glaubens oder seiner politischen Überzeugung angegriffen oder beleidigt zu werden.

Karamba Diaby aus Halle tut das genauso wie seine Kollegen aus anderen Wahlkreisen. Woher sie kommen – ob aus dem Senegal oder zum Beispiel aus Nordrhein-Westfalen –, spielt dafür nicht die entscheidende Rolle. Karamba Diaby, seit 1985 in Halle lebend, hat als Geoökologe über Schwermetalle und Nährstoffhaushalt in Halle'schen Kleingartenanlagen promoviert. Er passt in keine Schablone, in die Fremdenhasser ihn pressen wollen. Er unterwandert nicht das deutsche Volk, sondern bereichert es mit seiner Expertise auch über die deutsche Kultur der Schrebergärten. Und dennoch ist er wie viele andere Mandatsträger immer wieder Hass und Hetze ausgesetzt. Vorurteile, Rassismus und völkische Ideologie motivieren dazu. Es muss immer versucht werden, Trennendes in unserer Gesellschaft zu überwinden, aber dem sind Grenzen gesetzt. Wie kann einem Hetzer gegen Geflüchtete die universelle Bedeutung der Menschenrechte vermittelt werden?

Die Kraft der Zivilgesellschaft endet da, wo es um konkrete Gefahren für unser demokratisches System geht. Da muss sich der Rechtsstaat mit seinen Instrumenten wehrhaft zeigen. Extremismus frühzeitig zu erkennen und in seiner Gefährlichkeit richtig einzuordnen, ist in Deutschland die Aufgabe von Verfassungsschutzbehörden. Es hat gedauert, bis der Rechtsextremismus als die derzeit größte Gefahr anerkannt wurde. Die ersten Konsequenzen sind mit der Einordnung bestimmter Gruppierungen als »gefährlich« und mit ihrer daraus folgenden Beobachtung gezogen worden.

Die Radikalisierung bestimmter Gruppen führt auch zu größerer Gefährdung der Mandatsträgerinnen und Mandatsträger. Nicht nur im Netz muss es funktionierende Instrumente gegen Hasstiraden und Bedrohungen geben, sondern es muss auch im realen Leben einen besseren Schutz der gefährdeten Mandatsträger durch die Polizei geben. Eine Rund-um-die-Uhr-Bewachung kann nur in Ausnahmefällen bei konkreter Gefahr geleistet werden, aber ein häufigerer Einsatz von Streifenwagen vor der Tür, die Begleitung zu öffentlichen Veranstaltungen und eine Notrufverbindung zur Polizei erhöhen den Schutz für diejenigen, die gewalttätigen Bedrohungen ausgesetzt sind.

Es bedarf aller Maßnahmen, um Morde wie an Walter Lübcke, Mordversuche wie an Henriette Reker und Übergriffe wie die gegen Stefanie Kirchner und Andreas Hollstein zu verhindern.

Hass im Netz

Bei der Bedrohung von Mandatsträgern und Mandatsträgerinnen geht es immer auch um Beleidigungen, um Hass und Hetze im Netz. In physische Gewalt schlagen verbale Ausfälle zum Glück nur in geringem Umfang um.

Das Internet ist nicht die Ursache für verbale Angriffe auf Politiker, es ist auch nicht die Ursache für Dissonanzen in unserer Gesellschaft, aber es ist aufgrund seiner Ubiquität, seiner Verbreitungsdynamik, seiner Vielfältigkeit und seiner Anonymität ein Verstärker und Beschleuniger. Und es geht ja so einfach. Niemand sieht den Hetzer, er kann zu jeder Tages- und Nachtzeit ungesehen aus dem Wohnzimmer sein Gift verspritzen. Es wird teilweise erschreckend viel Zeit darauf verwandt, Politiker, die man persönlich nicht kennt, sondern von denen man sich ein subjektives Bild gemacht hat, mit Hassmails zu überziehen.

Die in der polizeilichen Kriminalitätsstatistik erfassten Taten haben in den letzten Jahren zugenommen und führen bei der Justiz zu ansteigender Arbeitsbelastung. Den von den Opfern angezeigten Taten, den vom Bundeskriminalamt übermittelten Verfahren und den von den Plattformbetreibern gemeldeten Vorfällen muss die Justiz mit allen rechtsstaatlichen Mitteln nachgehen. Inzwischen hat sich herumgesprochen, dass das Internet kein rechtsfreier Raum ist. Wie sollte es das auch sein? Strafrechtlich relevante Äußerungen sind online genauso ein Verstoß gegen Gesetze wie offline. Immer gibt es Empfänger, deren

Ehre und Persönlichkeit mit unflätigen Äußerungen verletzt werden und die mit direkten Androhungen von Gewalt oder kaum verhüllten Drohungen wie »Ich weiß, wo Du und Deine Familie wohnen« in Angst und Schrecken versetzt werden sollen. Denn generell davon auszugehen, dass es sich um feige Zeitgenossen handelt, die bellen, aber nicht beißen, wäre leichtsinnig.

Es ist wichtig, dass die unsichtbaren Täter sichtbar werden und dass sie spüren, eine Grenze der natürlich erlaubten streitigen Auseinandersetzung und der freien Meinungsäußerung überschritten zu haben. Aber wo ist die Grenze zu ziehen, und wann ist sie überschritten? Eignet sich dazu der Begriff des Hasses im Netz oder der Hassrede überhaupt? Und ist alles, was nicht verboten ist, auch erlaubt?

Hass im Netz ist ein unbestimmter Begriff. Er ist keine juristische Kategorie, das gilt auch für die Hassrede (Hatespeech). Man versteht darunter Bilder oder Worte, die gegen einzelne Personen oder Personengruppen eingesetzt werden, um sie abzuwerten oder anzugreifen. Hass und Hassrede sind auch politische Begriffe, die unterschiedlich interpretiert werden und an denen sich Streit entzündet. Wann bewegt sich die Anfeindung von Menschen anderer politischer Auffassung als der eigenen noch im Rahmen des erlaubten heftigen Streits, der zur Demokratie gehört, und wann wird aus der Auseinandersetzung eine persönliche Diffamierung und Beleidigung, die den Rahmen des Erlaubten in unserer liberalen Demokratie überschreitet? Die Antwort darauf gehört zu den schwierigsten Themen in jeder Demokratie. Die freie Rede umfasst manchmal Unerträgliches, das gleichwohl ertragen werden muss, wie zum Beispiel: »Ich lehne die Demokratie ab und will die Todesstrafe wieder einführen.«

Nach einem Beschluss des Bundesverfassungsgerichts zu Rudolf-Hess-Gedenkveranstaltungen in Wunsiedel unterdrückt der Rechtsstaat nie Äußerungen, weil ihm der Inhalt nicht passt. »Das Grundgesetz gewährt Meinungsfreiheit im Vertrauen auf die Kraft der freien öffentlichen Auseinandersetzung vielmehr grundsätzlich auch den Feinden der Freiheit.« Der Rechtsstaat begrenzt sie nur, um eine Gefahr für die Rechte anderer Menschen zu bannen. Wenn Meinungsäußerungen in Rechtsgutverletzungen oder allgemeine Gefährdungslagen umschlagen können, ist der Rechtsstaat ermächtigt einzugreifen.[60] Rechtsgutverletzungen können durch das Strafrecht geahndet werden. Eine Richtschnur für die Grenzziehung ist das gesetzliche Verbot, das auf einem Konsens in der parlamentarischen Demokratie beruht und für alle in Deutschland lebenden Menschen verbindlich ist. Es schafft den Ordnungsrahmen, damit sich die Menschen nicht erlaubterweise wegen unterschiedlicher Meinungen gegenseitig mit Worten die Köpfe einschlagen.

Eine andere Richtschur ist die Notwendigkeit des zumindest einigermaßen respektvollen Umgangs der Mitglieder der Zivilgesellschaft miteinander. Diese zivilisatorische Errungenschaft entspricht grundsätzlich als ungeschriebene Verhaltensregel nicht nur dem menschlichen Wesen, sondern ist auch der Achtung des Anderen geschuldet. Für die Einhaltung dieser Werte können nur wir alle selbst sorgen, für ihre Durchsetzung gibt es keine unabhängige dritte Gewalt, die Verletzungen sanktionieren kann. Diejenigen, die sich dennoch bewusst darüber hinwegsetzen, müssen die Reaktion nicht nur der direkt Betroffenen, sondern von möglichst vielen Bürgerinnen und Bürgern zu spüren bekommen.

Hass ist ein Gefühl, das aus der Verachtung und der totalen Ablehnung anderer Menschen wegen ihrer Abstammung, ihrer Herkunft, ihrer Religion und ihrer politischen Auffassung gespeist wird. Die Autorin Lena Gorelik versuchte es angesichts der Demonstrationen vor Synagogen in Deutschland und des Verhaltens vieler Teilnehmer nach dem Raketenbeschuss Israels aus dem Gazastreifen im Mai 2021 mit der Erklärung: »Wir hassen, weil es das Leben einfacher macht.« In besonderem Maße gilt das wohl für Menschen mit ausgemachten Feindbildern, auf die sie ihren Hass fokussieren können. Sie erhöhen sich selbst durch die Herabsetzung anderer.

Wie sich Hass im Internet am besten verbreitet, haben der Kommunikationswissenschaftler Dietram Scheufele und seine Kollegen an der University of Wisconsin zum Gegenstand einer bemerkenswerten Untersuchung gemacht.[61] Das Ergebnis gibt keinen Anlass zur Freude. Es erlaubt den Schluss, dass man mit Schimpfworten Diskussionen zur

Eskalation führen kann. Je mehr Kraftausdrücke in einer Debatte fallen, umso stärker verhärten sich die Fronten und umso weniger sind Menschen bereit, sich anderen Meinungen zu öffnen. Und genau das führt zu Gefahren für die Demokratie, weil die Fähigkeit der sachlichen Auseinandersetzung dadurch noch ein Stück weiter verloren geht.

Um das Phänomen der Hassrede besser verstehen zu können, ist es sicher auch hilfreich, wenn man sich die Argumente ansieht, die bisweilen zu ihrer Verteidigung vorgetragen werden. Das Rapper-Trio K.I.Z. hat ein Album mit dem Titel »Rap über Hass« veröffentlicht. In einem Interview erklären die Rapper, dass es einen Unterschied mache, ob sich eine Textzeile wie »ich schneide dir den Kopf ab und schmeiße ihn über den Zaun zum Nachbarn« gegen eine bestimmte Person richte oder nicht. In letzterem Fall dürfe man das sagen. Hass müsse man nicht rechtfertigen und die Ablehnung von Hass sei einfach eine bürgerliche Position.[62]

Was das für die Betroffenen bedeutet, wird ausgeblendet. Wer so »bürgerlich«, empfindlich und uncool ist, dass er sich dadurch verletzt fühlt, ist selber schuld. Warum so zimperlich?

Die genannten Rapper haben ein Millionenpublikum und damit auch Einfluss auf die Gefühlswelt vieler Jugendlicher. Es wird Zeit, den Wirkungsgrad von hipper Jugendkultur und ihren Einfluss auf junge Menschen zu erforschen. Für antisemitische Texte und Hetze im Gangstarap gibt es jetzt eine erste Studie der Universität Bielefeld, die sich damit beschäftigt, wie antisemitische Einstellungen sich verfestigen können.[63] Darüber muss mit jungen Menschen diskutiert werden, ebenso mit Bildungsträgern, mit Produzenten, Veranstaltern und Plattformbetreibern. Dabei geht es nicht um Verbote, sondern um Aufklärung und Bewusstseinsbildung – und um die Verantwortung der Künstler und der Musikbranche.

Wann wird aus kommuniziertem Hass eine Straftat?

Ausgehen müssen alle rechtlichen Betrachtungen von dem Grundrecht der Meinungsfreiheit, das in Artikel 5 Absatz 1 des Grundgesetzes jedem Menschen in Deutschland umfassend gewährt wird.

Danach hat jeder das Recht, seine Meinung in Wort, Schrift und Bild frei zu äußern und zu verbreiten. Ihre Schranken findet die Meinungsäußerungsfreiheit in den allgemeinen Gesetzen, den gesetzlichen Bestimmungen zum Schutz der Jugend und in dem Recht der persönlichen Ehre.

Anstößiges, Unanständiges und Minderwertiges darf in der Regel unbeschränkt geäußert werden. Voraussetzung ist allerdings, dass damit nicht noch mehr beabsichtigt ist.

Volksverhetzung

Da ist zunächst einmal das strafrechtliche Verbot der Volksverhetzung. Die Beschimpfung von allen Politikern einer Partei oder von allen Mitgliedern einer parteiübergreifenden Gruppe mag recht abstrakt sein, aber das bedeutet keineswegs, dass sie unbegrenzt erlaubt ist. Das Motto »geteiltes Leid ist halbes Leid« gilt bei gruppenbezogener Hetze nicht als Entschuldigung. Gerade die Agitation gegen bestimmte national, rassisch, religiös oder ethnisch definierte Gruppen macht Volksverhetzung zu einer Tat, die strafrechtlich verfolgt und mit Freiheitsstrafe bis zu mehreren Jahren geahndet werden kann. Auch wenn sich das Aufstacheln zum Hass gegen Einzelne wegen ihrer Zugehörigkeit zu einer solchen Gruppe richtet, ist die rote Linie des Erlaubten überschritten.

Der Volksverhetzungsparagraph (§ 130 StGB) erfasst in sieben Absätzen verschiedene Verhaltensweisen, die häufig im Zusammenhang mit Fremdenfeindlichkeit, Rassismus und Rechtsextremismus stehen.[64] Opfer der Volksverhetzung können zum Beispiel in Deutschland lebende Ausländer, Juden, Christen oder Muslime, aber auch bestimmte Berufsgruppen oder Arbeitslose sein. Mit hetzerischen Äußerungen sollen Menschen dazu gebracht werden, eine besonders feindselige Haltung gegen eine bestimmte Gruppe einzunehmen, die über eine reine Ablehnung oder Verachtung hinausgeht. Wenn andere Menschen öffentlich als minderwertig dargestellt werden, ist das geeignet, den öffentlichen Frieden zu stören und diese Menschen der Wut und dem Hass Anderer auszusetzen. Es werden diejenigen als Täter bestraft, »denen es aus verwerflichen Beweggründen darauf ankommt, andere Menschen als besonders minderwertig, unwürdig und verachtenswert darzustellen. Die Rechtsprechung sieht dies insbesondere bei jenen Tätern als gegeben, die sich mit der Rassenideologie identifizieren«[65] und dies mit ihrem verwerflichen Verhalten zum Ausdruck bringen. Nicht jede ausländerfeindliche Äußerung ist schon eine Volksverhetzung. Die Plakataufschrift »Die Überfremdung ist ein Kreuzzug gegen das eigene Volk« ist zwar verachtenswert. Da sie aber nicht zu Hass oder Gewalt gegen eine bestimmte Gruppe auffordert, erfüllt sie noch nicht den Tatbestand der Volksverhetzung. Durch diese oder ähnliche provozierenden und alle Ausländer herabsetzenden Aussagen sollten sich aber viele zum Widerspruch aufgefordert fühlen. Sie vergiften das gesellschaftliche Klima und können die Spaltung der Gesellschaft vorantreiben. Bleiben solche Aussagen in der Gesellschaft unwidersprochen, fühlen sich die Befürworter noch in ihren Vorurteilen bestätigt. Angesichts der großen Bedeutung der Meinungsfreiheit für die Demokratie und für die Entfaltung der Persönlichkeit konzentriert sich der Verbotsrahmen auf besonders hetzerische verbale Agitation.

Die Unantastbarkeit der Menschenwürde ist das oberste Gebot des Grundgesetzes. Die Volksverhetzung stellt besondere Angriffe auf die Menschenwürde unter Strafe. Auch die sogenannte »Auschwitzlüge« beziehungsweise das Leugnen des Holocausts ist seit 1994 eine Volksverhetzung (gemäß § 130 Abs. 3 StGB). Wer also die Ermordung von Millionen Juden während der Herrschaft der Nationalsozialisten leugnet, verbreitet absichtlich Unwahrheiten und kann sich nicht auf den Schutz der verfassungsrechtlich garantierten Meinungsfreiheit berufen. 2005 fügte der Gesetzgeber einen neuen Absatz hinzu, der für die öffentliche Billigung und Verherrlichung der nationalsozialistischen Gewalt- und Willkürherrschaft auch eine mehrjährige Freiheitsstrafe in Betracht zieht.

Grund dafür waren die zunehmenden rechtsextremistischen Versammlungen nach früherem nationalsozialistischem Vorbild, insbesondere die jährlich stattfindenden Rudolf-Hess-Gedenkmärsche in Wunsiedel. Durch den neuen Zusatz hoffte man, derartigen Kundgebungen strafrechtlich besser begegnen zu können.

Die Richter des Bundesverfassungsgerichts sehen historische Gründe für die Verfassungskonformität dieser Strafnorm. Bestraft wird »das Gutheißen nicht von Ideen, sondern von realen Verbrechen, die in der Geschichte einmalig und an Menschenverachtung nicht zu überbieten sind. […] Es handelt sich um mehr als um eine bloß anstößige geistige Relativierung des Gewaltverbots.« Sie erzeugt »vielmehr Einschüchterung und hat enthemmende Wirkung bei der Anhängerschaft solcher Auffassungen«.[66]

Diese nach dem Straftatbestand der Volksverhetzung erfassten verschiedenen Verhaltensweisen werden dann bestraft, wenn der öffentliche Friede bedroht ist. Was das konkret heißt, lässt sich nicht leicht bestimmen, auch wenn jeder eine Vorstellung davon haben dürfte, was es bedeutet, wenn Drohungen und Gewalt die Gesellschaft spalten und Hass die verschiedenen Bevölkerungsgruppen gegeneinander aufbringt. Und wenn sich dieser Hass Bahn bricht gegenüber Mandatsträgerinnen und Mandatsträgern, wenn diese aufgrund der Bedrohungen in ihrer Mandatsausübung behindert werden und wenn sich Menschen aus Angst nicht mehr politisch betätigen wollen, dann ist die Gefahr für unsere Demokratie offensichtlich.

Nicht umsonst werden hasserfüllte Kommentare im Internet als geistige Brandstiftung beschrieben. Sie können die Vorstufe zu Terror und anderen Gewaltverbrechen darstellen. Und dennoch gilt es zu berücksichtigen, dass nicht jede Scharfmacherei den Tatbestand der Volksverhetzung erfüllt. Es bedarf grundsätzlich einer Bewertung des jeweiligen Einzelfalls.[67]

Beleidigung, Ehrverletzung, Verleumdung

Manchmal muss man seinem Ärger einfach Luft machen, und dann kann die Grenze zur strafbaren Beleidigung schnell überschritten sein. Der Begriff der Beleidigung ist im betreffenden Strafgesetzparagraphen nicht definiert. Es kann also nicht aus dem Gesetz im Einzelnen abgelesen werden, mit welchen Schimpfworten und welchen Verhaltensweisen man noch um sich werfen darf und welche zu den strafrechtlich relevanten Beleidigungen gerechnet werden. Beleidigungen sind Ehrverletzungen, sie drücken die Missachtung und deutliche Geringschätzung einer Person aus. Mit der Strafnorm soll das Persönlichkeitsrecht des Einzelnen verteidigt werden, das nach Artikel 2 und Artikel 1 des Grundgesetzes als Grundrecht geschützt ist. Zu beachten ist, dass Beleidigungen nicht nur verbal geäußert werden können, sondern auch beispielsweise in Form von Bildern oder Gesten.

Fäkalbegriffe, Schimpfwörter, sexistische und rassistische Äußerungen werden meistens von der Rechtsprechung als beleidigend betrachtet. Wichtig ist immer der Kontext, in dem eine Äußerung getätigt wird. In politischen Auseinandersetzungen müssen eher auch ausfallende Worte hingenommen werden, um nicht die für die Demokratie notwendigen Auseinandersetzungen mit der »Schere im Kopf« und der Befürchtung, sich wegen Beleidigungen vielleicht strafbar zu machen, zu stark einzuschränken.

Obwohl mit Freiheitsstrafe bis zu einem Jahr oder Geldstrafe bedroht, wird in der Praxis in 95 Prozent der Beleidigungsverurteilungen eine Geldstrafe verhängt, nur 12 Prozent landen überhaupt bei Gericht.[68]

Die auch strafbare üble Nachrede liegt vor, wenn bestimmte Tatsachen über eine Person behauptet und verbreitet werden, die nachweislich nicht der Wahrheit entsprechen. Um üble Nachrede handelt es sich also etwa, wenn behauptet wird, Politiker XY sei korrupt, denn er lasse sich für sein Abstimmungsverhalten von Lobbyisten bezahlen, obwohl das nachweislich nicht stimmt. Im Gegensatz zur üblen Nachrede ist sich bei der Verleumdung die Person der unwahren Tatsache bewusst und hat sie trotzdem weiterverbreitet.

Für Personen des politischen Lebens gibt es mit § 188 Strafgesetzbuch einen eigenen Straftatbestand. Wenn sich gegen sie Beleidigungen, üble Nachrede oder Verleumdung richten und dadurch ihr öffentliches Wirken erheblich erschwert wird, kann der Täter oder die Täterin zu bis zu fünf Jahren Freiheitsstrafe verurteilt werden, das Strafmaß ist also höher als bei der »normalen« Beleidigung.

Aus der Formulierung in § 188 Strafgesetzbuch, »eine im politischen Leben des Volkes stehende Person des öffentlichen Lebens« müsse betroffen sein, geht nicht klar hervor, ob die kommunalen Mandatsträger ebenfalls erfasst sind. Der Wortlaut spricht zwar eher dafür, denn der kommunale Mandatsträger ist auf der für die Demokratie so wichtigen untersten Ebene politisch tätig, und die Bürgerinnen und Bürger, die ihn gewählt haben, sind natürlich Teil des Volkes. Trotzdem sah sich der Gesetzgeber veranlasst, den Paragraphen ausdrücklich um den Satz zu ergänzen, dass das Leben des Volkes bis hin zur kommunalen Ebene reicht.

Diese kurze Darstellung des strafrechtlichen Rahmens zur Beschränkung der Meinungsäußerungsfreiheit verdeutlicht in ihrer Abstraktheit, dass üble Beschimpfungen in Hassmails in vielfältiger Form strafrechtlich geahndet werden können. Aber sie zeigt auch, dass es nicht leicht einzuschätzen ist, ob die Richter die Voraussetzungen tatsächlich annehmen. Das veranschaulichen auch die üblen Beschimpfungen, die auf Facebook gegen Renate Künast geäußert wurden. Die Täter wurden erst in der zweiten Instanz in einem größeren Umfang wegen Beleidigungen verurteilt.

Das Kammergericht in Berlin»hatte den als ›Drecks Fotze-Entscheidung‹ bekannt gewordenen Beschluss des Landgerichts Berlin teilweise zu Gunsten der Politikerin korrigiert und weitere sechs der insgesamt 22 streitgegenständlichen Nutzerkommentare als Beleidigung im Sinne von § 185 Strafgesetzbuch eingestuft«.[69] Vorher hatte das Landgericht Berlin Kommentare wie»Schlampe« und»Drecksau« in Korrektur früherer Entscheidungen als gezielten Angriff auf die Ehre von Renate Künast bewertet, mit dem Ziel, sie herabzusetzen.

Das Kammergericht gelangte dann zu der Auffassung, dass sechs weitere Äußerungen einen massiven diffamierenden Gehalt aufweisen. Aussagen wie»Knatter sie doch mal einer so richtig durch, bis sie wieder normal wird« und»Pfui, du altes grünes Dreckschwein« seien auch unter Berücksichtigung des thematischen Kontextes nur»als außerhalb einer Sachdebatte stehende Schmähungen der Person der Politikerin« anzusehen.»Bei zehn weiteren Kommentaren sei die Schwelle zum Straftatbestand der Beleidigung jedoch nicht überschritten. Kommentare wie ›Kranke Frau‹ und ›Gehirn Amputiert‹ seien kein Fall der abwägungsfreien Diffamierung. Die mit solchen Kommentaren einhergehende Verletzung des Persönlichkeitsrechts erreiche nicht ein solches Gewicht, dass man unter Einbeziehung des konkret zu berücksichtigenden Kontextes von einer rein persönlichen Herabsetzung und Schmähung der Person ausgehen könne.«[70]

Das mag man verstehen oder eben auch nicht. Es zeigt jedenfalls, dass in jedem Einzelfall alle Umstände berücksichtigt und sorgfältig abgewogen werden müssen. Mandatsträger und -trägerinnen sind nicht konsequenzlos diesem Hass im Netz ausgesetzt. Es gibt jedenfalls Strafgesetze zu ihrem Schutz. Sie müssen nur auch angewandt werden. Da hat es in der Vergangenheit manchmal zu große Zurückhaltung gegeben. Wenn Nachbildungen von Galgen mit dem Aufdruck »Reserviert für Angela Mutti Merkel« oder »Reserviert für Sigmar das Pack Gabriel« verkauft werden und die Staatsanwaltschaft dem Anbieter zugutehält, man könne die Galgen auch so interpretieren, dass er Regierungspolitikern quasi nur symbolisch den politischen Tod wünsche, was straflos sei, dann kann man wohl der Ansicht sein, dass diese Bewertung die Meinungsfreiheit überstrapaziert.

Ein konsequenteres Vorgehen der Justiz ist von großer Bedeutung, da das Phänomen Hassreden in den letzten Jahren deutlich zugenommen hat. Bei Politikern haben sich teilweise Ordner voll mit Beschimpfungen angesammelt. In Ergänzung zu den Zahlen der Kriminalitätsstatistik bezogen auf Mandatsträger im ersten Kapitel des Buches bestätigen 36 Prozent der Befragten einer Forsa-Umfrage, »dass sie sehr häufig (2018: 10 Prozent gegenüber 2017 nur 8 Prozent) oder häufig (2018: 26 Prozent gegenüber 2017 nur 19 Prozent) persönlich Hasskommentare im Internet gesehen haben. […] 37 Prozent befassten sich näher damit, 26 Prozent meldeten Hasskommentare bei den Portalen, 25 Prozent antworteten sogar kritisch. Nur ein Prozent erstatteten Anzeige, 42 Prozent blieben passiv und unternahmen nichts.«[71]

Neben den Äußerungsdelikten kann die Drohung mit Gewalt, um einen Politiker zu einer bestimmten Haltung in einer politischen Frage zu bringen, als Nötigung und die Androhung einer Körperverletzung oder Enthüllung als gefährliche Drohung strafbar sein. Die fortdauernde Belästigung durch Telekommunikation oder mittels Computersystem, auch »Cybermobbing« genannt, ist gegeben, wenn jemand eine andere Person über einen längeren Zeitraum für andere wahrnehmbar absichtlich bloßstellt oder beleidigt. Die Bloßstellungen und Beleidigungen müssen in einer Weise erfolgen, dass das potenzielle Opfer sich gezwungen sieht, seine Lebensführung in wesentlichen Belangen zu ändern. Tathandlungen können auch Posts, Tweets oder Videos auf YouTube sein. Bei entsprechendem Inhalt können sie als Beleidigung, üble Nachrede oder Nachstellung strafbar sein.

Trolle und Glaubenskrieger

Aber wer verbreitet solche Hasskommentare, wer betreibt einen solchen Aufwand, um unter anderem Politikerinnen und Politiker zu beleidigen und zu bedrohen? Wer verfolgt Menschen mit Hass und Hetze über längere Zeit und droht auch der Familie direkt oder verschlüsselt Gewalt an? Wer bringt diese Energie auf und nutzt die Vorteile der sozialen Medien, um unerkannt zu bleiben und Angst und Schrecken zu verbreiten? Gibt es Erkenntnisse über den Charakter und die Typologie derjenigen Internetnutzer, die sich so massiv gegen Politiker im Netz äußern?

Die Publizistin Ingrid Brodnig befasst sich seit Jahren mit der digitalen Debattenkultur, unter anderem mit »unangenehmen Internetnutzern«, wie sie sie nennt. Dabei hat sie besonders zwei Typen identifiziert: »Trolle« und »Glaubenskrieger«.[72]

Der aus dem Englischen stammende Begriff »trolling« bedeutet im Fischfang »einen Köder auswerfen«, und genau das tut der »Troll« im Internet. Er macht das mit einer verletzenden Wortmeldung und hofft, dass Betroffene anbeißen. Als Troll bezeichnet man im Netzjargon eine Person, die im Internet vorsätzlich mit zündelnden Kommentaren einen Streit entfachen und gezielt Menschen provozieren will. Gewisse Persönlichkeitsmerkmale wie fehlende Empathie befördern ein solches Verhalten. Auch Einsamkeit kann das Trolling verstärken.[73]

Was den Troll antreibt, ist die Lust am Leid des anderen. Durch skrupellose Manipulation treibt er seine Opfer in Extremsituationen. Wie gefährlich das unter Umständen sein kann, veranschaulicht »der tragische Fall einer 16-jährigen Schülerin aus Malaysia. Sie wurde Opfer von Angriffen aus dem Netz, denen sich auch Trolle anschlossen. Ein Großteil ihrer Nutzer forderte sie dazu auf, sich das Leben zu nehmen. Das Mädchen folgte diesen Stimmen und beging anschließend Selbstmord. Der Fall steht damit sinnbildlich für die Macht von Trollen.«[74] Trolle tummeln sich auf Twitter und Facebook, aber man findet sie auch in den Kommentarspalten von Nachrichtenseiten, wo sie andere in zeitraubende Diskussionen verstricken. Manche sind harmlos und nur lästig, andere brutal. Sie verbreiten Gehässigkeiten und erfreuen sich an den negativen Reaktionen anderer. Bei ihnen ist die Neigung zum Sadismus überdurchschnittlich ausgeprägt.[75] Das haben Psychologen in Vancouver 2014 in einer Studie mit 1215 Personen zu Verhaltensweisen im Internet erforscht.

Die »Glaubenskrieger« sind die zweite Gruppe. Sie wollen die Deutungshoheit über einzelne Themen im Internet gewinnen, im Zweifel mit einer brutalen und hasserfüllten Rhetorik. Sie sind von einer Idee restlos überzeugt, beanspruchen, die Wahrheit zu kennen, dulden keinen Widerspruch und gehen aggressiv und herabwürdigend gegen alle vor, die eine andere Sichtweise haben. Sie fühlen sich besser informiert als die anderen.

Sie wollen Panikmache und Konfrontation und heizen die Stimmung gezielt auf. Daraus folgt, dass sie für Gegenargumente und ihre Sichtweise verändernde Fakten nicht zugänglich sind. Im Gegenteil. Je stichhaltiger die Gegenrede, umso mehr fühlt sich der Glaubenskrieger in seiner Auffassung einer vermeintlichen Verschwörung bestätigt, die so gut inszeniert ist, dass nur noch wenige Menschen in der Lage sind, das böse Spiel zu durchschauen.

Hassgruppen oder radikale Verschwörungserzähler lassen sich in diese Kategorie einsortieren, sie sind nicht pauschal einer politischen Richtung zuzuordnen und verfolgen unterschiedliche Ziele, zum Beispiel wollen sie Islamfeindlichkeit schüren. Die »Politically Incorrect«-Website ist so eine typische Glaubenskriegerseite, die vor der vermeintlich drohenden islamischen Indoktrination mit aggressiven und auch teils rassistischen Texten warnt.

Eine weitere Gruppe sind die Antifeministen, die das Gendern, die Gleichberechtigung massiv kritisieren und die Männer als die Opfer sehen. Ein Standardargument lautet, dass die Forderung nach Gleichstellung das schöne Zusammenleben kaputt mache, das eben in nicht vollumfänglicher Gleichberechtigung bestehe.[76]

Es werden auch um Verschwörungsmythen fast fanatische Auseinandersetzungen geführt. Da sind die Impfgegner, die hinter jeder Impfkampagne dunkle Mächte am Werk sehen. Für sie ist Impfen eine Menschenrechtsverletzung, mit dem Impfstoff verdienten sich einige wenige wie Bill Gates eine goldene Nase und könnten die Welt beherrschen. Mit dem Impfen sollten Menschen in Abhängigkeit gebracht werden.

Ein ähnliches Register bedienen die Klimawandelleugner. Sie lassen keine wissenschaftlichen Erkenntnisse gelten, die belegen, dass menschliches Handeln die Erderwärmung der letzten Jahrzehnte verursacht oder zumindest mitverursacht hat.

Es sind festgefügte Weltbilder und Vorstellungswelten, die unbeirrbar vertreten und verbreitet werden. Dieses Denken in Echokammern im Netz ist gefährlich, denn es gibt keine Gelegenheit zur Kontroverse, es werden keine Positionen hinterfragt, und es gibt keine informativen Gespräche mit vielfältigen Meinungen. Aus der Echokammer kommt man aus eigener Kraft nicht so leicht heraus. Es scheint, wie Untersuchungen der Yale Law School gezeigt haben, die Bildung nicht ausschlaggebend dafür zu sein, ob man in einer Bubble hängen bleibt oder nicht. Die Anhängerschaft kann je nach Thema aus allen Gesellschaftsschichten kommen.[77]

Antworten der Politik

Welche Handlungsoptionen hat man angesichts dieser Entwicklungen? Soll man sie als unabänderlich hinnehmen, weil man davon ausgeht, dass das Internet nicht reguliert werden kann oder wenn doch, dann nur mit vielen nachteiligen Folgen für Millionen Nutzerinnen und Nutzer?

So eine pessimistische und fatalistische Haltung ist sicherlich nicht die richtige Antwort. Nichts ist alternativlos und die Verantwortung für die Demokratie und für die Teilhabe möglichst aller Bürger und Bürgerinnen verpflichtet dazu, sich permanent mit den Gefahren für Mandatsträger und -trägerinnen zu befassen. Deshalb zeigen die folgenden Ausführungen aktuelle Antworten der Politik auf.

Die strafrechtlichen Regelungen zur Sanktionierung von Hatespeech bei gleichzeitiger Wahrung der Meinungsfreiheit müssen immer wieder auf ihre Aktualität und Wirkungskraft überprüft werden. Die Politik hat den Auftrag, die geltende Gesetzeslage zu evaluieren und den technischen und gesellschaftlichen Entwicklungen anzupassen, um etwaige Gesetzeslücken zu schließen. Das kann zu Verschärfungen führen oder auch zur Aufhebung von Regelungen, die sich in der Praxis nicht bewährt haben, weil sie sich nicht durchsetzen lassen oder die negativen Wirkungen wie die Beschränkung der Rechte Dritter zu groß sind. Die Digitalisierung hat in sehr vielen Rechtsbereichen zu gesetzgeberischem Handlungsbedarf geführt. Zum Beispiel geschieht das Stalking und Mobbing im Netz auf andere Art und Weise als auf der Straße. Deshalb ist eine Anpassung des Straftatbestands notwendig geworden.

Hass im Netz zu begegnen, ist schon länger ein wichtiges Thema der Politik. Mit dem deutschen Netzwerkdurchsetzungsgesetz (NetzDG) wurden 2017 neue Wege beschritten, um die Plattformbetreiber mit Niederlassung in Deutschland stärker in die Pflicht zu nehmen, gegen illegale Hassreden in großen sozialen Medien vorzugehen. Betroffene Online-Dienste mit mehr als zwei Millionen registrierten Nutzerinnen und Nutzern müssen ihnen gemeldete, einschlägige Inhalte binnen einer Woche löschen oder sperren, bei »offensichtlich rechtswidrigen« Inhalten muss das innerhalb von 24 Stunden geschehen, sonst drohen den Betreibern Bußgelder bis zu 50 Millionen Euro. Die Prüfung, ob ein Inhalt gegen Strafbestimmungen verstößt, müssen Facebook und Co selbst vornehmen. Messenger- und E-Mail-Dienste sowie berufliche Netzwerke, Fachportale, Verkaufsplattformen und Online-Spiele sind nicht erfasst. Die recht hohe Grenze von mindestens zwei Millionen registrierten Nutzern in Deutschland wurde festgelegt, damit Start-ups durch das Gesetz nicht in ihrer Entwicklung behindert werden.

Es geht um die für die Meinungsfreiheit essenzielle Entscheidung, ob Beiträge gelöscht und Nutzer gesperrt werden oder nicht, und diese Entscheidung treffen die Betreiber selbst. Das sind Unternehmen, die ihre eigenen wirtschaftlichen Interessen verfolgen, was legitim ist. Aber können sie dann überhaupt eine Art neutrale Prüfungsinstanz über die Meinungsfreiheit in Deutschland sein?

Das ist eine Kernkritik am NetzDG seit seinem Inkrafttreten. Der Sonderberichterstatter der Vereinten Nationen für die Förderung und den Schutz des Rechts auf freie Meinungsäußerung hat die Bundesregierung 2017 in einem offenen Brief auf seine Bedenken bezüglich des NetzDG hingewiesen.[78] Autoritäre Staaten wie zum Beispiel die Volksrepublik China könnten sich das NetzDG zum Vorbild nehmen, um noch mehr Kontrolle über das Internet zu erlangen und staatliche Zensur auszuüben. Auch eine breite Allianz von Politikern, Verbänden und Nichtregierungsorganisationen hat im Rahmen der »Deklaration für die Meinungsfreiheit«[79] kritisiert, dass in den meisten Fällen ausländischen Unternehmen die Löschung überlassen sei. »Über die Grenzen der Meinungsfreiheit müsste öffentlich diskutiert werden und die Entscheidung letztlich bei den Gerichten liegen.«[80] Außerdem werde die Meinungsfreiheit in vielen Staaten unterschiedlich interpretiert und es fehle an einheitlich gezogenen Grenzen. Grundlegende Kritik und den Vorwurf des Zensurgesetzes erhoben besonders Journalistenverbände.

Mit einem weiteren Kritikpunkt, der Gefahr des sogenannten Overblockings also dass womöglich zu viel gelöscht oder gesperrt wird, um Strafzahlungen zu entgehen, befasst sich der Medienwissenschaftler und Jurist Marc Liesching. Er kommt in einer Untersuchung zu dem Ergebnis, dass es grundsätzlich Zweifel an der Wirksamkeit des NetzDG gebe und auch legitime Meinungsäußerungen von großen sozialen Netzwerken wie Facebook, Twitter und YouTube aus dem Netz genommen würden.[81] Die Betreiber hätten zum Teil selbst eingeräumt, dass die drohenden Bußgelder sie dazu veranlassten, im Zweifel lieber zu viel als zu wenig zu löschen. Aber es ist noch ein weiterer Effekt festzustellen. Wegen der engen Löschfristen und der hohen Bußgelddrohungen

würden viele soziale Medien auf ihre eigenen Allgemeinen Geschäfts-
bedingungen ausweichen und die beanstandeten Inhalte nach ihren
konzerneigenen Gemeinschaftsstandards bewerten, anstatt sie nach
dem NetzDG zu prüfen. Deshalb sei die Zahl der Löschungen nach
eigenen Standards sehr hoch, nach den Meldewegen des NetzDG dagegen sehr niedrig. Bei den meisten Löschungen der großen Anbieter
handelt es sich außerdem um automatisierte Vorgänge, die noch vor
dem Eintreffen etwaiger Beschwerden abgeschlossen sind. So hat You-
Tube nach eigenen Angaben zum Beispiel im vierten Quartal 2020 weltweit knapp neun Millionen Videos entfernt. In rund 94 Prozent der Fälle erfolgte die Löschung aufgrund automatisierter Erkennung.»Gegenüber den hohen Zahlen festzustellender Inhaltsentfernungen aufgrund
überwiegend proaktiver Erkennung und AGB-Prüfung sind die nach
dem NetzDG-Meldeverfahren erfolgten und in den Halbjahreszahlen
ausgewiesenen Entfernungen vergleichsweise gering«, konstatiert die
Studie.[82]

Ob die Praxis von Facebook, nach ihren eigenen Nutzungsbedingungen Löschungen vorzunehmen, Bestand haben kann, ist nach einer Entscheidung des Bundesgerichtshofs vom Juli 2021 sehr fraglich. Das
oberste Gericht hat die Nutzungsbedingungen für unwirksam erklärt,
weil die Rechte der Nutzerinnen und Nutzer zu schwach ausgestaltet
seien. Sie bräuchten ein nachträgliches Widerspruchsrecht gegen die erfolgte Löschung und vor einer Sperrung eines Accounts müssten die
Nutzer angehört werden. Bis auf Weiteres sind Löschungen und Sper-
rungen nach den Gemeinschaftsstandards deshalb nicht vorzunehmen.[83] Es ist also sehr viel in Bewegung beim Vorgehen gegen Hass im
Netz und die juristischen Baustellen sind groß.

Weiter kritisiert die Studie auch die mangelnde Durchsetzung der
angedrohten Sanktionen. In den letzten drei Jahren seien rund 1500
Verfahren nach dem NetzDG gegen Anbieter eingeleitet worden, abgeschlossen worden sei bisher aber noch keines.[84] Das Bundesamt für Justiz hat Facebook zum Beispiel ein Bußgeld von 2 Millionen Euro auf-
erlegt. Ob dieses jemals bezahlt wird, bleibt wegen des anhängigen Ver-
fahrens vorläufig aber offen.

Die hier beschriebenen negativen Effekte des NetzDG werden vom Bundesjustizministerium in Zweifel gezogen, wie der erste Evaluierungsbericht aufzeigt.[85] Dennoch sind wegen deutlicher Schwächen des Gesetzes vom Ministerium seit 2019 zahlreiche Änderungen des NetzDG vorgeschlagen worden.

Die Erläuterungen zum NetzDG zeigen, wie umstritten angeblich wirkungsvolle Maßnahmen gegen Hassreden im Netz sind. Es gibt ein oft nur schwer aufzulösendes Spannungsverhältnis zwischen erlaubten und unerlaubten Meinungsäußerung, und jede Löschung oder Sperrung bedarf immer einer sehr sorgfältigen Abwägung. Pauschale Bewertungen nach einem festen Schema verbieten sich.

Nicht jedes Mittel gegen Hass im Netz führt zu dem Ziel, grundrechtsschonend entsprechende Inhalte aus dem Netz zu entfernen. Und das muss angesichts des hohen Wertes der Meinungsfreiheit der Maßstab sein. Unser Rechtsstaat verlangt, dass es letztlich die Aufgabe der Justiz bleiben muss, Strafrechtsverstöße zu ahnden. Eine Privatisierung der strafrechtlichen Ahndung darf es nicht geben. Facebook und andere soziale Netzwerke können als »Befangene« keine rechtsverbindliche Entscheidung mit dieser Strafwirkung für Opfer wie für Nutzer treffen.

Auf ein weiteres Problem weist die FDP-Bundestagsfraktion in einem Antrag vom 14. Januar 2020 hin: »Die Verfolgung einer bestimmten Äußerung als Straftat und die anschließende Verurteilung senden ein unmissverständliches Zeichen aus, dass ein bestimmtes Verhalten von der Gesellschaft nicht geduldet wird. Eine Löschung oder Sperrung von Inhalten durch soziale Netzwerke hat hingegen keine vergleichbar abschreckende Wirkung auf Nachahmer.«[86]

Aufgrund der genannten Probleme können in Deutschland die Entscheidungen der »privaten Twitter-, Facebook- oder Google-Polizei«[87] gerichtlich überprüft werden.

Die Novelle des NetzDG ist nach längerem Stillstand in den Beratungen Ende Mai 2021 verabschiedet worden. Die Grundkonstruktion wird beibehalten, aber die Informations- und Berichtspflichten der sozialen Netzwerke werden erweitert. Außerdem werden das Beschwerdemanagement und die außergerichtliche Streitbeilegung verbessert.

Die meisten Änderungen sind im Sommer 2021 in Kraft getreten, einige allerdings gelten erst seit dem 1. Januar 2022. Dazu gehören das Gegenvorstellungsverfahren, das außergerichtliche Schlichtungsverfahren, Sonderregeln für Videosharingplattformen, die neu eingeführten Bußgeldtatbestände und die Auskunftsklausel für die Forschung. Zur Umsetzung dieser Neuerungen sind etwas zeitintensivere technische und organisatorische Vorbereitungen erforderlich.

Unverändert bleibt der Kreis der von dem Gesetz betroffenen Unternehmen. Für Messengerdienste gilt es auch in Zukunft nicht, obwohl man beispielsweise bei Telegram Gruppen mit bis zu 200 000 Mitgliedern erstellen und Kanäle mit unbegrenzt vielen Abonnenten einrichten kann.

Telegram wird von Experten als zentrale Andockstelle für Antisemitismus, Verschwörungstheorien und Vernichtungsfantasien angesehen, da die Betreiber praktisch nie eingreifen. Die Sperrung des öffentlichen Attila-Hildmann-Accounts für die Apple- und Google-Versionen der Telegram-App ist die absolute Ausnahme.

Nach eigenen Angaben verzeichnet Telegram einen massiven Anstieg bei den Nutzerzahlen. Sie liegen inzwischen bei 570 Millionen aktiven Nutzern weltweit. Die App ist allerdings nicht nur ein Tummelplatz für Verschwörungstheoretiker und andere Gruppierungen mit fragwürdigen Einstellungen. Zum Gesamtbild gehört auch, dass sie in repressiven Systemen von Demokratie-Aktivisten genutzt wird. So spielte sie zum Beispiel eine nicht zu unterschätzende Rolle bei der Organisation der Proteste in Weißrussland.

Dennoch ist völlig unverständlich, wieso dieser und vergleichbare Messengerdienste aus jeglicher Regulierung herausgehalten werden, wenn man schon den Weg des Netzwerkdurchsetzungsgesetzes geht. Sowohl national als auch international muss Telegram die Verpflichtungen zum Umgang mit rechtswidrigen Inhalten einhalten und gegebenenfalls mit Sanktionen rechnen.

Ihre Einbeziehung in die europäische Gesetzgebung ist dringend geboten. Der geeignete Rahmen dafür ist der Digital Services Act, durch den das bestehende europäische Regelwerk zu Rechten und Pflichten digitaler Dienstleister umfassend reformiert werden soll. Die Verordnung soll bei den großen Online-Diensten für mehr Transparenz sorgen, denn aktuell ist es »selbst auf nationaler Ebene nicht möglich, Moderationsentscheidungen zu vergleichen, die aufgrund privater Gemeinschaftsstandards oder gesetzlich vorgeschriebener Regeln erfolgt sind«.[88] Der Gesetzentwurf ist auch eine Reaktion auf nationale Alleingänge wie das NetzDG, und man wird dem Digital Services Act bei aller Kritik bescheinigen können, dass er mithilft, Schlupflöcher zu schließen. Es braucht eine möglichst einheitliche europäische Rahmenregulierung für die Eindämmung der Gefahren durch Hassreden und Hetze. Allein die Sperrung und Löschung rechtswidriger Inhalte darf sich nicht nur auf ein Herkunftsland, also einen Mitgliedstaat der Europäischen Union beziehen, denn dann wird mit derselben verletzenden Wirkung von einem anderen Mitgliedstaat aus weiter gewütet und beleidigt. Ein ähnlich gelagertes Problem hatte sich beim Recht auf Vergessen gezeigt. Erst nach grundlegenden Entscheidungen des Gerichtshofs der Europäischen Union wurden die Voraussetzungen für ein einheitliches Vorgehen in der Europäischen Datenschutzgrundverordnung festgelegt, um in allen Mitgliedstaaten das Recht auf Löschung von Inhalten in Suchmaschinen bei Persönlichkeitsrechtsverletzungen durchsetzen zu können. Eine nationale Gesetzgebung kann bei einem globalen digitalen Netz nur begrenzte Wirkung entfalten. Das trifft in ähnlicher Form auch für den Umgang mit Hass und Hetze im Netz zu.

Für nationale Regelungen bleibt nur begrenzt Raum. Der ist mit dem im April 2021 verabschiedeten Gesetz zur Bekämpfung des Rechtsextremismus und der Hasskriminalität in Deutschland genutzt worden. Mit den Gesetzesänderungen wird besonders mit den Mitteln des Strafrechts das Ziel verfolgt, den Schutz der Menschen, die im Netz bedroht und beleidigt werden, zu verbessern und so der ernsten Bedrohung unserer demokratischen Gesellschaft effizienter entgegenzuwirken. Für das Strafrecht gibt es keine originäre Gesetzgebungskompetenz der Europäischen Union.

Es wird damit auf erhöhte Abschreckung und stärkeren Ermittlungsdruck gesetzt und dazu wird der Strafrahmen für Beleidigungen im Netz von ein auf zwei Jahre angehoben.

Speziell für Mandatsträger ändert sich insofern nichts, als die einschlägige Vorschrift des § 188 Strafgesetzbuch schon drei bis fünf Jahre Freiheitsstrafe vorsieht.

Neu ist, dass Drohungen mit einer Körperverletzung oder mit sexuellen Übergriffen oder Ankündigungen, zum Beispiel das Auto anzustecken oder jemandem die Nase zu brechen, künftig ähnlich behandelt werden wie Morddrohungen. Die Anzahl der vom Strafrecht erfassten Fälle dürfte sich vervielfachen. Für solche Bedrohungen im Internet (§ 241 StGB) können Freiheitsstrafen von bis zu zwei Jahren verhängt werden, bei öffentlichen Morddrohungen sind es bis zu drei Jahre.

Eine weitere Verschärfung ist in der Diskussion. Am 22. September 2021 ist der neue Straftatbestand der verhetzenden Beleidigung (§ 192 StGB) in Kraft getreten.[89] Er soll Hassnachrichten, die sich oft auf verschiedenen Wegen direkt an die Betroffenen richten, erfassen. Mangels Öffentlichkeit gilt dies nicht als Volksverhetzung. Für eine strafbare Beleidigung ist ein konkreter Bezug zu der betroffenen Person erforderlich, der bei pauschaler Hetze gegen Mitglieder jüdischer und muslimischer Gemeinden, die verhöhnt und verächtlich gemacht werden, meistens nicht vorliegt. Der Strafrahmen bei verhetzenden Beleidigungen sieht eine Freiheitsstrafe von bis zu zwei Jahren oder eine Geldstrafe vor.

Das alles bringt die Absicht zum Ausdruck, das Arsenal gegen Hassreden auszubauen. Doch allein aus der Anhebung von Strafen und der Ausdehnung von Straftatbeständen ergibt sich noch keine wirkungsvolle Abschreckung. Viele, die Hass und Hetze verbreiten, kennen die Gesetze nicht oder gehen bei Anonymität davon aus, nicht erwischt zu werden. Abschreckung entwickelt sich aus hohem Ermittlungsdruck und aus Verurteilung. Dazu müssen Polizei und Justiz sachlich und personell funktionsfähig sein und über die notwendige IT-Kompetenz verfügen.

Eine weitere entscheidende Änderung des NetzDG in diesem Gesetzespaket besteht darin, »dass soziale Netzwerke künftig strafbare Postings nicht mehr nur löschen, sondern in bestimmten schweren Fällen dem Bundeskriminalamt (BKA) melden müssen, damit die strafrechtliche Verfolgung ermöglicht wird. Diese Meldepflicht wird ab dem 1. Februar 2022 gelten, um dem BKA, den Staatsanwaltschaften und den Netzwerkanbietern ausreichend Vorbereitungszeit zu geben. Um Täter und Täterinnen schnell identifizieren zu können, müssen soziale Netzwerke dem BKA neben dem Hassposting auch die IP-Adresse und Port-Nummer, die dem Nutzerprofil zuletzt zugeteilt war, mitteilen.«[90] Über die Benutzung und den Zugriff auf sensible Bestandsdaten gab es wegen der verfassungsgerichtlichen Rechtsprechung langwierige Beratungen, der Bundespräsident unterzeichnete den aus dem Bundesjustizministerium stammenden ersten Gesetzentwurf nicht, weil die verfassungsrechtlichen Vorgaben nicht erfüllt waren. Das war ein sehr ungewöhnlicher Vorgang im Gesetzgebungsverfahren. Das Vorhaben musste richtigerweise nachgebessert werden, was zu einer erheblichen zeitlichen Verzögerung bis zur Verabschiedung geführt hat.

Die Meldepflicht an das Bundeskriminalamt war und ist sehr umstritten. Es gibt fundierte Rechtsbedenken, weil es an einer Rechtsgrundlage für die Weiterverarbeitung der an das BKA übermittelten Daten fehlt. Außerdem wird die Meldepflicht beim BKA und bei den dann zuständigen Staatsanwaltschaften, an die die aussortierten Fälle weitergeleitet werden, zu einer sehr großen Arbeitsbelastung führen. Man rechnet mit bis zu 150 000 Verfahren. In dem Gesetzentwurf wird der jährliche Mehraufwand an Sachkosten für das BKA bis zum Jahr 2024 mit 47,6 Millionen Euro angegeben, für Personalkosten bis zu 19 Millionen Euro zuzüglich 5,7 Millionen Euro Sacheinzelkosten.[91] Die unabdingbar notwendige Erhöhung des Personals bei der Justiz in den Ländern ist darin nicht enthalten. Wenn die Funktionsfähigkeit von Justiz und Polizei nicht sichergestellt werden kann, wird es keine zügigeren Ermittlungsverfahren geben können, und damit würde die beabsichtigte Wirkung eines tatsächlich besseren Schutzes durch Verurteilung der Täter nicht eintreten können. Wenn schon Gesetze verschärft werden, darf es auf keinen Fall nur bei Ankündigungen der Politik bleiben. Das Vertrauen der Betroffenen, eben auch der zahlreichen

Mandatsträgerinnen und Mandatsträger in eine verbesserte Handlungsfähigkeit der Justiz darf nicht enttäuscht werden.

Da Hass und Hetze im Netz gravierende Auswirkungen auf unsere Demokratie und das Meinungsklima in Deutschland haben können, müssen Polizei und Staatsanwaltschaften sie mit hoher Priorität verfolgen. Wenn Ermittlungen von Äußerungsstraftaten vermehrt nicht mehr einfach eingestellt werden, unterstreicht das diese Priorität. Gute Erfahrungen sind mit der Einrichtung spezialisierter Stellen für Hatespeech bei den Staatsanwaltschaften gemacht worden, so zum Beispiel mit der Zentralstelle zur Bekämpfung der Internetkriminalität (ZIT) bei der Generalstaatsanwaltschaft Frankfurt am Main oder der Zentralstelle für Hasskriminalität bei der Generalstaatsanwaltschaft in Köln. Zu Recht fordert der Oberstaatsanwalt Benjamin Krause von der Zentralstelle in Frankfurt einen Kulturwandel zum Thema Hatespeech. Hasskriminalität im Netz dürfe nicht wie Kleinkriminalität behandelt werden, sondern betreffe die Rechtsgüter der Opfer viel intensiver als eine auf der Straße ausgesprochene Beleidigung.[92] Diese Beurteilung muss sich in allen Bundesländern durchsetzen. In Bayern gibt es seit Anfang 2020 einen Hatespeech-Beauftragten, nach dessen erster Jahresbilanz es 1648 Verfahren wegen Hassreden gab, davon 1251 gegen bekannte Beschuldigte und 397 gegen Unbekannt. Gegen 102 Personen erging ein Urteil oder Strafbefehl.[93]

Auf der anderen Seite ist es auch wichtig, die Rechte der Nutzer dahingehend zu stärken, dass sie als Betroffene von Hassmails selbst gegen den Urheber vorgehen können. Ein privater Auskunftsanspruch gegen den sozialen Netzwerkbetreiber im Telemediengesetz ist mit dem Änderungsgesetz hinsichtlich der Mitteilung vorhandener Bestandsdaten konkretisiert worden. Die Kaskade von Gesetzesänderungen in diesem Bereich macht die Rechtslage für den Nutzer im Moment schwer überschaubar und trägt damit noch nicht zu einem Gefühl der Rechtssicherheit und des wirkungsvollen Schutzes gegen Hass im Netz bei. Reichen die bisher getroffenen Maßnahmen aus? Es ist schwer, das Löschen beleidigender Äußerungen oder falscher Behauptungen vollumfänglich durchzusetzen. Wenn sie erst einmal öffentlich im Netz auffindbar waren, können sie auch nach Löschung auf einer Plattform zusammen mit Bildern und dem Zitat der Betroffenen immer wieder neu verbreitet werden. Es ist für den Betroffenen nicht zumutbar und auch nicht leistbar, selbst die sozialen Netzwerke zu beobachten und immer wieder die Löschung zu beantragen. Renate Künast führt deshalb einen Prozess gegen Facebook mit dem Ziel, dass Facebook nicht nur konkrete gemeldete rechtswidrige Beiträge löscht, sondern auch gezielt nach sinngleichen Posts sucht und diese von sich aus ebenfalls aus dem Netz nimmt. Mit ihrer Klage beim Landgericht Frankfurt am Main will sie ein Grundsatzurteil erreichen, das die sozialen Netzwerke zu einem solchen Vorgehen verpflichtet. Der Gerichtshof der Europäischen Union (EuGH) hat einen ähnlichen Fall aus Österreich entschieden. Dabei ging es um Beleidigungen auf Facebook, die das Unternehmen zunächst gar nicht, später nur im österreichischen Raum sperrte. Die Betroffene, die Grünen-Politikerin Eva Glawischnig-Piesczek, forderte jedoch, dass Facebook die Kommentare zum einen weltweit sperrt und zum anderen – wie im Fall von Renate Künast – die eigene Plattform selbst nach wort- und sinngleichen Beiträgen durchforstet.

Das Österreichische Oberste Gericht legte die Sache dem EuGH vor, weil es um die Auslegung der E-Commerce-Richtlinie ging. Seitdem ist eine Frage geklärt: Die Mitgliedstaaten dürfen Plattformbetreiber dazu verpflichten, nicht nur rechtswidrige Äußerungen auf ihrer Plattform zu löschen, sondern auch nach weiteren wort- oder sinngleichen Inhalten zu suchen und diese ebenfalls zu entfernen.[94]

Gesetzlich verpflichtet sind die Netzwerke in Deutschland dazu bisher nicht, es gilt der Grundsatz des »notice and take down«. Das heißt, dass Netzwerkbetreiber auf Meldungen hin offensichtlich rechtswidrige Inhalte entfernen müssen. Letztlich geht es um die grundsätzliche Rolle der sozialen Netzwerke. Stellen sie vor allem die Speicherkapazitäten zur Verfügung und sind technischer Dienstleister oder reicht ihre Verantwortung hinsichtlich der Inhalte deutlich weiter? Facebook zeigt wohl die Bereitschaft, Frau Künast entgegenzukommen und weitere identische Inhalte zu identifizieren. Aber das ist auch ein Fall, der große öffentliche Aufmerksamkeit erregt. Es ist die Aufgabe der Politik, klare Regelungen zu schaffen, die auf der Abwägung aller Aspekte beruhen. Die automatisierte Durchsuchung von Inhalten von den Plattformbetreibern birgt nämlich auch Gefahren. Nach welchen Kriterien erfolgt die Inhaltskontrolle? Die dazu eingesetzten Algorithmen bestimmen in den sozialen Medien die Vorschlagselektion und die Löschpraxis, und es stellt sich grundsätzlich die Frage, wie man diese Vorgänge überprüfen und nachvollziehen kann und ob diese Praxis generell mit den Menschenrechten vereinbar ist. Zu diesen Themen brauchen wir eine intensive öffentliche Debatte, die noch nicht stattgefunden hat.[95] Es sprechen sehr gewichtige Gründe gegen diese Durchsuchungen nach Inhalten durch die Plattformbetreiber, denn das kann zu umfassenden Inhaltskontrollen und Inhaltsbeschränkungen führen. Deshalb muss es dazu eine breite Debatte mit Experten, Betroffenen und der Politik geben.

Die Rechtsstellung der Betroffenen sollte in einem weiteren Punkt verbessert werden. Bleibt nämlich ein Nutzer anonym und reagiert nicht auf die Geltendmachung von Löschungs- und Unterlassungsansprüchen, sollte die Möglichkeit geschaffen werden, die Sperrung seines Accounts einzufordern, damit über dieses Benutzerkonto in Zukunft keine weiteren rechtswidrigen Inhalte verbreitet werden. Da auch der nur vorübergehende Verlust eines Zugangs zu einem sozialen Netzwerk ein tiefer Eingriff in die informationelle Selbstbestimmung ist, bedarf es dazu einer klaren gesetzlichen Grundlage mit eng begrenzten Anforderungen. Das bleibt eine Aufgabe für die nächste Legislaturperiode.

Aber vielleicht wird anstelle von Gesetzesänderungen demnächst eine sehr grundsätzliche Debatte über die deutsche Politik und Gesetzgebung zum Netzwerkdurchsetzungsgesetz geführt werden müssen. YouTube, beziehungsweise die europäische Zentrale des Mutterkonzerns Google hat sich mit einer Klage beim Verwaltungsgericht Köln gegen das Netzwerkdurchsetzungsgesetz gewandt.[96] Der Kläger begehrt die Feststellung, dass bestimmte Maßnahmen dieses Gesetzes gegen Datenschutz-, Verfassungs- und Europarecht verstoßen würden, und wendet sich unter anderem gegen die künftige Weiterleitungspflicht an das Bundeskriminalamt.[97]

Hieraus könnte ein Grundsatzverfahren zu den von Juristen kritisierten deutschen Alleingängen werden. Natürlich geht es dem Unternehmen nicht um juristische Feinjustierung, sondern darum, die Plattformregulierung in Deutschland aus wirtschaftlichen Gründen zu Fall zu bringen.

Umso wichtiger ist die sich in den Beratungen befindende europäische Gesetzgebung mit dem Digital Services Act.

Anzeigeverhalten betroffener Politiker

Die Reaktionen und Erfahrungen betroffener Mandatsträger und -trägerinnen auf Hass und Hetze sind sehr unterschiedlich. Einzelne Beispiele dokumentieren dies.

Der SPD-Kreisrat Herbert Bengler nutzt regelmäßig Facebook, um Informationen aus dem Landratsamt oder den Medien weiterzuverbreiten oder um politische Statements abzugeben. Bengler ist alles andere als ein Scharfmacher. Er bleibt sachlich, wenn er sich auf Diskussionen einlässt. Trotzdem wurde er im Frühjahr 2020, als er klar Stellung gegen Rechts bezog, massiv beleidigt. Er ließ die Sache nicht auf sich beruhen, sondern hat sich erfolgreich zur Wehr gesetzt. Ein Nutzer wurde zu einer »nicht unerheblichen Geldstrafe« verurteilt. Bengler ermutigt auch andere, sich nicht alles bieten zu lassen, und scheut sich nicht, auch weiterhin beleidigende Kommentare bei Facebook zu melden.

Andere wie die Freisinger Grünen-Stadträtin Susanne Günther beklagen, dass die Plattform nicht immer konsequent genug gegen beleidigende Kommentare vorgehe. Auch Günther meldet Beleidigungen an Facebook – in den meisten Fällen jedoch ohne nennenswerten Erfolg. Dagegen reagiere Twitter meist schnell, vor allem bei rechtsextremen Posts. Zu Ermittlungen kam es bei ihr, als Anfang des Jahres 2020 ihr Facebook-Account gehackt wurde, um islamistische Terrorbotschaften abzusetzen. In diesem Fall habe Facebook schnell gehandelt und den Account gesperrt. Die Angreifer konnten allerdings nicht ermittelt werden. In anderen Fällen können die Urheber von Anfeindungen leichter identifiziert werden. Günther berichtet, dass ein Freisinger sie tagelang immer wieder anonym dazu aufgefordert habe, selbst Flüchtlinge bei sich aufzunehmen. Als sie ihn öffentlich entlarvt habe, habe er damit aufgehört.[98] In unseren Gesprächen sagt sie auch, dass die Fahndungsbehörden mehr Unterstützung brauchen, damit diese massiven Attacken, die gewaltverherrlichend sind, ein Ende haben.

Auch Belit Onay, der Oberbürgermeister von Hannover, geht resolut gegen Beleidigungen und Hasskommentare im Netz vor. »Wir bringen das alles zur Anzeige und haben einen guten Austausch mit der Polizei. Sie geht sehr behutsam vor. Dafür bin ich dankbar. Es wird ja häufig kritisiert, die Polizei habe keine Sensibilität, das kann ich für Hannover nicht sagen.« Trotz der guten Zusammenarbeit mit der Polizei beklagt er allerdings, dass die Personen hinter den Hasspostings nur sehr selten ermittelt werden können. Anders sind die Erfahrungen des Münchner Stadtrats Marian Offman. »Keine einzige von mindestens zehn meiner Anzeigen wegen Volksverhetzung war erfolgreich. Alle Ermittlungen wurden eingestellt oder auf Beleidigung reduziert.«

Und die Eichstätter Bezirksrätin Stefanie Kirchner hätte sich mehr Feingefühl und Unterstützung von der Polizei erhofft. Sie war auf offener Straße angegriffen worden und hatte den Vorfall sofort bei der Polizei gemeldet. Sie kritisiert vor allem, dass im Polizeiteam, das sich unmittelbar nach der Tat um sie gekümmert habe, nur eine Frau gewesen sei. »Auch bei der Kriminaltechnik waren nur Männer dabei. Sie mussten meine Kleidung untersuchen und draußen warten, während ich mich umgezogen habe. Das sind Dinge, bei denen man sich als Frau sehr unwohl fühlt.«

Der Bundestagsabgeordnete Helge Lindh aus Nordrhein-Westfalen wurde 2018 und 2019 Opfer von Hackerangriffen. Der Angreifer hatte über Lindhs Facebook- und Twitterprofil rassistische Beiträge abgesetzt. Auch sein Amazon-Konto war betroffen. Das haben die Angreifer benutzt, um »Korane, Hundekotattrappen und weitere Überraschungen« an Lindhs Adresse zu schicken – »bezahlt mit seiner Kreditkarte«. 2019 erhielt er etliche Mails und Briefe, in denen es hieß, er solle gehängt oder geköpft werden. Sein Kommentar: »Irgendwann habe ich mir selbst eine gewisse Naivität verordnet, um mich zu schützen, um nicht paralysiert zu sein.« Im Interview mit »Spiegel Online« sagt er weiter: »Ich habe sofort Anzeige erstattet und den Fall auch dem BKA gemeldet. Seitdem habe ich eine Kontaktperson bei der Polizei, an die ich jeden Vorfall weitergebe. Schwerwiegende Sachen wie die Morddrohungen gehen auch an den Staatsschutz. […] Zunächst müssen natürlich der oder die Täter ermittelt werden. Zweitens geht es aber auch um das Motiv: Was steckt hinter dem Angriff? Das ist ein Angriff auf unsere politische Kultur. Drittens müssen wir Abgeordnete besser geschützt werden. Es kann nicht sein, dass wir nicht mehr wissen, wie wir sicher kommunizieren können. Und der letzte Punkt: Die sozialen Medien müssen bei solchen Attacken schneller reagieren. Bei mir hat es vier Wochen gedauert, bis ich wieder Zugriff auf mein privates Mailkonto hatte. Vier Wochen war der Account also in fremder Hand.«[99]

Sein Kollege Karamba Diaby, der Bundestagsabgeordnete aus Halle, geht nach einer ersten juristischen Einschätzung gezielt gegen Beleidiger vor. Verdächtige Beiträge lässt er von einer Juristin in seinem Team prüfen. Oft genug kommt diese zum Ergebnis, dass der Inhalt, so verletzend er auch sein mag, nicht strafbar sei. In diesem Fall verzichtet er auf eine Anzeige. »Wenn sie aber sagt ›O ja, das ist genug!‹, erstatten wir Anzeige. Leider kommt meistens nichts dabei heraus.« Unterstützt wird Diaby auch vom Verein HateAid, der ebenfalls prüft, ob grenzwertige Beiträge zur Anzeige gebracht werden sollen oder nicht.

Schlussfolgerung

Die geschilderten Einzelerfahrungen legen einen Schluss nahe: Es ist richtig, die Polizei einzuschalten und sich nicht deswegen davon abhalten zu lassen, weil die Erfolgsaussichten unsicher und tendenziell gering sind. Es kommt zwar häufig zu Verfahrenseinstellungen, aber es gibt auch Verurteilungen, sogar zu Freiheitsstrafen. Beleidigungen öffentlich zu machen, fällt auf den oder die Täter zurück. Wird ein Täter enttarnt, kann auch das künftigen Hassmails vorbeugen. Es wird Solidarisierungen geben, verbale Unterstützung, und dem Gefühl, allein mit diesen Drohungen zu sein, wird entgegengewirkt. Dass Politikerinnen und Politiker generell ein dickes Fell haben müssten und es zum Job gehöre, beleidigt und bedroht zu werden, ist falsch. Das gehört nicht zur Normalität in einem demokratisch verfassten Rechtsstaat. Kein Politiker sollte auf seine Rechte verzichten. Sich nicht über jeden Brief, jede Mail, jeden Post aufzuregen, kann dennoch hilfreich sein und schont die Nerven. Die »unangenehmen« Nutzer oder Wutbürger berufen sich natürlich auch vehement auf die Meinungsfreiheit und sehen in allen Reaktionen der Betroffenen und des Staates ein Meinungsdiktat, eine Zensur und Unterdrückung. »Merkel-Diktatur«-Schilder werden bei entsprechenden Demonstrationen gerne hochgehalten. Das mutet schon seltsam bis irrwitzig an. Für sich in Anspruch zu nehmen, unbegrenzt rumpöbeln und wüten zu dürfen, und jede Erwiderung, Kritik und Richtigstellung falscher Sachverhalte als Willkür abzutun, zeugt von einseitiger Uneinsichtigkeit. So reagieren »Glaubenskrieger«, nicht mündige Bürger mit Verantwortungsbewusstsein.

Was man tun muss und tun kann

Individuelle Reaktionen

Wie ist die erste Reaktion, wenn sich Hassmails im Posteingang finden oder wenn ein als beleidigend empfundener Tweet oder Post mit weiteren Kommentaren garniert an Mandatsträger adressiert wird? Emotional möchte man sofort »zurückschlagen«. Man möchte das nicht auf sich sitzen lassen und falsche Behauptungen korrigieren. Wer ist man denn, sich so etwas bieten lassen zu müssen?

Aber hat dann nicht der Absender genau das erreicht, was er wollte? Betroffenheit auslösen, Reaktionen verursachen, die zur Gegenrede herausfordern – und die Spirale der unendlich sich hochschraubenden verbalen Enthemmung ist in Gang gesetzt.

Das wird in den meisten Fällen mit der Hetze bezweckt, und deshalb ist die spontane Empörungsantwort nicht ratsam. Auch wenn die Gefühle angesichts der unübersehbaren Verletzungsabsicht und Niedertracht tief verletzt werden, darf der »kühle« Kopf nicht ausgeschaltet werden. Rationales Reagieren heißt auch, dass man versuchen sollte, Distanz zu gewinnen, in Ruhe nachzudenken und Rat einzuholen.

Eines sollte man bei allem Ärger nicht tun: Mit denselben Waffen arbeiten, indem die Angreifer mit Namen oder Fotos an den Pranger gestellt werden. Auch sie haben Persönlichkeitsrechte, und wer diese verletzt, kann dafür selbst rechtlich belangt werden. Die Rechtfertigung, der andere habe angefangen, schützt nicht vor Strafe, eine klassische Notwehrsituation liegt nicht vor.

Hat der Absender seinen richtigen Namen angegeben, kann eine kurze nüchterne Antwort, man habe die Mail an die Polizei weitergeleitet, die sachliche Distanz und Einschätzung des Absenders gut zum Ausdruck bringen und vielleicht eine Fortsetzung verhindern. Falls es offensichtlich kein strafbarer Inhalt ist, kann man die Nachricht auch einfach ignorieren und ohne große Umstände zur Tagesordnung übergehen.

Häufig stellt sich die Frage, ob der Urheber von Hassmails überhaupt zu einer sachlichen Debatte bereit ist. Der Text seiner Nachrichten liefert für die Beantwortung dieser Frage oft kaum Anhaltspunkte. Manche unflätigen Schreiber werden bei sachlicher Antwort umgänglicher, andere legen noch eine Schippe drauf. Das ist nicht vorhersehbar. Manche Politiker haben die Erfahrung gemacht, dass sie bei einer Kontaktaufnahme mit dem Schreiber auf einen sehr verunsicherten Menschen trafen, der sich eine Begegnung nicht hatte vorstellen können und erschrocken war, als er den zuvor noch wüst beschimpften Politiker plötzlich vor seiner Haustür stehen sah. Ob es in solchen Fällen zu einer wirklich sachlichen Diskussion kommt, ist aber keineswegs ausgemacht. Nicht selten mangelt es an jeder Einsichtsbereitschaft und -fähigkeit.

Sich einmal einfach mit dem Absender auszusprechen, kann deshalb nicht allgemein empfohlen werden. Wenn keinerlei Bereitschaft da ist, auch andere Meinungen anzuhören und nicht sofort zu verdammen, kann es zu keinem inhaltlichen Gespräch kommen.

Nadine Schön versucht mit ihrem Büro, viele kritische und negative Reaktionen zur geschlechtersensiblen Sprache und zur Quote zu beantworten. Sie lässt sich nicht davon abbringen, auch damit etwas erreichen zu können. Manche sind froh, überhaupt eine Antwort zu bekommen. Manche entschuldigen sich, manche haben nur aus Wut geschrieben und erwarten keine Antwort.

»Leider werden per Telefon meine Mitarbeiterinnen und Mitarbeiter in meinem Berliner Büro beschimpft. Das finde ich besonders schäbig. Wenn, dann sollen die Verfasser ihre Wut an mir auslassen, aber nicht auch noch meine Mitarbeiter beleidigen und als Blitzableiter benutzen«, fordert Nadine Schön.

Bei ausfälligen und aggressiven Kommentaren im Netz, die die Empfänger tief verletzen und bei Politikern wegen eines aktuellen Themenbezuges auch einen Shitstorm auslösen können, handelt es sich um die wirklich gravierenden Fälle. Wenn es wütende Reaktionen auf die Flüchtlings-, Klima- oder Europapolitik eines Mandatsträgers gibt, sind diese immer wieder mit Drohungen oder miesen Vorwürfen und häufig auch mit falschen Fakten verbunden.

Die Studie der Heinrich Böll Stiftung »Beleidigt und Bedroht« hat sich mit den persönlichen Umgangsweisen und Erfahrungen der Kommunalpolitikerinnen und -politiker befasst und schildert die individuellen und institutionellen Lösungsansätze. Große Übereinstimmung bei den unterschiedlichen Kontexten von Beleidigungen und dem unterschiedlichen Grad individueller Betroffenheit findet sich in der Überraschung, selbst betroffen zu sein. Die Politikerinnen und Politiker haben damit einfach nicht gerechnet. Nachdem inzwischen die Bedrohungen zugenommen haben, kann man sich zwar theoretisch vorstellen, auch betroffen zu sein, aber wenn dies dann eintritt, ist man doch zunächst verwundert.[100]

Dennoch reagieren die meisten gelassen und neigen nicht zu Überreaktionen. Die Bundestagsabgeordnete Nadine Schön, die nach Äußerungen zu Flüchtlingen mit Mails sexistisch beleidigt wurde, versucht, diese Gehässigkeiten nicht an sich herankommen zu lassen und nicht in die Familie zu tragen. Als Bundestagsabgeordnete ist das mit Mitarbeitern im Büro in Berlin leichter möglich. Das Team ist gewissermaßen »der erste Filter«, der verhindert, dass der Abgeordneten jeder Unfug zur Kenntnis gebracht wird. So kann man sich auf die Nachrichten konzentrieren, die neben der üblichen Anmache und den unflätigen Äußerungen womöglich ein zusätzliches Bedrohungspotenzial enthalten.

Auf kommunaler Ebene ist das häufig anders. Die örtliche Nähe und manchmal auch der Umstand, dass man den Täter persönlich kennt, wiegen schwer, belasten und verändern das Verhalten.

Die Landtagsabgeordnete Petra Berg hat unter anderem durch ihren Bürgermeisterwahlkampf auch Erfahrung mit der kommunalen Ebene. Für sie ist der bewusste Umgang mit den sozialen Netzwerken entscheidend. Vor allem Kommunalpolitiker, die keinen großen Mitarbeiterstab haben und auf sich selbst gestellt sind, warnt sie vor unbedachten, spontanen Äußerungen, denn diese haben häufig unabsehbare Folgen. Um gewappnet zu sein, empfiehlt sie unter anderem Schulungen, »bei denen man lernt, Grundsätze aufzustellen. Einer davon ist: Wenn man in der Politik tätig ist, sollte man unbedingt seine Privatsphäre schützen, weil man dort am verletzlichsten ist. Sobald es Anfeindungen oder Drohungen gegen die Familie – Kinder, Partner – gibt, muss man sich ernsthaft überlegen, ob man weiterhin in der Politik bleiben will.«

Auch dem Drängen von Medien nach Homestorys sollte nicht einfach nachgegeben werden. Noch wichtiger ist, von sich selbst nichts Privates in den sozialen Medien preiszugeben, so sehr es auch reizt, sich mit der Familie bei der Radtour, beim Schwimmen oder auf dem Oktoberfest zu zeigen. Dafür wird man nicht gewählt, bietet aber viele Angriffsflächen für Anfeindungen oder Drohungen.

Man mag es nicht glauben, aber Beleidigungen kommen auch aus der eigenen Fraktion oder Partei. Und dann ist es erst recht schwierig, Distanz zu wahren. Die Verletzungen gehen dann einher mit Vertrauensverlust und Entfremdung innerhalb der eigenen Gruppe und verhindern, dass man weiterarbeiten kann wie bisher. Beleidigungen finden nicht im luftleeren Raum statt, sondern sind in ein politisches, soziales und persönliches Umfeld eingebunden. Diese Beleidigungen gibt es nicht nur im Netz, sondern auch in der direkten Auseinandersetzung, in Sitzungen im Gemeinderat, in der Fraktion oder auch öffentlich in Veranstaltungen.

Marian Offman hat das alles erlebt, angefangen beim Ärger in der eigenen Fraktion, in der CSU, die er nach jahrzehntelanger Mitgliedschaft verlassen hat, um sich der SPD anzuschließen. Er kennt Beleidigungen per Post und E-Mail. Ebenso kennt er die direkte Konfrontation auf der Straße wegen seines jüdischen Glaubens. Feindselig angegangen wurde er auch wegen seiner Position zur Flüchtlingsfrage und wegen seines Einsatzes für eine muslimische Begegnungsstätte in München. Dass er allen Angriffen standhielt und nie ans Aufgeben dachte, hängt entscheidend mit seinen politischen Zielen zusammen. »Ich lebe in

Deutschland, weil ich mich mit aller Kraft mein Leben lang dafür einsetzen werde, dass sich die Shoa oder Ähnliches nicht wiederholt. Dem widme ich meine ganze Energie und da kann ich nicht aufhören. Ich weiß, dass ich da viele nichtjüdische Deutsche an meiner Seite habe, die das genauso sehen wie ich. Und dass die Gefahr besteht, sehen wir tagtäglich überall auf der Welt, immer wieder. Der Antisemitismus war nach 1945 immer in Deutschland präsent, in unterschiedlichen Formen, und in allen Bevölkerungsbereichen. Und heute erleben wir ihn besonders in der Form des israelbezogenen Antisemitismus. Heute bekennen sich Menschen ganz offen dazu. Dass die Nazis jetzt in allen deutschen Parlamenten sitzen, ist ein Alarmsignal. Aber sie sitzen natürlich auch in Parlamenten der europäischen Mitgliedstaaten und im Europäischen Parlament.«

Die persönliche Einstellung kann man nicht generalisieren, aber sie kann ein Beispiel geben, sich immer zur eigenen Haltung zu bekennen und sich nicht zu verbiegen. Dass das nicht allen gefällt, liegt nahe. Aber es ist die Auseinandersetzung, die unsere Demokratie braucht. Mit offenem Visier, klarer Ansage und der Bereitschaft zum Streit – ohne Beleidigung und Bedrohung, nicht anonym und feige versteckt. Das kann hoffentlich vielen als Vorbild dienen und Anreiz zu Solidarität und Unterstützung sein.

Meistens ist es der familiäre Rahmen, in dem man zuerst nach Unterstützung und Rat sucht. Aber es gibt auch immer wieder Einzelkämpfer, die das mit sich selbst ausmachen und gerade ihre Familie oder Freunde nicht damit belasten wollen.

Diesen Ansatz hat auch Petra Berg. Sie legt großen Wert darauf, dass ihre Accounts »quasi familienfrei« sind, und hält ihren Mann und ihre Kinder auch aus der Wahlwerbung heraus.

Hassnachrichten, Beleidigungen und Drohungen werden häufig in der eigenen Partei oder in der Fraktion besprochen. Für Belit Onay waren die Ratschläge von Parteifreunden wie Claudia Roth, Renate Künast und Cem Özdemir sehr wichtig und hilfreich.

Stefanie Kirchner hat in ihrer Partei Die Linke große Unterstützung gefunden. Nachdem sie Opfer eines tätlichen Angriffs geworden war, haben sich vor allem Sympathisanten für sie stark gemacht. Neben einer Kundgebung wurde auch eine Mahnwache organisiert, bei der Redner aus verschiedenen Parteien sprachen. Diese Solidarität habe sie darin bestärkt, sich nicht unterkriegen zu lassen. In solchen Situationen geht es nicht um Parteipolitik, sondern um einen Schulterschluss über die Parteigrenzen hinweg.

Eine weitere Strategie besteht darin, ein stärkeres gesellschaftliches Bewusstsein für das Problem der Gewalt gegen Mandatsträgerinnen und Mandatsträger zu schaffen, indem man trotz der persönlichen Betroffenheit an die Öffentlichkeit geht und die Verrohung der politischen Auseinandersetzungen ausdrücklich thematisiert. Das hat Stefanie Kirchner geholfen. Die Angst »ist weniger geworden. Dass ich damit an die Öffentlichkeit gegangen bin, hat mich gestärkt. Ich hoffe und denke für mich, es schreckt diese Täter ab. Je mehr sie in den Fokus geraten, desto größer ist für sie die Gefahr, gefasst zu werden.«

Nach Auffassung von Timo Evans, der während seines Kommunalwahlkampfes in Kassel mit einem Telefonanruf Morddrohungen für sich und seine Familie erhielt, sollte die Öffentlichkeit viel stärker über die Bedrohung von Politikerinnen und Politikern informiert werden. Die Polizei habe ihm empfohlen, an die Öffentlichkeit zu gehen und die Presse zu informieren, da mit belastbaren Ermittlungsergebnissen kaum zu rechnen sei. Unterstützung aus der Politik und der Zivilgesellschaft hilft gegen die Angst, allein gegen einen nicht fassbaren Feind dazustehen, und zieht in der Öffentlichkeit auch eine Art Brandmauer gegen die Fortsetzung der Bedrohungen hoch. Wer Öffentlichkeit erzeugt, kann Täter abschrecken. Und im günstigsten Fall bringt es den einen oder anderen Verfasser von Hassnachrichten sogar zum Umdenken. Auch Vanessa Gattung von der SPD hat die Morddrohungen gegen sie öffentlich gemacht und hält das für die richtige Entscheidung. Sie bekam aus allen demokratischen Parteien in Papenburg Unterstützung. Durch die Solidarität der Kolleginnen und Kollegen wurde ihr unglaublich viel Last von den Schultern genommen. Wir sind mehr, lautet ihre Botschaft.

Eine starke Solidarisierung hat auch Belit Onay erfahren. Nach den Anfeindungen, denen er in den sozialen Netzwerken ausgesetzt war, meldete sich nicht nur Ministerpräsident Stephan Weil zu Wort, sondern auch der Städtetag und die Fraktionsvorsitzenden aus dem Landtag. Auch die Medien griffen den Fall auf. Die Tagesschau hatte sogar eine Art Faktencheck aufgelegt, um mit den ausländerfeindlichen Vorurteilen gegen den türkischstämmigen Politiker aufzuräumen.

Man darf aber nicht übersehen, dass die Veröffentlichung von Hassnachrichten durchaus zwiespältig ist. Schließlich müssen die Betroffenen etwas sehr Persönliches preisgeben, und das ist vielen unangenehm, wie die Interviews der HBS-Studie belegen. Sie wollen sich nicht auf dem öffentlichen Präsentierteller wiederfinden.

Daraus ziehen manche Politiker die Konsequenz, ihre Aktivitäten in den sozialen Medien zu reduzieren, sogar den Facebook- oder Twitter-Account aufzugeben, um keine neuen Angriffsflächen zu bieten. So erklärte es Stefanie Kirchner. Nach dem Angriff auf sie hatte sie sich zunächst vollkommen aus der Öffentlichkeit zurückgezogen, um sich zu besinnen, zu erholen und über die künftige Kommunikationsstrategie nachzudenken. Sie ist danach motiviert wieder zurückgekehrt und macht erst recht weiter.

Für Nadine Schön kam nie in Betracht, sich aus den sozialen Medien zurückzuziehen. Ihre Facebook-Live-Veranstaltungen sind immer wieder von Beschimpfungen, Sexismus und Hass geprägt. »Da kann man wirklich die Freude am Gespräch verlieren, denn es kann gar kein inhaltlicher Austausch stattfinden«, bilanziert sie, resigniert aber dennoch nicht und lässt sich nicht demotivieren.

Petra Berg macht sich viele Gedanken, wie sie mit dieser Entwicklung umgehen soll. Vor allem erhofft sie sich, dass unbeteiligte User, die Einblick in die beleidigenden Statements der Pöbler haben, klar dagegen Stellung beziehen. Schließlich sei das der Grund, wieso man Hasspostings nicht gleich löscht. Die Angriffe lassen einen nicht kalt. Das haben alle unsere Gesprächspartnerinnen und Gesprächspartner so empfunden, unabhängig davon, wie cool und reflektiert sie auch reagiert haben. Und genau das ist es, was berechtigte Sorge um unsere Demokratie auslöst.

Allgemeine Strategien

Das eine Patentrezept im Umgang mit Hass und Hetze gegen Mandatsträger gibt es nicht, wie die Schilderungen der befragten Politiker zeigen. Aus Studien, Umfragen und aus ihren Berichten können aber einige allgemeine Empfehlungen hergeleitet werden.

Beleidigungen und Bedrohungen sollten unbedingt ernst genommen werden. Ein Austausch, individuelle Beratung und eine erste juristische Einschätzung helfen bei der Einordnung, ob und welche Reaktion die angemessene ist.

Zur Prävention gehört, dass Politik und Privatleben bestmöglich getrennt werden, auch in Posts, Tweets und anderen Äußerungen. Denn wenn es um die Familie, um die Kinder, um persönliche Vorlieben geht, zeigt man auch die größten Schwächen, macht sich angreifbar, und die Verletzungen gehen tief.

In Onlinediskussionen wird man Menschen nur schwer überzeugen können. Es ist eine weit verbreitete Fehlannahme, dass man unbedingt die Hassredner von ihrer Meinung abbringen muss. Das wird in den sozialen Medien nicht gelingen. Viel wichtiger ist es, die Internetnutzer zu erreichen, die mitlesen.

Deshalb sollte man an der eigenen Debattenkultur arbeiten, um ein möglichst sachliches Diskussionsklima herzustellen, in dem auch andere Meinungen respektiert werden, wenn sie in sachlichem Ton vorgebracht werden.[101]

Für Trolle und Rüpel ist es dann schwieriger, denn sie brauchen die Aggression, die von dem Fehlen ihrer Argumente ablenkt. Das erfordert aufseiten der Betroffenen natürlich eine große innere Gelassenheit und ein dickes Fell.

Was den konkreten Umgang mit Beleidigungen und Bedrohungen angeht, so lassen sich einige Handlungsempfehlungen geben, die für die Opfer hilfreich sind, so unterschiedlich ihre Fälle im Einzelnen auch gelagert sein mögen.

Professionelle Hilfe suchen

Neben technischen und rechtlichen Hilfen wird leicht vergessen, was Beleidigungen und Hass bis hin zu Morddrohungen mit den Opfern machen. Das kann über längere Zeit zu Panik- und Angstzuständen und zu emotionalem Stress führen. Betroffene Politikerinnen und Politiker fühlen sich hin- und hergerissen zwischen ihrer wichtigen Aufgabe im Dienst unserer Demokratie und der Sorge um das Wohlergehen ihrer selbst und ihrer Familie. Jeder reagiert anders, manche sind gelassen, andere überfordert. Da ist es naheliegend, sich professionelle Hilfe zu holen, vielleicht auch psychologische Betreuung.

Blocken, ignorieren, Account löschen

Die Blockier-Funktion von sozialen Medien erlaubt es, dass andere User nicht mehr mitlesen können und man selbst auch nichts von ihnen bekommt. Das baut Abstand auf, wirkt entspannend, verbannt einen aber in seine eigene Echokammer. Einen Versuch ist es dennoch wert angesichts der Tatsache, dass viele Hassredner gerade nicht an einem gepflegten Austausch interessiert sind.[102]

Das Blocken von Störern sollte in Erwägung gezogen werden, wenn es sich um aggressive Äußerungen einzelner User im Rahmen größerer Debatten handelt. Niemand muss sich mit rassistischen, frauenfeindlichen oder anderen beleidigenden Äußerungen beschimpfen lassen, die häufig von anonymen Fremden stammen. Es ist zwar keine langfristig zufriedenstellende Option, weil es das Problem nicht löst, aber es gibt Zeit zum Durchatmen.

Ob man nach massiven Anfeindungen den eigenen Account löscht und sich komplett aus jeglicher Kommunikation in den sozialen Medien zurückzieht, ist eine individuelle Entscheidung. Das kann in einer besonderen Situation wie mit persönlichen verletzenden Angriffen hilfreich sein, aber vielleicht nur für einen vorübergehenden Zeitraum. Es spielt auch eine Rolle, wie intensiv man die verschiedenen Angebote von Instagram bis TikTok selbst nutzt. Die Sorge, bei einem Rückzug aus den sozialen Medien nicht mehr politikfähig zu sein, sollte man sich nicht machen. Fast alle Mandatsträger sind in eine Gruppe, Partei oder

Fraktion eingebunden, die digital kommuniziert. Politik kann auch einmal ohne eigene Accounts gemacht werden. Das ausschließliche Ignorieren hängt von den besonderen Umständen ab. Bei eher allgemeinen herablassenden Äußerungen, die nicht offenkundig unter einen Straftatbestand fallen, kann es angeraten sein, nicht über jedes Stöckchen zu springen, das unbekannte Angreifer hinhalten. Eine allgemeine Empfehlung für den grundsätzlichen Umgang mit den vielfältigen Formen der digitalen Kommunikation ist das indes nicht.

Melden beim sozialen Netzwerk oder bei der Polizei

Auf keinen Fall sollte das Opfer bei strafrechtlich relevanten persönlichen Beleidigungen oder volksverhetzenden Äußerungen die Sache auf sich beruhen lassen, um nicht noch mehr Zeit und Nerven aufwenden zu müssen. Die sozialen Netzwerke und auch die meisten Foren und Kommentarbereiche bieten eine Funktion an, mit der sich Inhalte melden lassen, die nach einer ersten Einschätzung gegen die Richtlinien der jeweiligen Plattform verstoßen. Facebook hat mit dem Löschen des Accounts von Donald Trump bis Ende 2023 gezeigt, dass das Aufrufen zum Sturm auf das Kapitol in Washington Anfang 2021 nach verlorener Wahl nicht geduldet wird. Von dieser symbolträchtigen Maßnahme in einer Extremsituation sollte aber nicht darauf geschlossen werden, dass Facebook immer sehr großzügig mit Löschungen nach den eigenen Communitystandards umgehen wird. Außerdem ist nicht Donald Trump der Maßstab für den Umgang mit hetzerischen Posts, sondern es ist der Rechtsstaat mit seinen Regeln. Die Löschung eines Accounts bedarf einer eindeutigen Rechtsgrundlage, die nur in eingeschränktem Umfang diesen weitreichenden Eingriff in das Kommunikationsverhalten ermöglicht. Es ist eine Ausnahme und nicht die Regel.

Für die unternehmerische Entscheidung der Betreiber sozialer Netzwerke zählt sehr, wie sich das Löschen auf das Geschäftsmodell der werbegetriebenen Plattform auswirkt. Das Geschäft mit den personenbezogenen Daten und die Gier nach immer mehr Daten und immer neuen Angeboten stehen dem Anliegen einiger User nach einem besseren Schutz ihrer Persönlichkeit entgegen. Deshalb ist ganz wichtig, dass zusätzlich zur eigenen Meldefunktion der sozialen Netzwerke die Opfer auch nach dem Netzwerkdurchsetzungsgesetz offensichtlich rechtswidrige Inhalte an die sozialen Netzwerke melden können. Wie bereits ausgeführt, unterliegen die Plattformbetreiber ab zwei Millionen Nutzern der Verpflichtung, offensichtlich rechtswidrige Inhalte innerhalb einer kurzen Frist zu löschen, was bei Verstößen gegen die eigenen Standards nicht der Fall ist.

Mehr Druck wird auf die Diensteanbieter ausgeübt, wenn man sich auch an eine Beschwerdestelle wendet, die dann nach vorläufiger Prüfung die Meldung an das Netzwerk weiterleitet. Dazu gibt es zum Beispiel die gemeinsame Internetbeschwerdestelle von der »Freiwilligen Selbstkontrolle Multimedia-Diensteanbieter (FSM) e.V.« und »eco – Verband der Internetwirtschaft e.V.«, die eingehende Beschwerden zunächst juristisch prüft. »Wenn der gemeldete Inhalt gegen die einschlägigen Jugendmedienschutzgesetze bzw. einschlägigen Strafgesetze verstößt, können die Betreiber von Internet-Beschwerdestelle.de weitere Schritte einleiten: Der Inhalte-Anbieter wird direkt aufgefordert, den Inhalt abzuändern bzw. der Host-Provider gebeten, die Entfernung des Inhaltes zu veranlassen. In gravierenden Fällen kann die Beschwerde in anonymisierter Form auch direkt an die zuständige staatliche Stelle weitergeleitet werden. Beschwerden über illegale Online-Inhalte, die nicht auf einem Server in Deutschland liegen, leiten eco und FSM an die zuständige INHOPE-Hotline weiter.«[103] Es gibt weitere Initiativen mit einem ähnlichen Angebot, die im Anhang aufgeführt sind.

Hassmails dokumentieren und Beweise sichern

Für ein juristisches Vorgehen müssen die Inhalte als Beweise gesichert werden. Das geht am besten mit Screenshots, auf denen der Name der Plattform, das Datum und der Name der Verfasser klar erkennbar sind. Da der Kontext eine wichtige Rolle bei der strafrechtlichen Bewertung der Äußerungen spielen kann, sollte gegebenenfalls eine komplette Kommentarspalte gespeichert werden. Falls es zu einem Prozess kommt, kann das Opfer den Hergang der Auseinandersetzung darlegen und beweisen, dass der Verfasser provoziert hat. Auch die Beschwerdestellen brauchen diese Dokumentation für ihre Prüfung. Bei anonymen oder pseudonymen Verfassern können auch Hinweise auf verlinkte Websites mit Angriffen auf andere Personen Anhaltspunkte für die Identität liefern.

Je mehr Informationen zusammenkommen, umso größer sind die Chancen für ein erfolgreiches Gerichtsverfahren. Die Behörden, die die Identität der Täter feststellen und Beweise sichern müssen, tun sich mit ihren Ermittlungen viel leichter, wenn sie auf gesicherte Informationen zurückgreifen können.

Ermittlungsverfahren einleiten

Beweise sichern, Sachverhalte dokumentieren und sich über Rechtsbehelfe erkundigen – das sind wichtige Schritte für die Entscheidung, ob wegen des Hasses im Netz Gerichtsverfahren, vielleicht mit anwaltlicher Beratung, eingeleitet werden sollen. Denn es geht für die Opfer darum, endlich nicht mehr beleidigt und belästigt zu werden. Sie wollen Erfolg mit der Löschung der beleidigenden Inhalte und bei Straftaten mit der Verurteilung der Täter haben, um endlich wieder ohne immer wiederkehrende Bedrohungen Politik machen zu können. Der SPD-Kreisrat aus Freising, Herbert Bengler, hat sich für eine Anzeige entschieden, als die Beschimpfungen aus dem Ruder liefen. Der Verfasser der beleidigenden Nachricht konnte ermittelt und zur Rechenschaft gezogen werden, was letztlich aber vor allem dem Umstand zu verdanken war, dass er seine Nachricht nicht gelöscht hatte.

Die Anzeigeerstattung kann online erfolgen (https://online-strafanzeige.de), was für die Betroffenen zweifellos eine Erleichterung darstellt, auf das folgende Ermittlungsverfahren hat man dann selbst aber keinen Einfluss. Die Polizei leitet Ermittlungen ein, die nach bisherigen Erfahrungen erfolgreich sein können, häufig aber eingestellt werden. Auch wenn es politisch gewollt ist, den Ermittlungen bei Hasskriminalität größere Priorität einzuräumen, ist es äußerst fraglich, ob das mit der personellen und technischen Ausstattung der Polizei und Staatsanwaltschaften gelingen kann. Da nach den Änderungen des Netzwerkdurchsetzungsgesetzes rechtswidrige Inhalte an das Bundeskriminalamt gemeldet werden müssen, wird mit Meldungen in sechsstelliger Höhe gerechnet.

Deshalb ist es richtig, dass sich betroffene Politikerinnen und Politiker Gedanken über zivilrechtliche Schritte machen, die darin bestehen könnten, den Angreifer mit einer Unterlassungserklärung abzumahnen und ihn zu verklagen, wenn er sich weigert, diese Erklärung zu unterschreiben. Am besten schaltet man dazu einen erfahrenen Anwalt für Medien- oder Persönlichkeitsrecht ein. Dieser Weg zum Löschen eines rechtswidrigen Inhalts kann durchaus erfolgversprechend sein – allerdings nur, wenn der Angreifer bekannt und erreichbar ist. Dessen Anonymität ist für das Opfer und die Gerichte das größte Problem. Mit einem Auskunftsanspruch gegen den Plattformbetreiber zur Herausgabe der IP-Adressen des Angreifers kann es gelingen, diesen zu identifizieren, sofern dieser keine Anonymisierungstools wie den Tor-Browser oder VPN-Dienste verwendet. Das alles kann dauern und ist mühsam. Deshalb sollten die großen Plattformbetreiber wie Facebook sich bereit erklären, mit der Justiz zu kooperieren.

Immer wieder gibt es floskelhafte Ankündigungen der Unternehmen, die Rechte der Nutzer zu stärken, in der Realität ist das nicht selten ein trauriges und dunkles Kapitel. Die globalen Konzerne machen ihr Milliardengeschäft mit den personenbezogenen Daten der Nutzer. Auf ihrem Rücken darf nicht auch noch das Löschen rechtswidriger Inhalte ausgetragen werden. Diese Verantwortung ist noch nicht bei den Konzernen angekommen, mit deren sozialen Netzwerken, Chatrooms, Kommentarbereichen und Websites die Prangerwirkung für Tausende Mandatsträger und Millionen Nutzer erst ermöglicht wird.

Keine Zeit verlieren

Wenn Mandatsträger im Internet bedroht und angegriffen werden und sie das nicht ignorieren wollen, dann sollten sie keine Zeit verlieren und schnell aktiv werden. Das erleichtert die Beweissicherung und die Aufklärung. Es ist eine klare Ansage an den Angreifer, dass man sich nichts gefallen lässt. Und dann ist die Chance da, von den Providern die IP-Adressen zu bekommen, die nur relativ kurz dort gespeichert werden.

Weil die Bedrohungen und Beschimpfungen zu Angst und Verunsicherung, bisweilen auch zu gesundheitlichen Beeinträchtigungen der Mandatsträger führen können, ist möglichst schnelle professionelle Beratung sehr hilfreich. Erklärungen zu finden, über angemessene Verhaltensweisen nachzudenken und mit Angst und Unsicherheit nicht allein zu bleiben, kann auch mit psychologischem Rat leichter gehen. Beratung und professionelle Unterstützung sind ein wichtiger Rückhalt für das weitere politische Engagement und ermutigen die Betroffenen weiterzumachen, wenn Zweifel sie überkommen.[104]

Unterstützung aus der Zivilgesellschaft

Die Unterstützung der Zivilgesellschaft, nicht nur des eigenen persönlichen und parteipolitischen Umfelds, stärkt die betroffenen Politikerinnen und Politiker sehr.

Deshalb sollten sich viele Menschen solidarisch mit von Hassrede Betroffenen zeigen. Das ist gar nicht schwierig. Wenn Menschen in den eigenen Netzwerken direkt angegriffen werden, kann man einfach eine Nachricht schreiben und Hilfe anbieten – unabhängig davon, ob Verwandte, Freunde oder entfernte Bekannte betroffen sind. Auch in Kommentarspalten kann man seine Solidarität zum Ausdruck bringen.

Ein besonderer sprachlicher Schliff ist dazu nicht erforderlich. Viel wichtiger als die literarische Qualität ist, dass man menschenfeindliche Statements nicht unkommentiert stehen lässt. Denn wenn der Widerspruch ausbleibt, fühlen sich die Hassredner bestätigt.

Ähnliches gilt für falsche Tatsachenbehauptungen. Als mitlesender User tut man gut daran, nach Belegen und Quellen zu fragen, wenn einem ein bestimmtes Statement suspekt erscheint. So hilft man mit, Falsches zu enttarnen oder zumindest aufzuzeigen, dass die überprüften Behauptungen oft nicht viel mehr als heiße Luft sind und auch nicht dadurch richtig werden, dass man sie zu »alternativen Fakten« umdeutet.

Unterstützung zeigt sich auch durch kleine Gesten. Sehr berührend ist die Geschichte von einer Begegnung, über die Belit Onay erzählt. Einige Tage nach seinem Wahlerfolg sprach ihn eine ältere Dame an der

Ampel an. »Sind Sie nicht der neue Oberbürgermeister, der gerade den Wahlsieg errungen hat?« Da sie eher unfreundlich wirkte, erwartete Onay einen negativen Kommentar. Doch der erste Eindruck täuschte. Die Dame fuhr fort: »Ich habe Sie zwar nicht gewählt, aber ich finde es gut, dass Sie gewählt wurden. Machen Sie was draus. Ich wünsche Ihnen viel Erfolg.« Onay bezeichnet die Begegnung als ein Schlüsselerlebnis. Es habe ihm gezeigt, dass ein großer Unterschied bestehe »zwischen dem realen Leben, also dem, was Menschen, mit denen du alltäglich in direkten Kontakt trittst, zu dir sagen, und den Äußerungen in den sozialen Netzwerken«.

Die Zivilgesellschaft darf nicht schweigen, sie muss rassistischen, fremdenfeindlichen, islamophoben oder frauenfeindlichen Beschimpfungen etwas entgegensetzen. Sie muss sich einbringen. Sie muss aufstehen und zeigen, dass die Mehrheit in Deutschland für die offene Gesellschaft einsteht und diejenigen unterstützt, die sich als ihre Repräsentanten für das Miteinander und nicht für das Gegeneinander engagieren. Diskriminierung wegen des Glaubens, der Herkunft, der Abstammung, der politischen Meinung hat keinen Platz in der offenen Gesellschaft, die den anderen wertschätzt. Das sind die Grundwerte des Zusammenlebens in Deutschland. Sie drücken sich in den Grundrechten der Verfassung und in den starken Institutionen unseres Verfassungsstaates aus: in der Unabhängigkeit der Richterinnen und Richter, der freien Presse und der Kunst und Kultur ohne staatliche Zensur.

Die öffentliche Wahrnehmung versuchen diejenigen zu bestimmen, die in vielen Punkten genau das Gegenteil fordern. Sie streben ein völkisches Deutschland an und wollen einen Schlussstrich ziehen unter die schlimmsten Menschheitsverbrechen der deutschen Geschichte: den Mord an sechs Millionen Juden und an vielen anderen Menschen, die wegen ihrer Herkunft, Behinderung, sexuellen Orientierung oder ihrer vermeintlichen Zugehörigkeit zu einer bestimmten »Rasse« getötet wurden. Sie wollen einen Nationalstaat ohne Mitgliedschaft in der Europäischen Union. Sie wollen keine kulturellen Einflüsse von außen. Beim Umgang mit diesen Meinungen und ihren Begründungen, deren Faktenbasis häufig falsch ist, geht es auch um das demokratische System, um das Verständnis staatlicher Souveränität und um die Achtung der Grundrechte aller Bürgerinnen und Bürger. Die Debatte wird auch deshalb zugespitzt und mit radikaler, teils verrohter Sprache geführt.

Desinformation, Verschwörungserzählungen und Falschbehauptungen werden in die allgemeine politische Diskussion eingebracht und vergiften seit einigen Jahren zunehmend das politische Klima in der Gesellschaft, sei es in Deutschland oder in anderen Staaten. Prototypisch steht dafür die wider besseres Wissen von Donald Trump aufgestellte Behauptung, Barack Obama sei nicht auf Hawaii in den USA, sondern in Kenia geboren, er sei Muslim und er unterdrücke Informationen zu seiner Abstammung. All das war erlogen, die Geburtsurkunde des Bundesstaates Hawaii war online einsehbar. Aber die Geschichte wurde von Journalisten immer wieder falsch oder zweifelnd erzählt und im Fernsehen verbreitet. Der Boulevard verkauft sich eben am besten. Angriffe auf Personen verbinden sich mit abartigen Geschichten, die an unsere niedersten Instinkte appellieren: Die USA sind in den Händen eines Präsidenten ohne patriotischen Stolz und mit einem Glauben, der den Terrorismus befördert – so der ungelesene Subtext verleumderischer Gerüchte, die gestreut werden, um der Desinformation Vorschub zu leisten.

In Deutschland ranken sich die abstrusesten Erzählungen um den Ursprung des Corona-Virus, um den angeblichen Einfluss bestimmter Gruppen auf die internationalen Finanzströme, um die Wirkung der Impfungen, um die teilweise differierenden Auffassungen der Wissenschaft zur Pandemie, um die angebliche Gefährlichkeit von Einwanderern aus bestimmten Weltregionen und vieles mehr. Verschwörungen versprechen den Bürgerinnen und Bürgern eine geordnete Welt, keine Zufälle, einfache Erklärungen mit Benennung von Schuldigen für angebliche negative Entwicklungen. Die Komplexität der Verhältnisse wird bewusst ausgeblendet, und sämtliche Übel der Welt werden auf eine Ursache zurückgeführt, zum Beispiel eine böse Elite, die alles steuert. Schlichte Narrative dieser Art können verunsicherte Menschen stabilisieren. Gleichzeitig fühlen sie sich bedeutsam, denn sie wähnen sich als Mitglieder eines exklusiven Kreises von Wissenden, die die Verschwörung als Einzige durchschaut haben. Rechtsextreme Gruppen wie Verschwörungsinfluencer können punkten, wenn sie behaupten, das Abendland vor dem Untergang zu retten.

Für die Mandatsträgerinnen und Mandatsträger ist der Umgang mit Desinformation und Verschwörungsmythen ein Dauerthema und von großer Bedeutung für die Zustimmung zur Demokratie.

Vertrauen in die Politik hängt auch von der demokratischen Gegenerzählung zur verbreiteten Desinformation ab. Und die Gegendarstellung muss offensiv und überzeugend über Parteigrenzen hinweg vertreten und verbreitet werden. Das kann noch deutlich verbessert werden und sie muss auch auf den Online-Plattformen, in Kommentarspalten, in Chats und auf Websites zu finden sein. Das geht nicht mit Schweigen und nicht mit dem bequemen Platz auf der Zuschauertribüne, sondern erfordert aktiven Einsatz. Es reicht nicht, sich in politischen Floskeln zu ergehen, sondern man muss mit klarer Sprache dagegenhalten.

Die Welt ist manchmal unübersichtlich und immer komplex, und für Politiker lohnt es sich allemal, im medialen Diskurs deutlich zu machen, dass sich die Institutionen unseres demokratisch verfassten Rechtsstaats in dieser Welt bewährt haben. Sie müssen zeigen, dass Deutschland funktionierende Strukturen hat, dass die Demokratie verteidigungswürdig ist und die Qualitätspresse Regierungshandeln besser kontrollieren kann als wütende Querdenker. Genauso müssen sie aufzeigen, wie Schwachstellen, Defizite und Missstände der staatlichen Verwaltung beseitigt werden. Transparente Fehlerkontrolle und nachhaltiges Verbesserungsmanagement sind kein Hexenwerk. Sie schaffen Vertrauen. Da muss noch vieles besser werden, um den Gegnern wenig Anlass für Hetze und Hass zu bieten.

Faktenchecks für die inhaltliche Auseinandersetzung mit Desinformation

Kann nicht jeder User der sozialen Medien einfach erkennen, dass ihm Märchen aufgetischt werden? Wenn das so offenkundig wäre, müssten wir uns über Desinformation kaum Gedanken machen, denn ihr fehlte die Grundlage. Es ist aber gar nicht so einfach, überhaupt festzustellen, ob eine Nachricht oder eine Erzählung zutrifft oder nicht, ob Sachverhalte verzerrt dargestellt werden oder ob die vielen Likes, die dem Nutzer die Richtigkeit einer Geschichte vorgaukeln, nicht einfach gekauft wurden, um so die Meinungsbildung zu manipulieren. In den USA soll das im Wahlkampf 2016 der Fall gewesen sein. 2000 Likes habe es damals für unschlagbar günstige acht Dollar gegeben.[105]

Für einen fairen demokratischen Austausch ist das keine gute Nachricht. Und wie bereits ausgeführt, sind nicht wenige Menschen froh, ihrer Verunsicherung mit einer einfachen Erklärung zu entkommen. Auch wenn manche gar nicht mehr für Fakten und Aufklärung erreichbar sind, lesen doch viele in den sozialen Netzwerken, in Chats, in Foren und in den Kommentarspalten mit. Ihnen muss ein alternatives Angebot unterbreitet und eine andere Erklärung geliefert werden. Und deshalb führt an Fakten und Aufklärung kein Weg vorbei, auch wenn der Ton der Auseinandersetzung oft feindselig oder sogar krawallig ist.

Bilder haben eine starke Wirkung, sie werden leichter angenommen als nüchterne lange Texte, wie Forscher untersucht haben. Die Hintergründe für eine Richtigstellung müssen für die Menschen schlüssig und nachvollziehbar sein, also müssen Erklärungen geliefert werden. Und die Quellen, auf die man sich bezieht, sollten beim Empfänger Vertrauen genießen. So sieht der Idealfall aus, in der Realität ist das aber schwer umsetzbar, da viele klassische Medien in einer polarisierten Debatte als sogenannte »Lügenpresse« diffamiert werden, denen man keinen Glauben schenken darf. Und jeder wissenschaftlichen Quelle wird eine andere entgegengehalten, egal wie unseriös sie sein mag.

In solchen Fällen können Faktenchecker helfen, die falsche Tatsachenbehauptungen entlarven. Sie sollten genutzt werden, um es den Provokateuren und Manipulatoren schwerer zu machen, die Menschen zu verdummen. Die Rechercheplattform Correctiv, die Website mimikama.at mit mehr als 690 000 Nutzern, der Faktenfinder der Tagesschau sowie kobuk.at oder bildblog.de, die den Journalisten etablierter Medien nachrecherchieren, sind nur einige, die hier zu nennen wären.

Es zeigt eine positive Seite des Internets, dass Nutzerinnen und Nutzer, denen im Internet kursierender Unsinn nicht behagt, selbst etwas zur Aufklärung beitragen können. Davon jetzt einen Tsunami zu erwarten, der durch das Netz tobt, alles durcheinander wirbelt und dann ordentlich reinigt, wäre übertrieben. Auch wer die Fakten kennt, wird nicht automatisch seine Meinung ändern. Eine Entzauberung der Rhetorik von Populisten allein durch Zahlen, Grafiken und Studien wird auch eher selten sein. Wer lässt sich schon gern von seiner einmal gefassten Meinung oder seinem Vorurteil abbringen? Aber immerhin sind dann unterschiedliche Informationen, Perspektiven und Erläuterungen in Umlauf, und diese Vielfalt kann der Angelhaken für kritischer eingestellte Nutzerinnen und Nutzer sein.

Ein kritischeres Bewusstsein im Umgang mit sozialen Medien empfiehlt der Journalist, Moderator und Blogger Richard Gutjahr, der selbst Opfer von über ihn in den sozialen Netzwerken verbreiteten Verschwörungserzählungen wurde, gegen die er juristisch vorgegangen ist. Er hält die modernen Medientechnologien für »ebenso bedeutsam wie die Erfindung des Buchdrucks«, da sie das Potenzial haben, unser aller Medienverhalten zu revolutionieren. Es gehe darum, die »Kulturtechniken des Web« zu lernen. Dadurch könnten wir uns der zerstörerischen Dynamik der Kommunikation im Netz entziehen. »Wir sollten uns klar darüber sein, dass die Technik uns für negative Feeds ›belohnt‹. Die Algorithmen triggern nur eine Seite unseres Ichs, nämlich den Konflikt – und das in einer Skalierung, die in der analogen Welt kaum möglich wäre.« Der Medienexperte ruft zu mehr »digitaler Empathie«[106] auf. Verbunden mit einem Blick auf Tatsachen kann daraus ein Gegennarrativ werden.

Auch in der analogen Welt spielten das Negieren von oder das Agieren gegen Tatsachen eine Rolle. Hannah Arendt formulierte es bei ihren Arbeiten zu »Wahrheit und Politik« in den 1960er-Jahren so: »Zwar hat es vermutlich nie eine Zeit gegeben, die so tolerant war in allen religiösen und philosophischen Fragen, aber es hat vielleicht auch kaum je eine

Zeit gegeben, die Tatsachenwahrheiten, welche den Vorteilen oder Ambitionen einer der unzähligen Interessengruppen entgegenstehen, mit solchem Eifer und so großer Wirksamkeit bekämpft hat.«[107] Sie konnte nicht ahnen, welche Dimension sechs Jahrzehnte später Desinformation und Lügen in der digitalen Kommunikation haben würden. Der Unterschied liegt in der dynamischen weltweiten digitalen Verbreitung mit mehr Manipulations- und Zerstörungspotenzial. Und die Macht des Einzelnen ist mit den sozialen Medien gewachsen.

Das fordert natürlich die Journalisten, die ihnen nicht passende Nachrichten nicht unterdrücken dürfen, aber sie auch nicht unwidersprochen stehen lassen sollten. Sie können und sollen in kommentierenden Texten klar Position beziehen. Ihre Bedeutung ist sehr viel größer geworden, gerade jetzt, wo die Printmedien unter starken wirtschaftlichen Druck geraten sind. Ihre Online-Angebote können sich nur schwer gegen die beliebten Messengerdienste behaupten, besonders ist ihre Attraktivität bei jungen Menschen gering, wie bereits dargestellt wurde. Aber überlassen wir die Verantwortung nicht den Journalisten, sondern nehmen sie selbst wahr, indem wir beharrlich faktenbasierte Darstellungen und hohe Qualitätsstandards bei der journalistischen Arbeit einfordern.

Medienkompetenz verbessern

Das ist nur möglich, wenn sich Menschen auch außerhalb der Schule und der Berufsbildung ein Leben lang fortbilden und dabei ihre Medienkompetenz schulen. Die Bundeszentrale für politische Bildung soll Jugendlichen und Erwachsenen umfassende Angebote machen, um »Verständnis für politische Sachverhalte zu fördern, das demokratische Bewusstsein zu festigen und die Bereitschaft zur politischen Mitarbeit zu stärken«.[108] Mit der Digitalisierung müssen die Konzepte angepasst werden und Desinformation nicht nur wie früher analog entlarvt werden, sondern auch in den sozialen Netzwerken. Um das zu bewerkstelligen, benötigen die Nutzer Tools, mit denen sie überprüfen können, ob Fotos bereits in anderen Kontexten verwendet und womöglich manipuliert wurden, und sie sollten ebenso wissen, an welche Stellen sie sich gegebenenfalls für einen unabhängigen Faktencheck wenden können. Da die Erstellung und Verbreitung von Desinformation im Internet leicht ist und verheerende Folgen haben kann, muss im digitalen Raum der Fokus viel intensiver auf Weiter- und Fortbildung gelegt werden. Die Nutzer müssen ihre Informationskompetenz weiterentwickeln, und das schließt mit ein, dass sie lernen zu verstehen, wie die Prozesse der Informationsverarbeitung und Medienwirkung ablaufen. Wer ein Bewusstsein für die kognitiven und affektiven Mechanismen der eigenen Medienrezeption entwickelt, dürfte gegen schädliche Medieneinflüsse besser gewappnet sein.[109]

Mehr Transparenz der Plattformbetreiber

Selbstverständlich ist es auch dringend geboten, die Plattformbetreiber stärker in die Pflicht zu nehmen. Konkrete Vorschläge dazu hat Ann-Cathrin Riedel im Auftrag der Friedrich-Naumann-Stiftung für die Freiheit erarbeitet. Plattformbetreiber müssen durch eine optimierte Technikgestaltung dazu beitragen, dass Desinformation eingedämmt wird. Das Teilen von als irreführend oder falsch identifizierten Inhalten soll erschwert oder unterbunden werden, wobei die Bewertung der Inhalte Faktencheckern übertragen werden könnte. Auch bedarf es einer größeren Algorithmentransparenz, damit die Nutzerinnen und Nutzer nachvollziehen können, wie ihre Newsfeeds zustande kommen und welches Schadenspotenzial die Empfehlungssysteme der Plattformen haben.

Empfohlen wird außerdem eine stärkere Einbindung unabhängiger Forschungseinrichtungen. Diese sollen die Möglichkeit haben, die Wirkungsmechanismen der Algorithmen zu untersuchen. Außerdem soll ihnen Einblick in die gelöschten Inhalte gewährt werden, damit sie Ausmaß und Verbreitungswege der Desinformation besser einschätzen und Erkenntnisse über die Praxis der Löschung der Plattformbetreiber gewinnen können.

Auskunft sollten die Plattformen über die Anzahl und die Qualifikationen der eingesetzten Content-Moderatoren erteilen. Da diese den Auftrag haben, Desinformation zu erkennen, ist nicht nur der sprachliche, sondern auch der kulturelle Bezug zu den Regionen, für die sie eingesetzt werden, von größter Bedeutung. Entscheiden nicht Menschen, sondern Algorithmen über die Inhalte, muss auch das transparent dargelegt werden. Für Konfliktfälle bei Moderationsentscheidungen sind niedrigschwellige Beschwerde- und Schlichtungsstellen einzurichten. Die 2021 beschlossenen Änderungen des NetzDG zur Stärkung der Nutzerrechte müssen hinsichtlich ihrer Wirksamkeit von unabhängigen Experten untersucht und bewertet werden.

Nach gesetzlichen Vorgaben auf europäischer Ebene müssen Plattformen auch darüber informieren, welche Akteure für politische Werbung bezahlen und welche Zielgruppen mit diesen Werbeaktionen angesteuert werden.

Social-Media-Councils als Instrument der Zivilgesellschaft

Eine weitere Idee zur besseren Regulierung des Content-Austauschs ist die Einrichtung sogenannter »Social-Media-Councils«. Um deren Rolle besser zu verstehen, muss man wissen, dass bei nicht rechtswidrigen Inhalten die Community-Standards der Plattformen entscheiden, was dort geteilt werden darf und was nicht. Eine größere Unabhängigkeit von den Unternehmen erreicht man mithilfe eines auch regional organisierten Beirats, der sich aus Vertretern der Wissenschaft und der Zivilgesellschaft zusammensetzt. Ihre Aufgabe wäre die Entwicklung von Moderationsstandards, die dann von den Unternehmen übernommen werden könnten.[110] So kann sich Zivilgesellschaft organisiert einbringen.

Die verschiedenen Ansätze, den digitalen Informationsaustausch so zu regulieren, dass Hass, Hetze und Drohungen vorgebeugt werden kann, haben nur dann Aussicht auf Erfolg, wenn sich auch der Diskussionsstil der Nutzerinnen und Nutzer weiterentwickelt. Mit diesem Buch appellieren wir an die Bürgerinnen und Bürger, sich für eine wertebezogene Streitkultur analog und digital einzusetzen.

Engagiert euch für mehr Transparenz, für mehr Verantwortung, für den Diskurs, für Respekt und gegenseitige Rücksichtnahme. Seid empathisch und resilient. Kämpft für die liberale Demokratie mit den Freiheiten des Individuums, die es in keinem anderen System gibt.

Perspektiven aus psychologischer Sicht

Aggressionsverschiebung

Sanitäter, die an einer Unfallstelle eintreffen und ihren Dienst verrichten wollen, werden bedroht. Feuerwehrleute, die dabei sind, einen Brand zu löschen, werden behindert. Doch damit nicht genug: Sie werden mit den hässlichsten Schimpfworten und Beleidigungen bedacht. Das sind nicht etwa Ausnahmehandlungen, sondern mittlerweile regelmäßige Vorkommnisse, über die man beinahe täglich in den Medien informiert wird. Genau wie über entsprechende Angriffe auf Politiker. Bisher gibt es dafür keine schlüssigen Erklärungen, nur ein Mosaik aus verschiedenen Erklärungsansätzen. Um das Phänomen besser zu verstehen, haben wir Gespräche mit drei Fachleuten geführt: dem Psychiater und Neurologen Prof. Dr. Hans Förstl, langjähriger Direktor der Klinik für Psychiatrie und Psychotherapie der TU München, der Fachärztin für Kinder- und Jugendpsychiatrie Dr. Gudrun Andrea Hoffmann und der Pädagogin und Supervisorin Dr. Regina Burkhardt-Riedmiller.

Hans Förstl gibt zu bedenken:»Wenn ich über Wochen frustriert bin, von keinem Menschen und keiner Stelle Hilfe erhalte, den Job verloren habe, kein Geld bekomme, von der Bank gedrückt werde, dann ist mir irgendwann alles wurscht. Alle haben mich im Stich gelassen. Da brauche ich einen Blitzableiter, das kann dann eben auch unglücklicherweise eine bestimmte Person sein, die für mich das System repräsentiert.«

Nicht von ungefähr spricht man von dem Phänomen, zur falschen Zeit am falschen Ort zu sein und dadurch zum Objekt der Aggression zu werden – als eine Art Stellvertreter, der für erlittenes Unrecht büßt.

Unter einer Aggressionsverschiebung versteht man in der Sozialpsychologie das aggressive Handeln einer Person gegen Ersatzobjekte wie schwächere oder unbeteiligte Personen, weil der Zeitpunkt, an dem die Reaktion »normal« gewesen wäre, verpasst wurde, weil das eigentliche Objekt der Aggression unerreichbar war oder als zu mächtig angesehen wurde. Je stärker die Hemmungen einer Aggression sind, desto höher wird auch die Wahrscheinlichkeit für indirekte Aggression, die sich im Gegensatz zur direkten Aggression eben nicht gegen die Ursache der Frustration selbst richtet. Die Verschiebung, die meistens unbewusst erfolgt, betrifft das Objekt oder den Zeitpunkt der Aggression oder beides und lässt Taten wie die Angriffe auf Personengruppen der helfenden Berufe sinn- und grundlos erscheinen. Sie legen die Vermutung nahe, dass in den Tätern eine unterschwellige Gewalt schlummert, die sozusagen aus heiterem Himmel zu kommen scheint, wenn sie sich entlädt. Sogar der Täter selbst ist in vielen Fällen davon überrascht. Während die direkte Aggression sich im Bereich der Kommunikation bewegt, sogar als gewaltsamer Versuch, diese herzustellen, betrachtet werden kann, hat die verschobene Aggression diese Bereitschaft bereits aufgegeben.

Aggressionsverschiebung geht einher mit mangelnder Achtung des Gegenübers. Es besteht ein deutlicher Zusammenhang zwischen alltäglicher diffuser Gewalt, erfahrener Missachtung und sozialer Ausgrenzung. Wer keine tiefere Verbundenheit mit anderen fühlen kann, hat schneller das Gefühl, abgelehnt zu werden.

Gudrun Andrea Hoffmann betont den engen Zusammenhang zwischen Respekt sich selbst und anderen gegenüber: »Andere respektieren heißt auch sich selber respektieren und respektiert werden. Kinder, die in familiären Konstellationen aufwachsen, in denen das nicht erfolgt, laufen Gefahr, diese innere Haltung nicht entwickeln zu können. Es geht um Werte, die erfahren werden müssen. Kinder, die beispielsweise in Familien aufwachsen, in denen Not und Gewalt herrscht oder in denen die Eltern durch Erkrankungen und Sorgen so belastet sind, dass sie sich ihren Kindern nicht ausreichend zuwenden können, leiden unter einem großen Defizit mit Auswirkung auf ihre weitere, hier insbesondere seelische Entwickung. Respekt setzt ein inneres Verständnis für sich selbst, eine Selbstwahrnehmung, ein positives Selbstwertgefühl voraus: Dass ich mich selbst auch schätze! Wenn ich dagegen eine innere Ohnmacht verspüre, kann das dazu führen, dass ich ein anderes Objekt brauche, über das ich Macht ausüben kann, dass ich meine Identität gewinne durch die Erniedrigung anderer.«

Die Erfahrung von extremer Gewalt als Kind oder Jugendlicher prägt das Weltbild eines Menschen und lässt ihn seine Umgebung und womöglich die ganze Welt als lebensgefährlichen Ort betrachten, in dem es sich zu verteidigen gilt. Neben diffuser Aggressionsbereitschaft ist das Vermeiden von Bindungen aus Angst vor Ablehnung eine weitere Überlebensstrategie.

Die fehlende familiäre Bindung lässt sich nur begrenzt ausgleichen.

Gudrun Andrea Hoffmann:»Der Mangel, der unter sogenannten insuffizienten Erziehungsbedingungen entsteht, kann in einem gewissen Maß ausgeglichen werden, wenn zumindest eine sicherheitsspendende Bezugsperson da ist, die hinreichend Zuwendung, Stabilität, Fürsorge und Sicherheit bietet, angemessene Grenzen setzen kann, Orientierung und Entwicklung ermöglicht. Wie zum Beispiel früher in den Mehrgenerationenhaushalten, in denen die Großmutter da war. Oder wenn das Kind in der Schule auf einen Lehrer trifft, der die Qualitäten dieses Kindes entdeckt und fördert.«

Die Entdeckung und Entwicklung der eigenen Kreativität kann entscheidend zur Ausbildung eines positiven Selbstbildes beitragen, doch unsere Gesellschaft ist eher im Begriff, sie zu verhindern als sie zu fördern.

Gudrun Andrea Hoffmann:»Wir werden gefüttert, haben ohne Ende Möglichkeiten, uns ständig mit irgendetwas zu beschäftigen, zu konsumieren. Diesem Überangebot fallen leider die eigenen kreativen Möglichkeiten zum Opfer. Das Kind hat überhaupt keine Zeit mehr dazu, diese in sich zu entdecken, zu entwickeln und zu praktizieren. Da sind wir bei den Fragen: Was ist sinnstiftend? Was macht glücklich? Es gehört dazu, die eigenen Interessen kennenzulernen, sich selbst zu entwickeln und etwas zu erschaffen. Das ist heute in den Hintergrund gedrängt worden. Im Vordergrund steht das Geldverdienen. Junge Menschen wollen gute Noten haben, weil sie einen Beruf ergreifen wollen, in dem sie viel Geld verdienen. Etwas Sinnstiftendes in die Welt zu setzen, ist in den Hintergrund geraten. Eine Ausnahme bildet vielleicht Fridays for Future. Den jungen Leuten, die sich dort engagieren, geht es darum, sich für ihre Zukunft, die Erhaltung unserer Umwelt, für schnelle und effiziente Maßnahmen zur Bewältigung der Klimakrise einzusetzen. Da geht es um Sinnstiftung, aber in vielen Fällen steht heute der individuelle Konsum im Vordergrund.«

Regina Burkhardt-Riedmiller bereitet ein anderes Phänomen große Sorge, und zwar die stark zunehmende Ich-Bezogenheit:»Heute steht das eigene Ich extrem im Vordergrund, die Aufforderung: Gehe deinen Weg. Es kann ja eine ungeheure Befreiung sein, den eigenen Weg zu gehen, aber dabei ist das Maß oft verloren gegangen. Es gilt heute als Wert, alles auszuleben – ungefiltert. Gefühle herauszulassen, sich nicht zu kontrollieren, sich nicht an Normen zu halten. Wenn es nur noch um dieses Ich geht, das sich perfektionieren muss, seinen eigenen Weg möglichst optimal zu gehen, dann fehlt der Bezug zum Gemeinwesen. Die Verantwortung dafür. Dazu gehört eben auch zu erkennen, dass ein Sanitäter etwas für mich und für uns alle tut. Überhaupt das Gefühl zu haben: Wir leben in einer Gemeinschaft. Das ist etwas, was verloren zu gehen scheint. Dazu leisten die sozialen Medien einen entscheidenden Beitrag. Sie haben einen großen Einfluss darauf, die Hemmschwelle herunterzusetzen, weil man als Benutzer nicht mehr direkt in einem Kontakt mit dem anderen ist, sondern sozusagen digitale Schutzschilder vor sich aufbaut. Was mir bei den Beiträgen in den sozialen Medien atmosphärisch auffällt, ist der aufgeheizte Empörungsmodus, in dem kommuniziert wird. Es geht meistens nicht um die Sache, das Thema, sondern ganz stark um die ganze Person, die abgewertet wird. Es wird nicht mehr differenziert, indem man sagt, also, diesen Aspekt finde ich jetzt schwierig, aber grundsätzlich sind wir noch beieinander. Es geht immer gleich um die ganze Person. In dieser Konfliktatmosphäre fühlt man sich gefährdet und sucht nach Verbündeten, Unterstützern, Koalitionen. Die findet man leicht im Echoraum der sozialen Medien. Dazu kommt, dass man sich dort nicht mit seinem Klarnamen anmelden muss, sondern anonym bleiben kann. Also ist man nicht mehr in der Verantwortung. Ich habe das Gefühl, dass die Impulskontrolle völlig wegfällt. Die Anonymität schafft eine neue Realität. Hätte man die andere Person als Gegenüber, würde man bestimmte Posts nie absenden beziehungsweise bestimmte Dinge nie sagen. Die sozialen Medien haben nicht nur eine enorme Verstärkerfunktion, sondern erzeugen überhaupt erst bestimmte Verhaltensweisen.«

Empathie und Theory of Mind

Parallel zum Anwachsen der Aggression lässt sich eine Verminderumg der Empathie beobachten. Der Begriff Empathie tauchte bereits 1904 im Oxford English Dictionary auf. Später löste er populäre Begriffe wie Willenskraft und Selbstbeherrschung ab, die in den Sechziger-, Siebziger- und Achtzigerjahren des 20. Jahrhunderts gefragt waren. Ursprünglich war Empathie gleichbedeutend mit Projektion und eng verwandt mit der Fähigkeit zum Perspektivwechsel. Die Sozialpsychologie bezeichnet Perspektivenübernahme als den Prozess, eine bestimmte Situation vom Standpunkt einer anderen Person aus zu betrachten. Kinderpsychologen wie Jean Piaget haben gefragt, ab wann Kinder von ihrer eigenen Wahrnehmung abstrahieren und den Blickwinkel des Gegenübers einnehmen können. Die emotionale Perspektivenübernahme geht noch einen Schritt weiter. Sie benennt die Fähigkeit, eine emotionale Verbindung zu einem anderen Individuum aufzubauen, mitzufühlen und sich einzufühlen.

In seinem Buch »Solidarisch sein! Gegen Rassismus, Antisemitismus und Hass« erklärt der Psychologe Ahmad Mansour: »Empathie ist der Grundstein einer gesunden Gesellschaft, eines guten Umgangs miteinander und das beste, wenn nicht das einzige Mittel gegen Hass. Denn sie macht Menschen stärker, psychisch stabiler, sozialfähiger, glücklicher, erfolgreicher und gesünder. Empathie verhindert nicht nur allgemeine

Entwicklungsstörungen bei Kindern, sondern führt auch zu weniger Rassismus und weniger Mobbing.«

Ahmad Mansour unterscheidet zwischen zwei Empathieformen, der kognitiven und der emotionalen, und führt aus, Empathie beinhalte »einerseits die Fähigkeit, das Denken und Fühlen eines anderen wahrzunehmen und zu verstehen (kognitive Empathie), und andererseits die Fähigkeit, dieses Denken und Fühlen des anderen emotional mitzuempfinden (emotionale Empathie)«.[111] Eine Voraussetzung ist der Zugang zu den eigenen Emotionen. Erst wenn dieser geöffnet ist, kann der Blick auf andere gerichtet werden.

Die englische Lyrikerin und Rapperin Kae Tempest fand den Zugang zu sich und ihren Emotionen verschlossen und spürt diesem Phänomen in ihrem Buch »Verbundensein« nach. In ihrer literarischen Selbstreflexion beklagt sie ihre fehlende Verbindung mit dem großen Ganzen. Sie fühlt sich isoliert, abgetrennt, macht sich auf die Suche nach Verbundenheit und gelangt zu der Erkenntnis, dass sie die anderen Menschen dringend braucht. Der Schlüssel zur Wiedererlangung der Verbundenheit liegt im Verhältnis zu anderen Menschen. Dazu ist es notwendig, den Blick zu weiten und sich in die anderen einzufühlen.

»Mitgefühl ist, wenn man nicht vergisst, dass jeder eine eigene Geschichte hat. Viele Geschichten. Und daran denkt, Raum zu schaffen, um sich die Geschichte anderer anzuhören, bevor man die eigene erzählt.«[112]

Durch das Erzählen, Hören und Lesen von Geschichten gelangt man zur Empathie. »Alles hilft, was mich daran erinnert, dass immer auch noch andere Menschen existieren und sie ihre Existenz ebenso vollständig empfinden wie ich meine«, stellt Kae Tempest fest.[113] Was sich wie eine Selbstverständlichkeit anhört oder liest, ist ein komplexer Erkenntnisprozess, der bewusst vorgenommen werden muss. Aber: »Eine Geschichte erzeugt nicht automatisch Empathie, nur weil sie sich jemand ausgedacht hat; man muss sich darauf einlassen, damit sie Wirkkraft erhält; die Geschichte muss gelesen und der Song muss gehört werden, damit sie ihre volle Wucht entfaltet.«[114] Kae Tempest begreift, wie wichtig es ist, die anderen Menschen nicht zu Objekten der eigenen Geschichte zu machen, sondern »mit der Rolle der Protagonist:innen ihrer eigenen Geschichte« zu »besetzen, anstatt nur als Statist:innen in meiner«.[115]

Seit einiger Zeit ist in der Psychologie zunehmend von einer Sonderform der Empathie zu lesen, der »Theory of Mind« (ToM). Der Begriff, für den es keine deutsche Entsprechung gibt, stammt von den amerikanischen Psychologen David Premack und Guy Woodruff (1978) sowie dem amerikanischen Philosophen Jerry Fodor (1978). Er ist weit gefasst. Er bezeichnet die Fähigkeit, sich und anderen mentale Zustände zuzuordnen. Das Wissen um die Absichten und Wünsche anderer und die Möglichkeit, das eigene Verhalten darauf einzustellen, bestimmen die unterschiedlichsten Lebensbereiche, angefangen beim Alltag, in der Familie, im Beruf bis in die Sphären der Kunst.

2007 gab Hans Förstl den Band »Theory of Mind. Neurobiologie und Psychologie sozialen Verhaltens« heraus. Darin lässt er die Theory of Mind aus unterschiedlichen Perspektiven betrachten und dabei neben den Fachleuten Autoren verschiedener Bereiche – vom Kriminalhauptkommissar bis zur Professorin für Kunstgeschichte – zu Wort kommen.

Hans Förstl definiert Theory of Mind als »die Grundlage sozialen, ›sittlichen‹ Verhaltens. Ohne Interesse am anderen, ohne Gefühl für dessen Bedürfnisse und ohne differenziertes Verständnis seiner Perspektiven entwickeln sich weder Mitgefühl noch Rücksicht oder Respekt.«[116] Auch hier steht die Frage im Vordergrund: Wann beginnen Kinder, ihr Gegenüber als eigenständig und von sich unabhängig wahrzunehmen und nicht mehr zu glauben, dass die anderen die Realtiät so wahrnehmen wie sie selbst?

Störungen der Theory of Mind führen zu erheblichen Defiziten in der sozialen Interaktion. Und so folgert Förstl: »Was ToM ansonsten leistet, wird besonders deutlich, wenn diese grundlegend wichtige Leistung außer Kraft gesetzt wird. Beispiele sind der kollektive Verlust ›menschlichen‹ Handelns in der jüngeren Geschichte und das kriminelle Verhalten einzelner.«[117]

Es hat fatale Folgen, wenn der Perspektivwechsel nicht erfolgt, also jemand nicht begreift, dass andere Menschen andere Intentionen, Absichten und Überzeugungen haben, dass nicht jeder die Realität genauso wahrnimmt wie er selbst. Ohne Empathie bleibt der Mensch stecken in der Ich-Bezogenheit, ohne jedoch ein Selbstbewusstsein zu entwickeln. Die vermeintliche Ich-Stärke ist trügerisch und basiert nicht auf Reflexion, sondern auf Ignoranz. Wenn man sich in sein Gegenüber nicht einfühlen kann, bleibt es unbekannt, bedrohlich. So entstehen Feindbilder.

Alarmismus und Angst

Regina Burkhardt-Riedmiller ist der Auffassung, dass die Verrohung der Sprache, die in den sozialen Medien zu beobachten ist, mehr und mehr Einzug hält in den analogen Alltag. »Im Internet kannst du im Grunde genommen alles sagen, ohne dass dir etwas passiert. Du kannst beleidigen, du kannst diffamieren, und ich denke, dass das auch die analoge Welt prägt, vor allem wenn man bedenkt, dass sich Leute überwiegend, ja manche fast ausschließlich in der digitalen bewegen. Wenn sie dann noch isoliert leben und wenig reale Beziehungen haben, ist es natürlich noch gefährlicher. Gefährlich ist auch der Alarmismus, den ich mittlerweile in allen Medien konstatiere. Er wirkt fast schon hypnotisch, so als befänden wir uns immer kurz vor dem Abgrund. Bei einer Meldung über irgendein Vorkommen wird – besonders jetzt in Corona-Zeiten – in fünf Talkshows, in sämtlichen Medien eine Verstärkung der Bedrohung geliefert. Das erzeugt ja auch eine Wirklichkeit. Es erzeugt vor allem den Eindruck des hohen Alarms. Das ist gefährlich. Um Herausforderungen bewältigen zu können, ist es wichtig, vom Gelingen zu sprechen. Davon, wie ich selber wirksam werden kann. Ich kann es! Ich habe einen Einfluss! Doch der permanente Alarmismus, der immer wieder aufheizend wird, erzeugt ein Gefühl von Hilflosigkeit, von Ohnmacht. Man nimmt dem Einzelnen die Idee vom Gelingen.«

Ähnlich erlebt es auch Hans Förstl: »Wir leben in der Bundesrepublik in einer geschützten Umgebung und sind gewohnt, dass sich unser Staat um alles kümmert und im Allgemeinen alle Dinge akzeptabel geregelt werden. Vom Psychiatrisch-Emotionalen aus betrachtet ist unsere Grundbefindlichkeit die der Sicherheit. Man kann an bestimmten

Punkten Kritik anmelden – berechtigt, konstruktiv, heftig, emotional –
wie auch immer, aber grundsätzlich ist die Zufriedenheit hoch, und das
bedeutet auch, dass das Anspruchsniveau sehr hoch ist.

Der Staat ist für uns etwas Anonymes. Da sind die Ämter, die Institutionen, und all das funktioniert einfach. So sind wir es gewohnt, auch
wenn wir nicht mit allem zufrieden sind, aber wir fühlen uns gebor-
gen – anders als in vielen anderen Industrienationen, wo der Mensch
nicht von vornherein das Gefühl hat, ich kann mich auf den Staat verlassen. Im Rahmen der Corona-Pandemie gibt es einzelne Maßnahmen,
die uns stören oder zumindest nicht gefallen. Kritik schwelt immer so
ein bisschen, und jetzt entsteht größerer Druck und betrifft mehr Leute
und dadurch werden die kritischen Kräfte stärker. Die Kritik richtet
sich gegen den anonymen Staat und gegen einzelne Gruppen, ›die nicht
zu uns gehören‹.

Es gibt Krisenzeiten, in denen manche stärker benachteiligt werden als
sonst und in existenzielle Not geraten, ob das jetzt Kinder sind, die isoliert sind, ob das Migranten sind, die dadurch nicht imstande sind, die
Sprache zu erlernen und sich zu integrieren, ob das Menschen sind, die in
einem prekären Bereich mehrere Jobs sehr fleißig ausübten und jetzt
einen nach dem anderen verloren haben und nun nicht mehr imstande
sind, ihre Finanzen und ihre Zukunft zuversichtlich zu überblicken.

Gleichzeitig gibt es Menschen, die sich profilieren, individuell, par-
teipolitisch und das grundsätzliche Autonomiebedürfnis des Menschen
jetzt besonders vehement reklamieren. Wir dürfen uns normalerweise
im Rahmen der Grundrechte sehr frei bewegen und jetzt, wo es ein wenig eingeengt wird, fällt plötzlich ein Bewusstsein der Solidarität und
Verpflichtung anderen gegenüber vollkommen unter den Tisch. Es wird
nur noch das Individualrecht gesehen, viele Individuen tun sich zusammen und bilden Splittergrüppchen, die lautstark agitieren. Sie nutzen
die Möglichkeiten, im Netz jederzeit die Bausteine, die sie benötigen,
beliebig zusammenzufügen und Leute zu finden, die sich mit ihnen solidarisieren.

Hier kommt die Angst ins Spiel. Angst, benachteiligt zu werden,
unter die Räder zu kommen, verachtet zu werden – das ist eine unserer

Grundbefindlichkeiten, mit denen wir umzugehen lernen. Angst ist überlebenswichtig – erkennen, wo Gefahren drohen. Das ist im Dschungel ein bisschen anders als in der Großstadt, aber egal wo, ich muss lernen, die Signale genau zu interpretieren. In einem Fall ist es ein Knacken im Gebüsch, im andern Fall sind es kleine soziale Signale, die ich studieren muss. Wenn die Angst zu groß ist, kann ich nicht mehr vernünftig abwägen und für mich gilt nur noch das größere oder das kleinere Übel. Das kleinere Übel kann sein: Dann werde ich halt bestraft, wenn ich das tue. Aber ich habe für mich selbst Gerechtigkeit hergestellt. Durch einen ›herostratischen‹ Akt ist es mir gelungen, mich nicht nur wichtig zu machen, sondern auszudrücken, was mir zu Unrecht widerfahren ist.«

Wie soll man in Kontakt treten mit Menschen, die rücksichtslos ihre Emotionen ausleben, um ihre Vorstellung von Gerechtigkeit mit Gewalt durchzusetzen? Auf diese Frage antwortet Hans Förstl:»Indem ich ihnen eine Funktion gebe. Das ist der alte Trick vom Lehrer: Wenn der Schüler ständig rebelliert, dann muss er eine Funktion kriegen, einbezogen, ermutigt, um Hilfe gebeten werden. Man muss ihn eine wichtige Rolle spielen lassen.«

Biografiearbeit

Regina Burkhardt-Riedmiller hält es für wichtig, heterogene Gruppen für eine bestimmte Zeit zusammenzubringen, um bestimmte Fragestellungen zu bearbeiten: eine Aufgabe miteinander zu verfolgen, ein Projekt gemeinsam zu realisieren. Ein wichtiger Aspekt ist dabei die Biografiearbeit: die eigene Lebensgeschichte zu reflektieren und zu erzählen, um mehr Verständnis von anderen und für andere zu entwickeln. Die Gegensätzlichkeit als Chance zu betrachten und sich damit auseinanderzusetzen.

Regina Burkhardt-Riedmiller:»Meines Erachtens geht es vor allem um Konfliktbewältigung. Es ist wichtig, sich dem Thema Konflikt zu stellen, es nicht zu verdrängen oder wegzuschieben. Alle Ausgrenzungen, Mobbing-Dynamiken entstehen dann, wenn leitende Instanzen, Führungspersonen wegschauen. Das löst das Signal aus, es ist o. k., und setzt eine Spirale in Gang. Deswegen ist meines Erachtens die Instanz des Staates, der Justiz und der Polizei so entscheidend, um einen Rahmen zu geben, Kommunikation zu ermöglichen und Kontakte wiederherzustellen. Die Chance, die ein Konflikt bietet, besteht ja darin, dass sich etwas weiterentwickelt, verändert und vertieft und eben nicht in Zerstörung mündet, sondern Annäherung und den Perspektivwechsel möglich macht, sodass ein Ansatz von Empathie für die andere Seite entsteht.«

Oder wie Ahmad Mansour sagt:»In unseren Lebensgeschichten liegen die Wurzeln unserer Identität. Sie miteinander zu teilen hilft, die Stärken, Schwächen und Verhaltensweisen eines anderen zu verstehen. Deshalb ist Biografiearbeit nicht nur in der Schule, sondern auch innerhalb von Familien sinnvoll und lohnend.«[118]

Und sie ist ein Auslöser für Empathie, wie Kae Tempest erfahren hat:»Versenken wir uns in die Geschichten anderer, entsteht Empathie. Wenn wir Erzählungen lauschen oder Geschichten lesen, vorausgesetzt sie sind spannend genug, schüttet das Gehirn Cortisol aus, das uns hilft, uns zu konzentrieren, außerdem Oxytocin, ein für Fürsorglichkeit und Empathie verantwortlicher chemischer Stoff. [...] Geschichten und Songs bringen uns in Kontakt mit dem Besten und Schlimmsten unseres Wesens, machen es möglich, dass wir uns in der Erfahrung anderer wiederfinden, und steigern unser Mitgefühl.«[119]

Der Zugang zu unseren eigenen Emotionen ist ein Schlüssel zu den Emotionen anderer. Ist er versperrt, lässt er sich dennoch öffnen. Empathie ist eine Fähigkeit, die man lernen kann,»genau wie sprechen oder laufen«, so Ahmad Mansour.»Wir werden es nicht verhindern, dass unsere Kinder in Kategorien denken und Vorurteile haben. Aber, und das ist entscheidend: Wenn sie empathisch sind, dann wird daraus keine ablehnende Haltung. Wenn Empathie ein Bildungsziel unserer Gesellschaft ist, können wir extrem viel erreichen.«[120]

Bedrohung von Journalisten

Unverzichtbar für die allgemeine Information über vielfältige politische Meinungen, über das Handeln der unterschiedlichsten Akteure, über Kundgebungen, Gegendemonstrationen und über Angriffe auf politische Repräsentanten ist eine möglichst breite Berichterstattung in den Medien. Eine Berichterstattung über Fakten, die aufgrund der journalistischen Sorgfaltspflicht sichtbar von der Kommentierung getrennt wird, soll die Meinungsbildung und das Einordnen gesellschaftlicher Entwicklungen erleichtern. Fernsehnachrichten und Printmedien leisten einen wesentlichen Beitrag zur Meinungsvielfalt. Dem öffentlich-rechtlichen Rundfunk kommt nach seinem klassischen Auftrag eine wichtige Bedeutung für die gesellschaftliche Meinungs- und Willensbildung und für die Kultur zu, und die hat während der Pandemie noch zugenommen. Die Vielfalt der Presse- und Medienlandschaft ist für den Erhalt der freiheitlichen Demokratie von unschätzbarem Wert. Entsteht nämlich der Eindruck, dass der Journalismus unkritisch und einseitig ist, empfinden das »Querdenker«, Impfgegner und Anhänger abstruser Verschwörungsmythen als eine große Bestätigung. Dieser Eindruck treibt die Gruppen noch weiter in ihre digitalen Echokammern, wo sie Mitstreiter finden, die sie in ihren Ansichten zu »Systemmedien« bestärken.

Die sozialen Medien unterliegen nicht den gleichen Qualitätsanforderungen an Korrektheit und Pluralität, wie sie für die Nachrichtenberichterstattung in den klassischen Tages- und Wochenzeitungen gelten. Sie sind keine typischen Produkte des Journalismus, sondern eine vielfältige Meinungsaustauschbörse, wo unzählige Nutzer aus unterschiedlichen Anlässen mit unterschiedlicher Qualität ihre persönlichen Eindrücke posten. Zunehmend werden die sozialen Netzwerke auch als Nachrichtenbörse genutzt, aber diese Nachrichten liefern zumeist nicht Journalisten, sondern ein Heer von Usern, die von journalistischer Sorgfaltspflicht nichts wissen können und mit den Standards dieses Berufs nicht vertraut sind.

Aufgrund ihrer Wirkungsweise werden die sozialen Netzwerke gezielt genutzt, um Desinformation, falsche Inhalte, verdrehte Sachverhalte, Polemik und aggressive Stimmungen zu verbreiten. Sie werden von manchen Parteien, Interessengruppen und ausländischen Sendern instrumentalisiert, weil Millionen Menschen erreicht werden können und die technischen Mechanismen das Ansteuern bestimmter Adressatengruppen ermöglichen. Das deutschsprachige Angebot ausländischer Sender wie Russia Today, die sich die Destabilisierung westlicher Demokratien durch das Schüren von Konflikten, durch Kritik an ihren politischen Institutionen und durch Negativmeldungen über die Lage in diesen Ländern zum Ziel gesetzt haben, wird im Netz verbreitet – über YouTube, Facebook und andere soziale Netzwerke.[121] Die Manipulationsmöglichkeiten sind groß. Selbst Wahlen können unmittelbar beeinflusst werden. Auch das unterscheidet die sozialen Medien von den Pressemedien.

Wer unter welchen Voraussetzungen Verantwortung für die Inhalte trägt, ist nicht so einfach zu beantworten wie bei der Berichterstattung von Journalisten. Es gilt zunächst einmal der Grundsatz, dass der Plattformbetreiber nicht für die Inhalte verantwortlich ist. Zu Bewertungsportalen und anderen Angeboten hat sich in Deutschland eine differenzierende Rechtsprechung entwickelt. Bei der Beschimpfung und Bedrohung von Journalisten im Netz geht es häufig um die Verantwortung für meistens strafbare Inhalte. Dazu gelten die Regelungen, wie sie im Kapitel zum Hass im Netz dargestellt werden.

Desinformation und Vorwürfe gegen eine angeblich einseitig beeinflusste Presse haben direkte Auswirkungen auf die Arbeit der Journalisten. Sie erleben nicht nur Rufschädigungen und Gewaltandrohungen, sondern auch Körperverletzungen. Wie die Meinungsfreiheit ist auch die Pressefreiheit durch Artikel 5 Absatz 1 des Grundgesetzes geschützt. Sie ist für eine liberale Demokratie als Regierungsform konstitutiv. Sie dient neben der Information der Bürgerinnen und Bürger auch der Kontrolle der jeweils Regierenden. Investigativer Journalismus kann Fehlverhalten und Korruption aufdecken und zwingt auch Politiker, Rechenschaft abzulegen. Das kann anstrengend werden und Politiker in Erklärungsnot bringen. Fragen zu Lebensläufen, Maskenkäufen oder Entscheidungen zum Kauf von Impfstoffen müssen umfänglich beantwortet werden.

Manche Regierungen in Mitgliedstaaten der Europäischen Union tun sich schwer mit den daraus resultierenden Verpflichtungen. Sie wollen eine Art »Hofberichterstattung«, also das Gegenteil einer unabhängigen Presse, die den Bürgern eine kritische Bewertung der Regierungsarbeit ermöglicht. In Polen und Ungarn ist diese Entwicklung weit vorangeschritten. Dort wurden Medienhäuser entweder in staatliche Hand gebracht oder in die Hand von privaten Unternehmern, die der Regierung nahestehen. Es gibt gesetzliche Regelungen, welche die nach Auffassung der Regierung im nationalen Interesse liegende inhaltliche Berichterstattung prägen. Der Kreativität bei den Beschränkungen der freien Berichterstattung und der Unabhängigkeit der Verlage scheinen kaum Grenzen gesetzt zu sein. Damit verwandelt sich schrittweise die liberale Demokratie in eine illiberale, was offenbar auch das Ziel etwa des ungarischen Ministerpräsidenten Victor Orbán ist.

Die Situation in Deutschland ist damit nicht ansatzweise vergleichbar. Staatliche Beschränkungen in der eben kurz skizzierten Form gibt es nicht. Aber Verlage und Medienhäuser stehen in einem ständigen Wettbewerb, die Digitalisierung verändert rasant die Wettbewerbssituation, die sozialen Medien laufen den klassischen Printmedien teilweise den Rang ab und fordern die Entwicklung digitaler Angebote.

Trotz des Konkurrenzdrucks ist die Vielfalt der Presselandschaft in Deutschland im digitalen Zeitalter bemerkenswert. Sie lebt von Journalisten, die frei, unabhängig und investigativ recherchieren und mit großem Sachverstand berichten können. Sie müssen sich deshalb genaue Einblicke in die aktuell bedeutsamen Entwicklungen verschaffen. Natürlich kommen sie nicht umhin, über die heterogenen Corona-Demonstrationen zu berichten. Natürlich müssen sie über die Entwicklungen im links- und rechtsextremen Spektrum der Politik berichten, über deren Akteure und Aktionen. Sie müssen bei ihrer Berichterstattung über die Gefahren des Rechtspopulismus und Rechtsextremismus Fakten darstellen und nicht das, was ihnen besonders passen würde. Deshalb müssen sie sich von Demonstrationen und deren Teilnehmern ihr eigenes Urteil bilden können. Dafür sind die Bedingungen nicht immer leicht, denn ihnen schlägt großes Misstrauen entgegen, nicht selten auch Ablehnung und Hass.

Zahlen zu den Angriffen auf Journalisten

Laut Informationen des Bundesinnenministeriums gab es im Jahr 2020 mehr als 250 Straftaten, die sich gegen Medien und Medienvertreter richteten. Dazu zählen 22 Körperverletzungen, 33 Sachbeschädigungen, Brandstiftungen, zahlreiche Fälle von Bedrohung und Nötigung, Volksverhetzung, Erpressung und diverse Propagandadelikte.

Im Vergleich zu den Vorjahren hat sich die Zahl der Attacken auf Journalisten mehr als verdoppelt – im Jahr 2019 lag sie bei 104, 2018 waren es 93. Grund für diesen alarmierenden Anstieg seien vor allem Vorfälle auf Corona-Demos. Die meisten Angriffe gab es erstmals in Berlin.

Für den Zeitraum 2016 bis 2020 verzeichnet das Bundesministerium des Innern insgesamt 1028 politisch motivierte Straften »gegen Medien«.[122]

Allein im Zusammenhang mit Corona-Demos im Jahr 2020 wurden 22 Straftaten gegen Medien in der Datei »LAPOS« (Lagebild Auswertung politisch motivierter Straftaten) erfasst, dazu zählten acht Körperverletzungen und acht Beleidigungen.

Die Gewalttaten gegen Medienschaffende sind nach Angaben der Polizei zum großen Teil von Personen aus dem rechten Spektrum verübt worden. Aber es hat auch Angriffe von Linksradikalen gegeben, ebenso wie Vorfälle, die weder dem einen noch dem anderen Milieu zuzuordnen sind. Damit ergibt sich ein ähnliches Bild wie bei den Bedrohungen von Ehrenamtlichen und Mandatsträgern.

Der Bundesvorsitzende des Deutschen Journalistenverbandes (DJV), Frank Überall, bringt es mit folgenden Worten auf den Punkt: »Zum ersten Mal in der Geschichte der Bundesrepublik erleben Journalistinnen und Journalisten offene Gewalt, Beschimpfungen und Drohungen, weil Menschen in den Medien Werkzeuge des von ihnen verhassten Staates sehen. Wir reden hier nicht über einige Einzelfälle. In der Szene von Rechtsextremisten und Querdenkern gehört es offenbar zum fanatisierten Weltbild dazu, Gewalt gegen alle diejenigen anzuwenden, die nicht die gleiche Meinung vertreten. Wir erwarten von den Sicherheitskräften, dass sie uns besser schützen und das Grundrecht der Pressefreiheit durchsetzen.«[123]

Erfahrungen

Wir haben mit zwei Journalistinnen Gespräche über Gefährdungen und Rahmenbedingungen ihrer Arbeit geführt und bekamen einen Einblick in die ganz realen Bedrohungen, die sich hinter dem Zahlenwerk der Statistiken verbergen.

Andrea Röpke, die seit vielen Jahren zum Thema Rechtsextremismus schreibt, betont, dass Journalisten mit ihrem Fachgebiet bei den entsprechenden Gruppierungen schon immer als »Todfeinde« wahrgenommen worden seien. In letzter Zeit beobachte sie aber verstärkt, dass nicht mehr nur die Kollegen mit dem Schwerpunkt Rechtsextremismus, sondern im Grunde alle Journalisten zur Zielscheibe von Angriffen werden können. »Durch die Stigmatisierung als ›Lügenpresse‹, als ›Judenpresse‹ wird jetzt jede Form von kritischem Journalismus angegriffen. Das heißt, heute erleben wir bei den Großdemonstrationen, dass eben nicht mehr nur wir betroffen sind, sondern wirklich alle Vertreter unseres Metiers.«

Das Ansehen von Journalisten hat sich in Teilen der Bevölkerung geändert. Die sorgfältige Recherche als ein Qualitätsmaßstab passt nicht zu bestimmten vorgefassten Meinungen. »Es wird uns prinzipiell eine Tendenzberichterstattung unterstellt – und das ist Kalkül. Rechts-kritische Berichterstattung soll unglaubwürdig gemacht werden«, ist die Überzeugung von Andrea Röpke. Das gelingt immer wieder auf Demonstrationen mit sehr heterogener Teilnehmerschaft und auch in Teilen der sozialen Medien.

Es gibt aber genauso die kritische Öffentlichkeit, viele Menschen, die diese Entwicklung sehen und sich distanzieren. Um sich umfassend informieren zu können, brauchen sie eine seriöse Berichterstattung der Journalisten mit Fakten über Abläufe, Ereignisse, gewaltmäßige Ausschreitungen und Äußerungen. Deshalb ist die Pressefreiheit im Grundgesetz geschützt. Sie soll eine unabhängige Berichterstattung garantieren, die auf investigative Recherchen setzt, um Missstände aufzudecken. Damit das gelingen kann, müssen Journalisten Zugang zu vielen Informationen haben, die nicht allen Bürgern zugänglich sind, und deshalb ist in den Pressegesetzen der Länder in unterschiedlicher Ausgestaltung ein Auskunftsanspruch der Journalisten gegen die Behörden verankert. In der Praxis kann es zwar zu schwierigen Abwägungen kommen, gerade auch mit dem Recht auf informationelle Selbstbestimmung und dem Schutz der Privatsphäre, aber insgesamt kommt der Presse – auch mit dem Schutz des Pressegeheimnisses in Strafprozessen – eine besondere Bedeutung zu.

Wird die Presse so fundamental wie von der rechtsextremen Szene angegriffen, dann ist eines klar: Nur was in die eigene Erzählung passt, soll verbreitet werden. So beklagen die Rechten zwar, dass der Staat ihnen Maulkörbe verpassen wolle, aber um echte Meinungsfreiheit geht es ihnen nicht. Vielmehr wollen sie, so Röpke, »den Paragraphen 130 StGB, die Sanktionierung von Volksverhetzung, aufheben«, um die deutsche Geschichte in ihrem Sinne ungehindert umdeuten zu können.

Vor diesem Hintergrund sei es besonders alarmierend, dass bei »Querdenker«-Demos Reichsfahnen geschwenkt werden. »Schon seit Jahrzehnten fordern Holocaustleugner wie Horst Mahler oder Ursula Haverbeck die Abschaffung des Paragraphen 130, jetzt schließen sich AfDler und ›Querdenker‹ an.« Diesen weiten Bogen spannt Andrea Röpke nach langen Jahren der intensiven Recherche im rechten Milieu.

Arbeitssituation vor Ort

Die Arbeitssituation für Journalisten, die als Lokalreporter über Pegida, Corona- und »Querdenker«-Demonstrationen vor Ort berichten, hat sich stark verändert. Sie müssen sich auf ein überwiegend feindliches Umfeld einstellen. Sie müssen sich vorher mit Kolleginnen und Kollegen absprechen, damit sie möglichst nicht allein vor Ort sind, und sie müssen sich hinsichtlich der Präsenz der Polizei vor Ort informieren, weil auch sie auf Schutz angewiesen sein können. Franziska Klemenz, die in Sachsen für die »Sächsische Volkszeitung« arbeitet, hat als junge Journalistin ihre ersten negativen Erfahrungen machen müssen.

Als sie auf einer Demo ihren Block zückte, hat sich sofort eine Traube von »einzelnen Männern im frühen Rentenalter« um sie herum gebildet. Sie skandierten »Lügenpresse«, und diese Rufe zogen noch mehr Demonstranten an, sodass die Traube immer größer wurde. Klemenz wurde an der Ausübung ihres Berufs gehindert und zog sich zurück, weil sie in dieser beängstigenden Situation nichts ausrichten konnte.

Wenn man sich in ihrem Erfahrungsbericht die weiteren Beschimpfungen und üblen Beleidigungen durchliest, denen sie wegen ihrer Journalistentätigkeit ausgesetzt ist, dann bekommt man einen authentischen Einblick in die rechte Szene, die in Journalisten nur willfährige Instrumente der von einer angeblichen Elite gesteuerten Medien sieht. Auch Jennifer Schiementz, Sprecherin der Organisation Reporter ohne Grenzen, zeigt sich sehr besorgt über den rapiden Anstieg von Angriffen auf Journalisten. »Aufgrund der hohen Zahl wird es immer zeitaufwändiger, alle Angriffe auf Journalistinnen und Journalisten nachzuverfolgen und zu verifizieren«, so ihre Erfahrung. Um Abhilfe zu schaffen, habe Reporter ohne Grenzen die E-Mail-Adresse uebergriffe@reporter-ohne-grenzen.de eingerichtet. Diese bietet Medienschaffenden immerhin die Möglichkeit, Übergriffe direkt zu melden.[124]

Am Ostersamstag 2021 haben Teilnehmer an einer Demonstration gegen die Corona-Auflagen in Stuttgart Medienvertreter angegriffen. Ein Journalist aus Dortmund erhielt einen Schlag ins Gesicht, und auf dem Cannstatter Wasen wurde ein Filmteam bedrängt. »Wieder einmal«, so der DJV-Vorsitzende Frank Überall, »kennen die selbst ernannten Querdenker keine Hemmungen, Berichterstatter als Ziel ihrer Wut anzugreifen«.[125]

Das sind nur einige exemplarische Fälle, die veranschaulichen, was in Deutschland los ist. Die Eindrücke aus den Gesprächen bestätigen die Bedrohungslage von Journalisten, die über fremden- oder islamfeindliche Ereignisse berichten oder Demonstrationen von »Querdenkern« oder von Pegida beobachten und dann darüber schreiben. Die Pressefreiheit ist zunehmenden Gefährdungen ausgesetzt. Die gewalttätigen Attacken gegen Journalisten sind teilweise von grundlegendem Hass getragen und erfolgen nicht wegen einer einmaligen Berichterstattung. In dem historisch belasteten Wort »Lügenpresse« kulminiert die systemische Ablehnung einer unabhängigen Berichterstattung. Diejenigen, die den Schmähruf »Lügenpresse« verwenden, wollen eine die eigene Meinung lobende Berichterstattung. Einfach ausgedrückt: Kritik empfinden sie als eine Art Majestätsbeleidigung. Kritik nervt, Kritik wird als Elitengeschwätz abgetan, dem man den eigenen Wahrheitsanspruch gegenüberstellt. Andrea Röpke bewertet es so, dass Journalisten grundsätzlich eine tendenziöse Berichterstattung unterstellt wird.

Auch Franziska Klemenz hat bei einer Pegida-Demo im Februar 2020 Gewalt erfahren. Nachdem sie Andreas Kalbitz, Brandenburgs umstrittenen Ex-AfD-Chef auf der Demo gesichtet und fotografiert hatte, kam ein Ordner auf sie zu und forderte sie auf, das Bild unverzüglich zu löschen. Als sie sich weigerte, hat er sie mit ihrem eigenen Schal gewürgt. Dass sie diesen Zwischenfall mehr oder weniger unbeschadet überstand, verdankt sie einer Kollegin, die beherzt dazwischenging.

Bei diesem starken Druck auf die Presse kann es auch zu Gefährdungen für die Demokratie kommen, die zwar vom Streit und von der Kontroverse lebt, aber nicht von Feindseligkeiten, Spaltung, Manipulation, Beleidigungen und Hass. Und wenn genau diese Strategie eingesetzt wird, um das aus Sicht der Gegner verachtenswerte System »Demokratie« zu schwächen, dann darf das nicht als irrelevant abgetan werden.

Was manche Journalisten seit Längerem fundiert darlegen, bestätigt schnörkellos auch der Verfassungsschutzbericht für das Jahr 2020. Der

Rechtsextremismus ist die größte Gefahr. 40 Prozent der Rechtsextremisten sind gewaltorientiert.»Das ist die höchste Relation an Gewaltbereitschaft in allen Extremismusbereichen. Für diese Entwicklung steht symptomatisch, dass im Februar 2020 ein 43-jähriger Deutscher an mehreren Orten in Hanau neun Menschen mit Migrationshintergrund, seine Mutter und anschließend sich selbst getötet hat. Fünf Personen wurden verletzt, zwei davon schwer. Sein Bekennerschreiben lässt – neben einer psychischen Erkrankung – auf ein rechtsextremistisches, antisemitisches und von Verschwörungstheorien geprägtes Weltbild schließen. Solche rechtsextremistischen Attentate passieren nicht einfach so. Sie sind das Resultat einer Lageverschärfung, die hervorgerufen wird durch die Vernetzungen diverser Akteure und durch die enthemmte Sprache und Hetze im Internet wie in der Realwelt«, so Verfassungsschutzpräsident Haldenwang bei der Vorstellung des Berichts im Juni 2021.»Wenn wir hier von ›Akteuren‹ und ›Hetze‹ sprechen, denke ich in erster Linie an die sogenannte Neue Rechte: Ihre Gruppierungen, Einzelpersonen und Organisationen bilden ein informelles Netzwerk, in dem rechtsextremistische bis rechtskonservative Kräfte zusammenwirken.«[126] Und genau dieses Netzwerk bedroht Journalisten.

Immer wieder erstatten bedrohte Journalisten Anzeige. Das tat auch Andrea Röpke, nachdem man ihr ins Gesicht geschlagen und die Kamera zerstört hatte. Röpke betont allerdings auch, dass viele Medienvertreter vor diesem Schritt zurückschrecken,»weil sie Angst haben, ihre Privatadresse könnte durch eine Anzeigeerstattung publik werden«. Sie hat Verständnis für Kolleginnen,»die aus Sicherheitsgründen nur unter Pseudonym arbeiten. Wir verwenden auch Postfachadressen in unseren Presseausweisen. Denn die Rechten wollen den immer sehen.«

Das Problem nimmt endlich auch die Politik zur Kenntnis. Bundesjustizministerin Christine Lambrecht sagte anlässlich des Internationalen Tages der Pressefreiheit 2021, dass die Arbeit von Journalistinnen und Journalisten in Deutschland in Zukunft mehr Schutz genießen müsse. Sie seien besonders auf»Demonstrationen von ›Coronaleugnern‹« immer häufiger das Ziel von Angriffen geworden. Die Täter müssten ermittelt und vor Gericht zur Verantwortung gezogen werden.

Das ist eine Selbstverständlichkeit, ist aber bisher nicht mit dem notwendigen Nachdruck und der notwendigen Konsequenz umgesetzt worden. Berechtigte Beschwerden der Journalistenverbände wurden nicht ernst genug genommen.

Wirtschaftlicher Druck

Neben physischem und psychischem Druck wird auf Autorinnen und Autoren auch massiver wirtschaftlicher Druck ausgeübt, um beispielsweise zu verhindern, dass unliebsame Bücher erscheinen. Das haben Andrea Röpke und ihr Verlag erlebt, als sie mit zahlreichen Klagen rechter Verlage gegen ihre Publikation »Völkische Landnahme« überzogen wurden. In ihrem Buch wird minutiös und detailliert geschildert, wie junge Rechtsextreme sich bewusst in ländlichen Regionen ansiedeln, um dort generationenübergreifend nationale Graswurzelarbeit mit ökologischer Landwirtschaft, altem Handwerk und nationalem Brauchtum zu betreiben. Sie gehen in die örtliche Politik, um Umweltschutz mit Volksschutz zu verbinden und eine angebliche Überfremdung zu verhindern. Diese sich außerhalb der breiten Öffentlichkeit seit mehreren Jahren vollziehende Entwicklung birgt gesellschaftlichen Sprengstoff. Deshalb muss über die Strategie diskutiert werden, bevor viele ländliche Regionen nach dem Vorbild der Dorfgemeinschaft Jamel vereinnahmt werden können. Dort wurde die völkische Utopie einer nationalen Wehr- und Siedlungsgemeinschaft gelebt. Den ideologischen Unterbau bildete eine Weltanschauung, die eine unbedingte Opferbereitschaft bis in den Tod forderte und den Glauben an die rassische Zugehörigkeit zu den germanischen Völkern mit Eugenik verband. Der frühere Bürgermeister der für Jamel zuständigen Gemeinde Gägelow hat den Ort Jamel resigniert aufgegeben.[127]

Das Beispiel zeigt gefährliche Entwicklungen in Deutschland, die einen gezielten Angriff darstellen auf die Wertegrundlagen unserer Verfassungsordnung: die Unantastbarkeit der Menschenwürde, die für jeden Menschen, nicht nur für Deutsche gilt, und das Verbot der Diskriminierung wegen Abstammung, Herkunft, politischer Überzeugung oder Religion.

Zu verorten sind diese Tendenzen in menschenfeindlichen Einstellungen in der Bevölkerung, im Zentrum terroristischer Zellen, bei organisierten Akteuren des autoritären Nationalradikalismus, bei den Vordenkern systemfeindlicher Milieus und Unterstützernetzwerken, deren Gewaltbereitschaft zunimmt.[128]

Sehr einprägsam schildert Andrea Röpke die juristische Drohkulisse: Sie spricht »von fast zwei Dutzend Abmahnungen und Klageversuchen«, die ihr ins Haus flatterten. Der Streitwert war so hoch angesetzt, dass einem angst und bange werden konnte. Doch die dreisten Einschüchterungsversuche verfingen weder bei ihr noch bei ihrem Koautor, weil sie ein gutes Anwaltsteam hatten. Dennoch betont sie, wie zeitraubend und anstrengend die Schikanen waren.

Diese ermüdenden und wirtschaftlich mit Risiko behafteten juristischen Auseinandersetzungen können zur Zurückhaltung bei Verlagen führen. Dazu Andrea Röpke: »Leider haben Abmahnungen und Klagewellen aber zur Folge, dass sich immer weniger Redaktionen trauen, Ross und Reiter zu nennen. Natürlich ist es richtig, die Namen von Angeklagten während laufender Verhandlungen abzukürzen. Aber rechtsextreme Anführer, Aktivisten oder Drahtzieher sollten auch benannt werden dürfen, wenn es ausreichend Beweismaterial gibt.«

Der Aufbau von Netzwerken, das Einsickern in die lokale Politik und die Mischung aus braunen Ökos, alten »Sippen« und jungen rechtsextremen Siedlern sollen zu einer grundlegenden Veränderung alltäglicher Lebenspraxis führen, die die Sehnsucht nach einer reindeutschen Volksgemeinschaft befriedigen soll.[129] Das Bundestagswahlprogramm der AfD bedient mit der totalen Absage an Europa, mit der grundsätzlichen Ablehnung des Familiennachzugs und der Forderung nach Grenzzäunen die Stimmungslage derjenigen, die nach dem Vorbild des früheren US-Präsidenten Donald Trump im Rechtspopulismus, in der Fremdenfeindlichkeit und in rassistischen Überzeugungen die Zukunft sehen. Die auf sorgfältigen Recherchen beruhenden Bücher von Andrea Röpke geben gute Einblicke in die rechten Netzwerke in bestimmten ländlichen Regionen, die diese Ideologie propagieren.

Journalisten und Polizei

Wenn Journalisten im öffentlichen Raum bedroht werden, ist es auch eine Aufgabe der Polizei, sie vor Gewalt und Körperverletzungen zu schützen und ihnen die Ausübung ihrer für unsere liberale Demokratie unverzichtbaren Arbeit zu ermöglichen. Dabei geraten sie immer wieder in einen Zwiespalt – auf der einen Seite müssen sie eine genehmigte Demonstration sichern, denn die Teilnehmerinnen und Teilnehmer nehmen ihr grundrechtliches Versammlungsrecht wahr, und auf der anderen Seite müssen auch die Journalisten vor Ort geschützt werden, die darüber berichten und aus der Versammlung heraus angegriffen werden. Die Erfahrungen, die dabei gemacht werden, sind sehr unterschiedlich. Reporter ohne Grenzen hatte kritisiert, Einsatzkräfte der Polizei hätten Journalistinnen und Journalisten in der Vergangenheit nicht ausreichend geschützt, teilweise hätten Polizeikräfte Medienschaffende bei ihrer Arbeit behindert. Die Deutsche Journalistinnen- und Journalistenunion (dju) hatte am Rande von Corona-Protesten im Jahr 2020 in Leipzig mehr als 40 Übergriffe auf Medienvertreter gezählt. Dabei sei von den anwesenden Polizeikräften häufig kein Schutz zu erwarten gewesen.

Das hat auch Andrea Röpke bei rechtsextremen Demos erlebt. Sie sieht häufig einen einseitigen Blickwinkel der Polizei auf Journalisten. »Uns wird vorgeworfen: Sie sind doch von links, Sie sind doch Antifaschisten, Sie wollen doch nur stören, Sie sind doch gar keine Presse. Manchmal haben wir Bücher dabei, um zu zeigen, was wir machen, damit sie uns überhaupt glauben und uns Bericht erstatten lassen. Das passiert natürlich nicht dem ARD-Team oder SPIEGEL-TV, die großen Aufwand betreiben und mit Bodyguards herumlaufen. Aber in der normalen Berichterstattung ist es sehr häufig so. Sie sprechen den Medien das Recht ab zu recherchieren und wollen, dass wir gehen. Das erleben wir immer wieder.«

Die Polizisten und Polizistinnen haben bei solchen Demonstrationen häufig einen schweren Stand. Sie wollen eine Eskalation aus der Versammlung heraus verhindern, sie müssen mögliche Strafhandlungen aufnehmen, um später weiter zu ermitteln und sie müssen sich mit denjenigen befassen, die den Anfeindungen rechtsradikaler und rechtsextremer Demonstrationsteilnehmer ausgesetzt sind, weil sie ihrem Beruf nachgehen und über diese Versammlung berichten wollen.

Da kann es auch mal falsche Entscheidungen geben. Als Andrea Röpke 2017 über den rechtsextremen»Eichsfeldtag« von Thorsten Heise und der Arischen Bruderschaft berichten wollte, wurde ihr ein Platzverweis erteilt.»Das haben wir nicht hingenommen, sind juristisch dagegen vorgegangen und haben gegen Landeskriminalamt und Polizei in Nordhausen gewonnen. Die Platzverweise waren gesetzeswidrig. Die Verantwortlichen mussten sich entschuldigen.«

Die Journalistenverbände sehen im Agieren von Polizisten gegenüber Medienvertretern im Zusammenhang mit Demonstrationen Licht und Schatten. Inzwischen hat sich der Eindruck bei der Polizei und auch bei Politikerinnen und Politikern doch stärker durchgesetzt, dass die Polizei die Arbeit der Medienschaffenden in solchen Situationen sichern muss. Es wird auch an Verabredungen zum verbesserten Schutz gearbeitet.

Bei der Konferenz der Justizministerinnen und Justizminister im Juni 2021 betonten die Politiker im Zusammenhang mit der Berichterstattung über Corona-Proteste den hohen Stellenwert der Pressefreiheit. Mit Sorge stelle man fest,»dass die aggressive Ablehnung einer Minderheit gegenüber einer inhaltlich pluralistischen, an Fakten orientierten Medienberichterstattung in einer wachsenden Zahl körperlicher und verbaler Angriffe auf Journalistinnen und Journalisten mündet«[130], heißt es in einer Erklärung.

Verhaltensgrundsätze für Polizei und Journalisten

Nach dem Geiseldrama von Gladbeck sind 1993 gemeinsame Verhaltensgrundsätze für Polizei und Medien beschlossen worden, die Ende des Jahres 2020 aktualisiert wurden. Erarbeitet haben den Entwurf der Deutsche Presserat mit seinen Trägerverbänden dju, DJV, BDZV und VDZ sowie ARD, ZDF, Deutschlandradio und und der Verband Privater Medien VAUNET.

Aus Sicht des Deutschen Presserats ist es höchste Zeit,»dass Journalistinnen und Journalisten bei Demonstrationen und Großveranstaltungen besser geschützt werden und ungehindert arbeiten können«.[131] Diesem Auftrag wird der Staat nicht gerecht, wenn Journalisten wegen ihrer Arbeit als »Störer« wahrgenommen werden. Bei Übergriffen oder Einschüchterungsversuchen durch Dritte muss die Polizei energisch eingreifen und darf die Einschränkungen nicht noch durch eigene Maßnahmen verstärken. Für Unmut und Empörung sorgte die Polizei 2018 auf einer Pegida-Demonstration, als sie auf Betreiben eines Mannes, der, wie sich später herausstellte, ein Beschäftigter des sächsischen Landeskriminalamtes war, anfing, Journalisten zu kontrollieren. Für die Verbände ist dieser besondere Fall ein Beispiel dafür, dass es der Polizei in Konfliktsituationen leider häufiger an der erforderlichen Sensibilität mangelt.

Konkrete Forderungen
Polizeiliche Schutzkonzepte
Der Deutsche Presserat mit seinen Trägerverbänden fordert von der Polizei, dass sie den »verfassungsmäßigen Schutzanspruch und Informationsauftrag der Medien anerkennt. Dies ist absolut notwendig und soll klarer als bisher in der Aus- und Weiterbildung von Polizistinnen und Polizisten verankert werden«. Sie müssen besser auf herausfordernde Situationen bei Demonstrationen vorbereitet werden und sich darüber im Klaren sein, was Sinn und Zweck der Pressearbeit ist. Dann können auch die Verhaltensgrundsätze richtig umgesetzt werden.

Journalisten müssen sich über polizeitaktische Maßnahmen mit der zuständigen Polizeiführung absprechen. Vor allem bei schwierigen Einsatzlagen ist eine rechtzeitige gute Kommunikation zwischen Sicherheitskräften und Medienvertretern von herausragender Bedeutung.

Strafverschärfung
Kann der Schutz von Journalisten durch Verschärfung geltender Strafbestimmungen verbessert werden? Sind strafbewehrte Verbote ein probates Mittel gegen aggressive und zur Gewalt neigende Demonstranten? Gern greift die Politik zu diesem scharfen Schwert. Es soll Tatkraft und Entschlossenheit vermitteln und kostet zunächst nichts.

Beim Vorgehen gegen Hass und Hetze gegen Politiker nehmen Strafverschärfungen und Druck auf Plattformbetreiber einen wichtigen Platz ein. Warum sollte man dieses Mittel also nicht auch zum Schutz von Pressevertretern einsetzen? Die Medien als häufig so bezeichnete vierte Gewalt kontrollieren die Exekutive und zerren mit ihrer investigativen Arbeit Missstände ans Licht. Muss da nicht alles für ihre Unabhängigkeit und Sicherheit getan werden?

Vor diesem Hintergrund sind die Überlegungen der Justizministerkonferenz auf ihrer Sitzung im Juni 2021 zu sehen. Auf dieser Sitzung wurde beraten, wie man die Medienschaffenden vor Angriffen und Behinderungen in ihrem Beruf strafrechtlich besser schützen kann.[132] Diskutiert wurde in dem Zusammenhang der neu zu schaffende Tatbestand der Störung der Tätigkeit der Presse. Dadurch ließen sich auch Störungen durch Trillerpfeifen und andere Aktivitäten leichter sanktionieren. Worin besteht die Verbesserung? Im darin liegenden Werturteil? In Verurteilungen eventuell auch mit höherem Strafmaß?

Gewiss mag es sinnvoll sein, mögliche Strafbarkeitslücken zu schließen oder auch den Strafrahmen bestehender Strafbestimmungen zu erhöhen. Damit allein ist aber noch keine größere Abschreckungswirkung verbunden. Den meisten aggressiven Demonstranten oder Hetzern wird die Gefahr einer in schweren Fällen mehrjährigen Gefängnisstrafe nicht bewusst sein. Außerdem wird beim ersten Verstoß meistens keine Freiheitsstrafe, sondern eine Geldstrafe verhängt.

Viel entscheidender ist, dass die Polizei vor Ort präsent ist und bei Angriffen auf Journalisten sofort angemessen einschreitet, was je nach Demoverlauf ausgesprochen heikel sein kann.

Im Internet müssen Beleidigungen und Volksverhetzung gegen Journalisten systematisch verfolgt werden. Die damit verbundenen Probleme sind im Kapitel zum Hass im Internet dargestellt.

Es ist einfach und erzielt zumindest eine kurzfristige öffentliche Aufmerksamkeit, Strafverschärfungen zu fordern. Meistens liegen die Probleme aber viel stärker in der Umsetzung des geltenden Rechts und im operativen Bereich. Deshalb müssen die zuständigen Behörden und die

Justiz alles tun, um die Verletzung geltenden Rechts zu ahnden und Ermittlungsverfahren wegen Bedrohungen, Beleidigungen und Körperverletzungen gegen Journalisten mit Hochdruck und prioritär voranzubringen. Abschreckung wird mit hohem Verfolgungsdruck erzeugt, nicht mit Gesetzestexten.

Schutzzonen

Die Forderung nach Schutzzonen für Journalisten am Ort des Geschehens wird schon länger debattiert. Das heißt, dass es bei öffentlichen Veranstaltungen einen von der Polizei gesicherten Raum für Medienschaffende gibt. Das bedeutet aber auch, dass die Bewegungsfreiheit der Journalisten eingeschränkt wird, die ungefährdeten Zugang zu allen Orten des Geschehens haben müssen. Schutzzonen können also nur das äußerste Mittel sein, wenn es darum geht, die körperliche Unversehrtheit der Journalisten zu schützen. Die Polizei muss darauf vorbereitet sein, sie je nach Gefährdungslage einzurichten.

Adressen schützen

Es muss sichergestellt werden, dass sich die Adresse der Anzeigeerstatter oder von Zeugen auf Wunsch der Betroffenen nicht in der angelegten Akte gegen einen Verdächtigen befindet, die bei Akteneinsicht des Anwalts des Verdächtigen sofort gelesen werden kann. Genau das ist auch nach geltendem Recht möglich. Paragraph 68 Absatz 2 der Strafprozessordnung erlaubt es, statt der vollständigen Adresse eine andere ladungsfähige Anschrift anzugeben, wenn begründeter Verdacht für eine Gefährdung des Zeugen oder einer anderen Person besteht. Von dieser Schutzmaßnahme sollte auch Gebrauch gemacht werden und sie sollte offen kommuniziert werden.

Der Umgang mit »Feindeslisten«

Mit einem Gesetzentwurf gegen sogenannte »Feindeslisten« will die Bundesregierung gegen Einschüchterungsversuche und Bedrohungen intensiver vorgehen. Immer wieder befinden sich neben Politikern und bekannten Persönlichkeiten auch Medienschaffende auf diesen Listen, die von verschiedenen Organisationen geführt werden und teilweise auch im Internet veröffentlicht sind.

Über 25 000 Personen stehen zum Beispiel auf der Liste der rechtsextremen »Nordkreuz«-Gruppe. In der »Wir kriegen euch alle«-Sammlung wurden Adressen von Aktivisten, Journalisten und Künstlern veröffentlicht, die sich gegen Rassismus engagieren. Auf Hetz-Seiten wie »Nürnberg 2.0« stehen vermeintliche »Volksverräter« am digitalen Pranger. Auch der damalige Kasseler Regierungspräsident Walter Lübcke stand auf einer »Feindesliste«, bevor er von einem Rechtsextremen ermordet wurde. Auf einer dieser Listen mit persönlichen Daten wie Adressangaben, Fotos oder Informationen über persönliche Umstände zu landen, ist bedrohlich und gefährlich.

Es geht auch hier um ein neues strafrechtliches Verbot. Mit Paragraph 126a soll zur Sicherung des öffentlichen Friedens das Strafgesetzbuch dahin erweitert werden, dass die »gefährdende Verbreitung personenbezogener Daten« auf sogenannten Feindeslisten mit Freiheitsstrafe oder Geldstrafe geahndet werden kann.[133]

Bedingung ist, dass die Verbreitung dieser personenbezogenen Daten geeignet ist, die betroffene Person oder ihr nahestehende Menschen der Gefahr einer Straftat auszusetzen. Mit den Listen soll die subtile Botschaft vermittelt werden, die Genannten seien gleichsam vogelfrei und mutwilligen Attacken schutzlos ausgeliefert.

Das betrifft nicht nur Journalisten, sondern auch Politiker und andere, die sich für ein bestimmtes Anliegen engagieren. Die Einschüchterung durch das Verbreiten sogenannter »Feindeslisten« kann dazu führen, dass sich die Betroffenen aus dem politischen oder gesellschaftlichen Leben zurückziehen. Ob jemand gefährdet wird, hängt entscheidend vom Kontext der Verbreitung der Daten ab – etwa in extremistischen Netzwerken, Foren und Chatgruppen.

Journalistische Berichterstattung, die Menschen namentlich nennt, sowie Recherchearbeit von Vereinen zur Aufdeckung extremistischer Strukturen sind ausdrücklich nicht erfasst. Das wäre ja auch kontraproduktiv, denn es wird – wie in diesem Kapitel ausführlich dargelegt – die unabhängige seriöse Berichterstattung über konkrete Taten und Gefährdungen gebraucht. Viele Fragen sind noch im Raum.

Fallen die interne Todesliste der Terrorgruppe NSU oder die Adressensammlungen der Verdächtigen in der Neuköllner Anschlagsserie unter den Straftatbestand? Wie viele Listen sind wirklich öffentlich und welche werden konspirativ verbreitet?[134] Werden auch Listen erfasst, die gerade gegen Rechtsextremismus gerichtet sind? Könnte die unabhängige Recherche von Vereinen gegen Neonazis behindert oder sogar verhindert werden?

Eine der Hauptforderungen der Betroffenen – die Mitteilung darüber, dass der eigene Name auf einer Liste steht – wurde nicht aufgenommen. Ob jemand erfährt, dass er auf einer Liste steht, hängt maßgeblich von den Polizeibehörden der Länder und deren Einschätzung ab. In Hessen beispielsweise informierte die Polizei Personen auf der »Wir kriegen euch alle«-Liste aktiv, in Baden-Württemberg passierte das nicht.[135]

Könnte der Entwurf auch im Journalismus zu Unsicherheiten führen? »Führt etwa ein Dortmunder Lokaljournalist, der über das neue Luxusauto eines Schalker Profis berichtet, durch die Verbreitung personenbezogener Daten die Gefahr einer Sachbeschädigung herbei?«, fragt der Jurist Sebastian Golla.[136] Sollten nicht ausdrücklich Medienberichte und Beiträge zum politischen Diskurs ausgenommen werden?

Der Gesetzentwurf ist in der 19. Legislaturperiode nicht mehr verabschiedet worden. Aber auch ohne einen neuen Paragraphen müssen diese Listen von den Sicherheitsbehörden sehr ernst genommen werden. Denn sie erzeugen zumindest eines: ein permanentes Gefühl der Unsicherheit und der Angst. Genau das wird von den rechtsradikalen Akteuren bezweckt.

Da unstreitig verschiedene solcher Todeslisten existieren, muss die Polizei die Genannten informieren, damit sie sich selbst schützen können. Sie zu warnen, ist unverzichtbarer Bestandteil eines gezielten Vorgehens gegen rechtsradikale und andere demokratiefeindliche Umtriebe.

Fazit

Die Demokratie in Deutschland hat sich seit über 70 Jahren entwickelt und Wurzeln gefasst. Trotz Schwankungen bei den Zustimmungswerten der Bürgerinnen und Bürger droht nicht ihr Ende in Deutschland, und weltweit wird sie nach wie vor von den meisten als die attraktivste Regierungsform angesehen.

Und doch ist die demokratische Welt nicht in Ordnung.

Es gibt Gefahren für die Demokratie. Sie sind vielfältig und begegnen uns nicht erst seit der Pandemie. Es gibt sie in unterschiedlicher Ausprägung. Sie dürfen nicht negiert, aber auch nicht skandalisiert werden.

Mit der Gefahr durch Hass und Hetze im Netz, die sich gegen Politikerinnen und Politiker sowie Journalistinnen und Journalisten richtet, befasst sich dieses Buch. Im Fokus stehen die Repräsentanten der Demokratie, die das Vertrauen und die Mitwirkung der Bürgerinnen und Bürger brauchen. Regiert wird mit der gewählten Mehrheitskoalition, aber das Fundament bekommt Risse und kann instabil werden, wenn der Grundkonsens zu den Werten des Zusammenlebens von Teilen der Bevölkerung aufgekündigt wird.

Das erleben Politikerinnen und Politiker fast täglich. Die von uns Befragten stehen symbolisch für die unterschiedlichen verbalen und tätlichen Angriffe. Sie machen mit ihrer Offenheit und ihrem verantwortungsvollen Verhalten Mut. Mut, sich nicht unterkriegen zu lassen. Mut all denjenigen, die sich in einer vergleichbaren Situation befinden, und Mut, sich Hilfe und Unterstützung zu holen. Das Gefühl, nicht allein unsäglichen Beschimpfungen ausgesetzt zu sein, kann den Betroffenen den Rücken stärken.

Die theoretisch immer so gern beschworene Meinungsfreiheit und der hohe Wert der freien und unabhängigen Presse verkehren sich in der Wahrnehmung eines kritischen Teils der Zivilgesellschaft zu einem Unterdrückungsinstrument der elitären Mehrheit. Daraus leiten sie für sich die Legitimation ab, sich lautstark und rücksichtslos zu äußern, häufig ganz gezielt gegen Politiker, die angeblich die Verantwortung für die von ihnen empfundene Angst, ihren Ärger und ihre Unsicherheit tragen.

Sie kritisieren einzelne Entwicklungen. Bei manchen ist die Ablehnung des demokratischen Systems unreflektiert, bei anderen verbindet sie sich mit der Absicht, gezielt auf den »Tag X« hinzuarbeiten, den Tag des ersehnten Umsturzes der sogenannten »Merkel-Diktatur«, die das deutsche Volk der Unterwanderung und dem »Bevölkerungsaustausch« ausgesetzt habe.

Das alles ist kein gänzlich neues Phänomen, aber gepaart mit einer weltweiten Pandemie unvorstellbaren Ausmaßes und dem Verlust des gewohnten, normalen Lebens ist daraus im digitalen Zeitalter eine dynamische Welle geworden, die die Demokratie zwar nicht in eine grundsätzliche Krise stürzt, aber ein nicht zu unterschätzendes Gefährdungspotenzial birgt.

Also muss unermüdlich diesen Gefahren entgegengewirkt werden.

Deshalb befasst sich das Buch mit den Ursachen von Hass und Hetze im Netz, mit den prägenden Formen der Politikerbeschimpfung wie Frauenfeindlichkeit, Fremdenhass, Rechtspopulismus und Rechtsextremismus. Das Buch ist ein Appell an die Bürgerinnen und Bürger, sich einzubringen. Es ist ein Appell an ihre Bereitschaft zuzuhören, zu streiten, sich auseinanderzusetzen, falsche Tatsachenbehauptungen und deren Begründungen zu entlarven und Andersdenkende zu überzeugen.

Die Bürgerinnen und Bürger sollen spüren, dass sie sich dabei auf mutige Politiker verlassen können. Denn die Interviewten stehen für eine Vielzahl der politischen Repräsentanten.

Gewalttätige Übergriffe auf Menschen, die Hilfe leisten und sich für das Wohl der Gemeinschaft engagieren, sind leider auch keine Ausnahmehandlungen. Irrationale Feindbilder, mangelnder Respekt und mangelndes Verantwortungsgefühl für die Gemeinschaft erzeugen mehr und mehr eine Atmosphäre der Verunsicherung und Angst.

In unseren Gesprächen mit Fachleuten aus dem Bereich der Psychologie und Psychiatrie wurde die Unfähigkeit zum Perspektivwechsel und damit zur Empathie als Grund für dieses Verhalten genannt. Ahmad Mansour bezeichnet Empathie als eine Voraussetzung für den respektvollen Umgang miteinander. Ein wichtiger Weg dorthin kann Biografiearbeit sein, um mehr Verständnis füreinander zu entwickeln.

Das Buch ist kein Ratgeber, aber es gibt Ratschläge, die darauf gerichtet sind, wieder den öffentlichen Raum zurückzuerobern, den Rechtspopulisten besetzen – digital und analog.

Die jährliche Erinnerung an den 9. November 1938 lässt lebendig werden, wie Demokratien endgültig zerstört werden, wenn man ihre Verächter gewähren lässt. Dann wird die Würde der Menschen, die als nicht zugehörig – oder noch schlimmer – als schädlich definiert werden, systematisch verletzt bis zur Vernichtung. Deshalb muss die Demokratie wehrhaft sein, sie muss mit ihren Stärken und auch Schwächen erklärt und emphatisch beworben werden. Die Kraft der Demokratie liegt in der Stärke der Repräsentation der Bürgerinnen und Bürger, in der Berücksichtigung der unterschiedlichen Interessen und in der Aushandlung eines tragfähigen Kompromisses, der nicht in der Selbstaufgabe einer Seite liegt.

Wer die Vertreterinnen und Vertreter der Bürger verletzt, verletzt auch die Demokratie. Sie brauchen in Gefahrensituationen unsere Solidarität und unseren Rückhalt. Und wir brauchen staatliche Institutionen, die auf keinem Auge blind sind, und einen Rechtsstaat, der die Gefahren für unsere Demokratie tatkräftig und überzeugend zurückdrängt.

Den Feinden unserer Demokratie setzen wir einen empathischen Verfassungspatriotismus entgegen.

Anhang

Initiativen und Beratungsstellen gegen Hass und Hetze im Netz

Die Ratgeber-Plattform **HateAid** bietet Betroffenen eine erste Anlaufstelle und ganz konkrete Hilfe an. Sie ist die einzige Organisation, die Opfer von Hatespeech kostenlos begleitet und ihnen u. a. eine Erstberatung zur Verfügung stellt. In schwerwiegenden Fällen werden auch Therapeuten oder Anwälte hinzugezogen. HateAid möchte gegen potenzielle Täterinnen und Täter vorgehen und übernimmt auch Gerichtskosten, um Betroffenen die Angst vor einem finanziellen Eigenrisiko zu nehmen. Finanziert wird die gemeinnützige Organisation unter dem Dach der Stiftung Haus der Demokratie und Menschenrechte in Berlin durch Spenden. Unter anderem Renate Künast hat die Unterstützung durch HateAid sehr geholfen. (https://hateaid.org)

Die Körber-Stiftung hat gemeinsam mit dem Deutschen Städtetag, dem Deutschen Landkreistag sowie dem Deutschen Städte- und Gemeindebund das Online-Portal **Stark im Amt** auf den Weg gebracht, das Betroffene vernetzen und unterstützen soll. Es ist eine Art Wikipedia für bedrohte Kommunalpolitikerinnen und -politiker, gedacht zum Austausch und um sich zu informieren. (www.stark-im-amt.de)

Der Verein **ichbinhier e. V.**, der 2016 gegründet wurde, klärt über Ursachen, Ausmaß und Folgen von Hass im Netz auf. Er möchte die Nutzer sozialer Netzwerke, Medienvertreter und politische Entscheidungsträger für das Thema Hass im Netz sensibilisieren. Er unterstützt Menschen und Institutionen in allen Bereichen der Gesellschaft darin, sich gegen digitale Angriffe zu wappnen.

Sein Ziel ist, für gelebte Demokratie durch konstruktive Diskussionen einzustehen und alle Akteure darin zu bestärken, in ihren jeweiligen Tätigkeitsfeldern gegen Hatespeech vorzugehen. Das soll mehr digitale Zivilcourage bringen. Mit dem Kampagnen-Hashtag #ichbinhier können Unterstützer gewonnen werden. Ein Hauptziel ist Förderung einer sachlicheren Diskussionskultur.

2017 hat das Projekt den Grimme Online Award gewonnen. Der Gründer Hannes Ley ist der Ansicht, dass man gegen Hatespeech nur als Gruppe vorgehen kann. »Es gibt eine Menge Hasskommentatoren, denen muss man eine Menge Gegenredner gegenüberstellen. Man muss auch sehen, dass die Kritik zu einem großen Teil aus der Ecke kommt, aus der auch die Hasskommentare stammen. Zum Beispiel von der sogenannten Identitären Bewegung, die das in großem Stil betreibt, wie wir aus einer umfangreichen Datenanalyse wissen«, sagt er in einem Interview mit der Website golem.de. (www.ichbinhier.eu)

Die Initiativen **Verfolgen und Löschen** sowie **Verfolgen statt nur Löschen – Rechtsdurchsetzung im Internet** setzen ein deutliches Zeichen gegen Recht- und Rücksichtslosigkeit und für Freiheit und Demokratie im Netz. Strafverfolgungsbehörden, Medienaufsicht und Medienhäuser haben sich zusammengeschlossen, damit Hasskommentare nicht einfach nur gelöscht, sondern auch strafrechtlich geprüft und im Falle einer Rechtsverletzung verfolgt werden. Hierfür wurden konkrete Verfahrensabläufe entwickelt, die den Prozess erleichtern und beschleunigen. Durch die konsequente Sanktionierung von Rechtsverstößen und deren Bekanntmachung soll eine generalpräventive Wirkung erzielt werden, um der Verrohung der Netzkommunikation effektiv vorzubeugen.

Aktuelle Informationen zu der Initiative **Verfolgen und Löschen** liefert die Website der Landesanstalt für Medien Rheinland-Pfalz. Neben der rheinland-pfälzischen Medienanstalt beteiligen sich das Ministerium der Justiz Rheinland-Pfalz sowie viele rheinland-pfälzische Medien, unter anderem die »Rheinpfalz«, die »Allgemeine Zeitung«, die »Rhein-Zeitung«, bigFM, RPR 1 und Rockland Radio. (medienanstalt-rlp.de)

Bürgerinnen und Bürgern steht in Hessen online die staatliche Anlaufstelle **Hessen gegen Hetze** zur Verfügung, um Hass und Hetze im Internet zu melden. Die Meldestelle ist Teil eines Meldesystems, in dem Polizei, Staatsanwaltschaft und zahlreiche Nichtregierungsorganisationen eng zusammenarbeiten. Um Hasskommentare zu melden, übersendet man den Link zur betreffenden Seite und einen Screenshot des betreffenden Kommentars. Ob man seine Kontaktdaten hinterlässt, ist freigestellt. Ziel des neuen Angebotes ist es, Hasskommentare und extremistische Inhalte möglichst schnell zu erfassen, den Betroffenen eine unmittelbare und unkomplizierte Unterstützung zu bieten sowie eine effiziente Strafverfolgung durch eine verbesserte Sicherung beweiserheblicher Daten in Gang zu setzen. (hessengegenhetze.de)

Hass im Netz ist ein Onlineangebot des Bereichs politischer Extremismus bei jugendschutz.net und wird von der Bundeszentrale für politische Bildung gefördert. Betroffene finden aktuelle Informationen zum Thema Hass im Netz und können über das Meldeformular unzulässige Kommentare und Inhalte melden. (hass-im-netz.info)

Das **No Hate Speech Movement** entstand aus einer Jugendkampagne des Europarates, die 2012 gestartet wurde und sich gegen Hass, Rassismus und Diskriminierung im digitalen Raum wendet. Im Jahr 2016 wurde ein deutscher Knotenpunkt eingerichtet. Der deutsche Ableger wird von den Neuen Deutschen Medienmachern koordiniert. Auf der Website findet sich auch ein Helpdesk, das konkrete Hilfe beim Umgang mit Hass im Netz anbietet. (no-hate-speech.de)

Die **Amadeu Antonio Stiftung** arbeitet seit ihrer Gründung im Jahr 1998 an einer Stärkung der demokratischen Zivilgesellschaft, die sich konsequent gegen Rechtsextremismus, Rassismus und Antisemitismus wendet. Bundesweit setzt die Stiftung auf Aufklärung, Sensibilisierung sowie Beratung und Förderung von lokalen Initiativen.

Das Stiftungsprojekt **civic.net – Aktiv gegen Hass im Netz** arbeitet mit dem Fokus, die Berliner Zivilgesellschaft beim Umgang mit Hass in sozialen Medien weiterzubilden und Handlungsempfehlungen für Gegenredestrategien und Shitstorm-Management zu geben.

Das Projekt **LOVE-Storm – Gemeinsam gegen Hass im Netz** will der Welle aus Hass, Herabwürdigungen und Beleidigungen im Internet eine Bewegung der digitalen Zivilcourage entgegensetzen. LOVE-Storm befähigt interessierte und engagierte Menschen mit Onlinetrainings, Lernressourcen und einer wachsenden Community, Hass und Cybermobbing effektiv entgegenzutreten. (love-storm.de)

Das Projekt **bildmachen** wendet sich an Jugendliche und pädagogische Fachkräfte mit Workshops und Fortbildungen. Das Ziel ist eine Sensibilisierung für digitale Gewaltformen und Anwerbestrategien extremistischer Gruppen. Jugendlichen werden unter anderem Möglichkeiten aufgezeigt, sich selbst mit eigenen Inhalten (z. B. in Form von Memes und GIFs) in den sozialen Medien einzubringen. Bei bildmachen handelt es sich um ein Bund-Länder-Projekt mit mehreren Trägern. (www.bildmachen.net)

NetzCourage ist ein gemeinnütziger Verein, der sich aktiv gegen Hassrede, Diskriminierung und Rassismus im Internet stellt. Er versteht sich als Instrument der Aufklärung und kämpft für Anstand und einen menschenwürdigen gegenseitigen Umgang von Nutzern und Nutzerinnen sozialer Medien wie Facebook und Twitter. Mit der »HateSpeech-Ambulanz« bietet NetzCourage Betroffenen von Internet-Hass kostenlos schnelle Hilfe und erfahrene Beratung. (www.netzcourage.ch)

2019 initiierte der deutsche Satiriker und Moderator Jan Böhmermann **Reconquista Internet**, eine Bürgerrechtsbewegung für »Liebe und Vernunft« im Internet und eine Zivilisierung des gesellschaftlichen Diskurses in den sozialen Netzwerken. Ihr Ziel ist es, jedem und jeder aus der Spirale des Hasses und der Enthemmung herauszuhelfen.

Über das Meldesystem **hassmelden.de** und die gleichnamige kostenlose App kann man Beiträge melden, die zum Beispiel auf der Twitter-, Facebook- oder Telegram-App gepostet wurden. Der Meldedienst übernimmt die Prüfung der gemeldeten Beiträge und erstattet gegebenenfalls Anzeige, sodass die Melder anonym bleiben.

Im Rahmen des europäischen Projekts **BRICkS** (Building Respect on the Internet by Combating Hate Speech) entwickelte die Grimme-Akademie Trainingsmodule und Hilfsmittel für die Arbeit mit jungen Usern, um diesen praktische Hilfsangebote im Umgang mit Hassrede zu vermitteln. Die Grimme-Akademie engagiert sich derzeit außerdem auf zahlreichen Veranstaltungen mit Vorträgen und Workshops zum Thema Umgang mit Hatespeech im Netz. (bricks-project.eu)

Das EU-Projekt **SELMA hacking hate** adressiert das Thema »Hassrede im Netz« auf interdisziplinäre Weise mit einem ganzheitlichen Ansatz, der Lehrende, Schülerinnen und Schüler sowie deren Eltern und andere Multiplikatoren aus den Bereichen Bildung, Politik, Internetwirtschaft und Zivilgesellschaft in den Blick nimmt. Ziel des Projektes ist es, gegenseitiges Verständnis, Toleranz und Respekt in der schulischen und außerschulischen Bildungsarbeit zu fördern. (https://hackinghate.eu)

#NichtEgal ist eine gemeinsame Initiative von YouTube, Freiwillige Selbstkontrolle Multimedia-Diensteanbieter (FSM e. V.), klicksafe, medienblau und Digitale Helden, die für ein gutes Miteinander auf You-Tube und darüber hinaus eintritt. Junge Menschen werden ermutigt, ihre Meinung zu teilen, die eigene Rolle im digitalen Raum zu reflektieren und Hass entgegenzutreten. (www.youtube.com/nichtegal)

In dem bundesweiten von JUUUPORT e. V. initiierten Onlineprojekt **WERTE LEBEN – ONLINE** machen sich Jugendliche für mehr Respekt, Toleranz und Mitgefühl im Netz stark und vermitteln ihre Werte an andere Jugendliche weiter. In Online-Seminaren informieren die jugendlichen Scouts über Themen wie Hatespeech, Cyber-Mobbing und Online-Privatsphäre. Sie vermitteln Gleichaltrigen Wege und Lösungen, um negativen Phänomenen im Online-Alltag kritisch und selbstbewusst zu begegnen. (https://www.juuuport.de/ueber-juuuport/werteleben-online)

Die Initiative **Facing Facts!** hat das Ziel, die Anerkennung und Erfassung von Hassverbrechen und Hassreden im Internet auf nationaler Ebene und darüber hinaus durch die Zusammenarbeit der Zivilgesellschaft und öffentlichen Behörden zu erhöhen. Facing Facts Online stellt auch ein Online-Seminar zum Thema Hatespeech zur Verfügung. (www.facingfacts.eu)

Das Projekt **Zivile Helden** will die Zivilcourage in sozialen Onlinemedien verbessern. Die Internetseite ist ein Informationsangebot des Forschungsprojekts »PräDiSiKo – Präventive Digitale Sicherheitskommunikation«: Sie gibt Tipps zu richtigem Verhalten bei Gewalt, Hatespeech und Radikalisierung und listet Beratungsstellen. (www.zivile-helden.de)

Die Initiative **Justiz und Medien – konsequent gegen Hass** entstand im Jahr 2019 aus einer Kooperation zwischen der Bayerischen Landeszentrale für neue Medien (BLM) und dem Bayerischen Staatsministerium der Justiz. Die Initiative richtet sich an private und öffentlich-rechtliche Medienunternehmen in Bayern und bildet eine Brücke zwischen Medien und Justiz. Nach einer Schulung können Redakteurinnen und Redakteure über ein speziell entwickeltes Online-Verfahren Hasspostings direkt dem Hate-Speech-Beauftragten der bayerischen Justiz melden. Das Projekt ist eine klare Antwort gegen Hass und Hetze und für Meinungsfreiheit und einen respektvollen Umgang im Netz. (www.blm.de/konsequent-gegen-hass.cfm)

Die **Internet-Beschwerdestelle** ist ein gemeinsames Projekt der Freiwilligen Selbstkontrolle Multimedia-Diensteanbieter (FSM) e. V. und eco – Verband der Internetwirtschaft e. V. Sie betreiben das Portal als Partnerprojekt von zwei eigenständigen Hotlines, die einen jeweils festgelegten Zuständigkeitsbereich haben. Über die Formulare können schnell und einfach Internet-Inhalte gemeldet werden, die für rechtswidrig gehalten werden, also z. B. volksverhetzende Äußerungen. (www.internet-beschwerdestelle.de)

Respect! – Die Meldestelle für Hetze im Netz des Demokratiezentrum Baden-Württemberg will dafür sorgen, dass Hass und Hetze nicht unwidersprochen hingenommen werden. Sie prüft, ob Gesetze verletzt wurden, und leitet daraufhin weitere Schritte ein. (https://demokratiezentrum-bw.de/meldestelle-respect/)

Die **Mobile Beratung gegen Rechtsextremismus Berlin** (MBR) ist seit 2001 Anlaufstelle für alle Menschen, die sich für eine menschenrechtsorientierte und demokratische Kultur einsetzen. Das geschulte Team berät bei konkreten rechtsextremen, rassistischen, rechtspopulistischen und antisemitischen Herausforderungen in ihren verschiedenen Erscheinungsformen und begleitet die langfristige Auseinandersetzung mit diesen Phänomenen, wo immer sie auftreten: ob im privaten und sozialen Umfeld, am Arbeitsplatz oder im öffentlichen Raum. Neben der Beratungsarbeit und Prozessbegleitung bietet die MBR auch Qualifizierungen für Multiplikatoren an. Die MBR ist auf Nachfrage für Beratungsfälle in allen Berliner Bezirken kostenfrei ansprechbar.

Der **Bundesverband Mobile Beratung gegen Rechtsextremismus** bietet in allen Bundesländern seine Unterstützung an. (www.bundesverband-mobile-beratung.de)

Das **Nationale Zentrum für Kriminalprävention** (NZK) beim Bundesministerium des Innern, für Bau und Heimat ist eine Arbeitsstelle am **Deutschen Forum für Kriminalprävention** (DFK). Es bietet Hilfe bei der Erstattung von Anzeigen und berät über die verschiedenen

Schritte beim Vorgehen gegen strafbare Beschimpfungen im Netz und Bedrohungen.

Eine umfangreiche Übersicht der Akteure aus dem deutschsprachigen Raum, die sich für eine politische Debattenkultur und gegen Hatespeech einsetzen, ist auch unter www.das-nettz.de zu finden.

Anmerkungen

1   OB Onay bedroht. Mann wegen Volksverhetzung verurteilt, 3. März 2021, NDR. Online: www.ndr.de/nachrichten/niedersachsen/hannover_weser-lei-negebiet/OB-Onay-bedroht-Mann-wegen-Volksverhetzung-verurteilt,pro-zess6312.html (zuletzt abgerufen am 3. November 2021)

2   www.tagesschau.de/investigativ/report-muenchen/angriffe-kommunalpoli-tiker-101.html vom 27. April 2021, (zuletzt abgerufen am 3. November 2021)

3   Ehrhardt, Christian: Kommunalpolitiker: Bedrohungen sind an der Tages-ordnung, 10. März 2020, Kommunal. Online: https://kommunal.de/kom-munalpolitiker-umfrage-2020)

4   Zu Vanessa Gattung siehe www.zdf.de/nachrichten/politik/stark-im-amt-hetze-gegen-politiker (zuletzt abgerufen am 3. November 2021)

5   Ehrhardt, Umfrage 2020.

6   Mallwitz, Gudrun: Bürgermeisterinnen häufiger bedroht als männliche Kollegen, 19. Januar 2021, Kommunal. Online: https://kommunal.de/ge-walt-Buergermeisterinnen (zuletzt abgerufen am 3. November 2021)

7   Zerback, Sarah: Gewalt gegen Politiker – »Man muss auch Mut und Haltung zeigen«, Gespräch mit Andreas Hollstein, 10. Januar 2020, Deutschland-funk. Online: www.deutschlandfunk.de/gewalt-gegen-politiker-man-muss-auch-mut-und-haltung-zeigen.694.de.html (zuletzt abgerufen am 3. Novem-ber 2021)

8   Gensing, Patrick: Lübcke-Attentat – Feindbild Politiker, 19. Juni 2019, tages-schau. Online: https://www.tagesschau.de/faktenfinder/angriffe-politi-ker-101.html (zuletzt abgerufen am 3. November 2021)

9   Vgl. Mallwitz, 2021.

10 Amann, Melanie u.a.: Hass gegen Politiker wird zur Bedrohung der Demo-kratie, 27. Juni 2016, Spiegel-Online. Online: https://www.spiegel.de/spiegel/hass-gegen-politiker-wird-zur-bedrohung-der-demokratie-a-1099667.html (zuletzt abgerufen am 3. November 2021)

11 zu Lierenfeld und Müller vgl. Ehrhardt, Christian: Lockdown: Gewalt gegen Politiker nimmt offenbar wieder zu, 16. Dezember 2020, Kommunal. On-line: https://kommunal.de/lockdown-gewalt-bürgermeister (zuletzt abgeru-fen am 3. November 2021)

12 Bundesministerium des Innern, für Bau und Heimat: Politisch motivierte Kriminalität im Jahr 2018, Berlin 2019.

13 Bundesministerium des Innern, für Bau und Heimat: Politisch motivierte Kriminalität im Jahr 2019, Berlin 2020.

14 Bannenberg, Britta: Gewalt gegen Amtsträger, in: APuZ 13–15, 2021, S. 27.

15 Schumann, Jan: Querdenker bedrohen Bürgermeister an Haustür, 16. Februar 2021, bild. Online: www.bild.de/regional/thueringen/thueringen-aktuell/im-corona-hotspot-querdenker-bedrohen-buergermeister-an-haustuer-75394504.bild.html (zuletzt abgerufen am 3. November 2021)

16 Sternberg, Jan: Bundesregierung befürchtet weitere Radikalisierung der Querdenker, 22. Januar 2021, rnd. Online: www.rnd.de/politik/bundesregierung-befurchtet-weitere-radikalisierung-der-querdenker-I4FYZ6GSIF-G7LHAR6UFNYLJ6EQ.html (zuletzt abgerufen am 3. November 2021)

17 Heitmeyer, Wilhelm; Freiheit, Manuela: Rechte Bedrohungsallianzen: Signaturen der Bedrohung 2, Berlin 2020, Seite 37.

18 Statistisches Bundesamt: Anzahl der Straftaten gegen Parteirepräsentanten nach Parteizugehörigkeit 2020. Online: https://de.statista.com/statistik/daten/studie/1202342/umfrage/straftaten-gegen-parteirepraesentanten/ (zuletzt abgerufen am 3. November 2021)

19 Deutscher Bundestag: Antwort auf die Kleine Anfrage der Abgeordneten Hess, Curio u. a. und der Fraktion der AfD. Drucksache 19/10403, Berlin 22. Mai 2019.

20 Vooren, Christian:»Ich habe Krieg und Flucht erlebt, aber mich nie so hilflos gefühlt«, Gespräch mit Tareq Alaows, 18. Mai 2021, zeit-online. Online: www.zeit.de/gesellschaft/zeitgeschehen/2021–05/tareq-alaows-bundestag-kandidatur-buendnis-90-die-gruenen-rassismus (zuletzt abgerufen am 3. November 2021)

21 Mediendienst Integration: Politische Teilhabe: Abgeordnete mit Migrationshintergrund im 19. Deutschen Bundestag, Berlin 2017.

22 Siehe hierzu Götschenberg, Michael:»Querdenker« werden nun bundesweit beobachtet, 28. April 2021, tagesschau. Online: www.tagesschau.de/inland/verfassungsschutz-querdenker-103.html (zuletzt abgerufen am 3. November 2021)

23 Medienpädagogischer Forschungsverbund Südwest: JIM-Studie 2020, Stuttgart 2020, S. 68.

24 Schmidt, Sascha: Neue Studie: Auswirkungen von Corona auf den Medienkonsum von Erwachsenen, 18. Juni 2020, lmz. Online: www.lmz-bw.de/aktuelles/aktuelle-meldungen/detailseite/neue-studie-auswirkungen-von-corona-auf-den-medienkonsum-von-erwachsenen/ (zuletzt abgerufen am 3. November 2021)

25 Ebitsch, Sabrina u. a.: Der Hass wächst, 10. Mai 2021, SZ. Online: projekte. sueddeutsche.de/artikel/politik/radikalisierung-in-der-corona-kri-se-e742536/ (zuletzt abgerufen am 3. November 2021)

26 Deutscher Bundestag: Antwort auf Kleine Anfrage der Abgeordneten Mihalic, Lazar, Notz u. a. und der Fraktion von Bündnis 90/Die Grünen. Drucksache 19/25993, 19. Januar 2021.

27 Ebner, Julia: Radikalisierngsmaschinen, Berlin 2019, S. 173ff.

28 Quent, Matthias: Nicht mehr Warten auf den »Tag X«, in: APuZ 49–50/2019, S 27f.

29 Ebd., S. 28.

30 Bannenberg, 2021, S. 32.

31 Baumgärtner, Maik u. a.: Das rechte Netzwerk von Kassel, 26. Juni 2019, Spiegel-Online. Online: www.spiegel.de/panorama/justiz/a-1274255.html (zuletzt abgerufen am 3. November 2021)

32 Bundesministerium des Innern, für Bau und Heimat: Verbot von »combat 18 Deutschland«. Online: www.bmi.bund.de/SharedDocs/faqs/DE/themen/sicherheit/vereinsverbot-combat-18/vereinsverbot-combat-18-liste.html (zuletzt abgerufen am 3. November 2021)

33 Quent, APuZ 49–50, S. 31.

34 Diekmann, Nicole: Die Shitstorm-Republik – Wie Hass im Netz entsteht und was wir dagegen tun können, Köln 2021.

35 Bannenberg, 2021, S. 33.

36 Heinrich Böll Stiftung (Hg.): Beleidigt und bedroht, Arbeitsbedingungen und Gewalterfahrungen von Ratsmitgliedern in Deutschland, Schriften zur Demokratie Band 59, Berlin 2021, S. 31ff.

37 Nationales Zentrum für Kriminalprävention: Umgang mit Hass und Bedrohung, Bonn 2020, S. 9.

38 Bürgermeister von Kerpen will nach Drohungen nicht mehr kandidieren, 23. Januar 2020, Spiegel-Online. Online: https://www.spiegel.de/politik/deutschland/buergermeister-von-kerpen-will-nach-drohun-gen-nicht-mehr-kandidieren (zuletzt abgerufen am 3. November 2021)

39 Zerback, 2020.

40 Vgl. ebd.

41 Süddeutsche Zeitung, 18. Mai 2021, Seite R11.

42 Rietzschel, Antonie: »Ich war allein«, 24. Mai 2021, SZ. Online: www.sueddeutsche.de/politik/arnsdorf-angermann-kommunalpolitik-1.5302614 (zuletzt abgerufen am 3. November 2021)

43   Heinrich Böll Stiftung, 2021, S. 17ff.

44   Ebd., S. 22.

45   Ebd., S. 24.

46   Ebd.

47   Groth, Hendrik; Lennartz, Sabine: Claudia Roth kämpft gegen Rechtsextre-
      mismus: »Ich lasse mich nicht einschüchtern«, Gespräch mit Claudia Roth,
      26. September 2019, Schwäbische Zeitung. Online: https://www.schwaebi-
      sche.de/
      ueberregional/politik_artikel,-claudia-roth-kaempft-gegen-rechtsextremis-
      mus-
      ich-lasse-mich-nicht-einschuechtern-_arid,11119049.html (zuletzt abgeru-
      fen am 3. November 2021)

48   Bullion, Constanze von: »… dann hat in Deutschland der Faschismus ge-
      wonnen«, Gespräch mit Robert Habeck, 4. November 2019, SZ. Online:
      https://www.sueddeutsche.de/politik/habeck-drohungen-faschismus (zu-
      letzt abgerufen am 3. November 2021)

49   Zu den Zahlen insgesamt Antwort des BMI auf eine schriftliche Frage des
      MdB Benjamin Strasser, FDP, im März 2021 Arbeitsnummern 3/430, 3/431.

50   Röhlig, Marc: Die Moral in der Politik: Warum kommen wir in Debatten
      nicht mehr zusammen?, 17. September 2020, Spiegel-Online. Online: www.
      spiegel.de/politik/moral-und-politik-warum-kommen-wir-in-debatten-
      nicht-mehr-zusammen (zuletzt abgerufen am 3. November 2021)

51   Siehe dazu https://www.bundestag.de/dokumente/textarchiv/2018/
      kw20-de-einspruch-ordnungsruf-555494

52   Siehe dazu Quent, Matthias: Deutschland rechts außen. Wie die Rechten
      nach der Macht greifen und wie wir sie stoppen können, Müchen 2019,
      S. 180ff.

53   Vgl. Levitsky, Steven; Ziblatt, Daniel: Wie Demokratien sterben: Und was
      wir dagegen tun können, Stuttgart 2018.

54   Quent, APuZ 49–50, Seite 32.

55   Strachwitz, Rupert Graf, Hummel, Siri: Zivilgesellschaft und gesellschaftli-
      cher Zusammenhalt, APuZ 13–15, 2021, S. 41.

56   Decker, Frank; Best, Volker; Fischer, Sandra; Küppers, Anne: Vertrauen in
      Demokratie, Bonn 2019.

57   Krause, Laura-Kristine; Gagné, Jérémie; Höltmann, Gesine: Vertrauen, De-
      mokratie, Zusammenhalt: Wie unterschiedlich Menschen in Deutschland
      die Corona-Pandemie erleben, Berlin 2020.

58 Zu den Folgen der Pandemie für die Zivilgesellschaft siehe Schrader, Malte: Zivilgesellschaft in und nach der Pandemie: Bedarfe – Angebote – Potenziale, Berlin 2021.

59 Strachwitz, 2021, S. 42.

60 Beschluss des Ersten Senats des Bundesverfassungsgerichts vom 4. November 2009, 1 BvR 2150/08, Rdn 67.

61 Brodnig, Ingrid: Hass im Netz, Was wir gegen Hetze, Mobbing und Lügen tun können, Wien 2016, S. 77ff.

62 Eimermacher, Martin; Weisbrod, Lars: »Ich finde selber grauenhaft, was wir rappen«, Gespräch mit K. I. Z., 19. Mai 2021, zeit-online. Online: www.zeit. de/2021/21/kiz-rap-album-hass-hatespeech-rassismus-provokation (zuletzt abgerufen am 3. November 2021)

63 Universität Bielefeld – Zentrum für Prävention und Intervention im Kindes- und Jugendalter: Die Suszeptibilität der Jugendlichen für Antisemitismus im Gangsta Rap und Möglichkeiten der Prävention. Online: www.uni-bielefeld. de/fakultaeten/erziehungswissenschaft/zpi/projekte/antisemitismus-gangsta-rap (zuletzt abgerufen am 3. November 2021)

64 Vgl. hierzu www.anwalt.org/volksverhetzung/ (Stand 3. November 2021)

65 Ebd.

66 Beschluss des Ersten Senats des Bundesverfassungsgerichts vom 4. November 2009, 1 BvR 2150/08, Rdn. 65ff.

67 Beispiele finden sich unter www.anwalt.org.volksverhetzung/ (zuletzt abgerufen am 3. November 2021)

68 Steinke, Ronen: Süddeutsche Zeitung, 12. Oktober 2020, S. 6.

69 Kammergericht stuft weitere Kommentare als Beleidigung ein, 24. März 2020, Legal Tribune Online. Online: www.lto.de/recht/nachrichten/n/kg-10w13-20-kommentare-facebook-renate-kuenast-beleidigung-meinungsfreiheit/ (zuletzt abgerufen am 3. November 2021)

70 Ebd.

71 Landesmedienzentrum Baden-Württemberg: Recht hast du – Gesetze, Kriminalität und Hatespeech, lmz. Online: www.lmz-bw.de/medien-und-bildung/jugendmedienschutz/hatespeech/recht-hast-du-gesetze-kriminalitaet-und-hatespeech/ (zuletzt abgerufen am 3. November 2021)

72 Brodnig, 2016, S. 39ff.

73 Trolle im Internet, 7. August 2019. Online: www.revolvermaenner.com/trolle-im-internet/ (abgerufen am 3. November 2021)

74 Ebd.

75 Brodnig, 2016, S. 49.

76 Ebd., S. 54ff.

77 Ebd., S. 69ff.

78 Mandate oft he Special Rapporteur on the promotion and protection of the right to freedom of opinion and expression, OL DEU 1/2017. Online: https://www.ohchr.org/Documents/Issues/Opinion/Legislation/OL-DEU-1-2017.pdf

79 deklaration-fuer-meinungsfreiheit.de

80 Stellungnahme Antonio Amadeu Stiftung vom 17. Januar 2020 zum erweiterten NetzDG. Online: https://www.amadeu-antonio-stiftung.de/stellungnahme-der-amadeu-antonio-stiftung-zum-entwurf-eines-gesetzes-zur-bekaempfung-von-rechtsextremismus-und-hasskriminalitaet-54029/ (zuletzt abgerufen am 3. November 2021)

81 Bachhausen, Dirk: Netzwerkdurchsetzungsgesetz – Studie zeigt Schwächen bei Gesetz gegen Hassrede auf, 24. März 2021. Online: www.bachhausen.de/netzwerkdurchsetzungsgesetz-studie-zeigt-schwaechen-bei-gesetz-gegen-hassrede-auf/ (zuletzt abgerufen am 3. November 2021)

82 Ebd.

83 LTO-Presseschau vom 30. Juli 2021. Online: www.lto.de/recht/presseschau/p/presseschau-2021-07-30-bgh-facebook-leopoldina-suizidhilfe-polen-richter/ (zuletzt abgerufen am 3. November 2021)

84 Bachhausen, 2021.

85 Bericht der Bundesregierung zur Evaluierung des Gesetzes zur Verbesserung der Rechtsdurchsetzung in sozialen Netzwerken (Netzwerkdurchsetzungsgesetz – NetzDG), 9. September 2020.

86 Deutscher Bundestag: Antrag der Abgeordneten Höferlin u.a. und der Fraktion der FDP. Drucksache 19/16477, Berlin, 14. Januar 2020.

87 Süddeutsche Zeitung, 27. September 2019, S. 11.

88 Bachhausen, 2021.

89 BGBL I, 2021, Seite 4250.

90 Bundesministerium der Justiz und für Verbraucherschutz: Gesetz gegen Hass und Hetze ist in Kraft getreten. Online: www.bmjv.de/SharedDocs/Artikel/DE/2021/0401_Gesetzespaket_gegen_Hass_und_Hetze.html (zuletzt abgerufen am 3. November 2021)

91 Deutscher Bundestag: Gesetzentwurf der Fraktionen der CDU/CSU und SPD, Entwurf eines Gesetzes zur Bekämpfung des Rechtsextremismus und der Hasskriminalität. Drucksache 19/17741, 10. März 2020.

92 Freudenberg, Tobias: Strafverfolgung von Hasskriminalität, Interview mit Benjamin Krause, in: Neue Juristische Wochenschrift, 19. Mai 2021, S. 12.

93 Siehe hierzu Thieme, Andreas, Münchner Merkur, 6./7. Februar 2021, S. 14.

94 EuGH Urteil vom 4. Oktober 2019, Az. C-18/18.

95 Landesanstalt für Medien NRW, Forschungsmonitor Informationsintermediäre, 3. Juli 2019.

96 Vgl. hierzu Frankfurter Allgemeine Zeitung, 28. Juli 2021, S. 17.

97 Klausa, Torben: Google könnte das NetzDG kippen, 27. Juli 2021, Tagesspiegel Background. Online: https://background.tagesspiegel.de/digitalisierung/google-koennte-das-netzdg-kippen (zuletzt abgerufen am 3. November 2021).

98 Zu Bengler und Günther vgl. Schnirsch, Petra: »Das macht schon etwas mit einem«, 9. November 2020, SZ. Online: www.sueddeutsche.de/muenchen/freising/hate-speech-hetze-hasskommentare-soziale-medien-politik-kriminalitaet (zuletzt abgerufen am 3. November 2021)

99 Theevs, Christian: »Man fühlt sich wehrlos und schutzlos«, Interview mit Helge Lindh, 4. Januar 2019, Spiegel-Online. Online: www.spiegel.de/politik/deutschland/hackerangriff-man-fuehlt-sich-wehrlos-und-schutzlos-sagt-helge-lindh-a-1246449.html (zuletzt abgerufen am 3. November 2021)

100 Heinrich Böll Stiftung, S. 37ff.

101 Brodnig, 2016, S. 192.

102 Brodnig, 2016, S. 192.

103 www.internet-beschwerdestelle.de/de/beschwerde.html.

104 Vgl. dazu insgesamt Kühl, Eike: Sechs Tipps, wie Sie sich gegen Hass im Netz wehren, 9. November 2019, zeit-online. Online: www.zeit.de/digital/internet/2019–10/hate-speech-soziale-medien-internet-tipps (zuletzt abgerufen am 3. November 2021)

105 Brodnig, Ingrid: Lügen im Netz, Wien 2019, S. 198.

106 Gutjahr, Richard: Wie viel Fake News verträgt unsere Gesellschaft? Online: www.romanherzoginstitut.de/fileadmin/user_upload/Publikationen/Wissenswert/RHI-WissensWert__Nr_24.pdf (zuletzt abgerufen am 3. November 2021)

107 Arendt, Hannah: Wahrheit und Politik, Berlin 2006, S. 20.

108 https://www.bpb.de/die-bpb/ (zuletzt abgerufen am 3. November 2021).

109 Müller, Philipp; Denner, Nora: Was tun gegen Fake News? Eine Analyse anhand der Entstehungsbedingungen und Wirkweisen gezielter Falschmeldungen im Internet. Gutachten für die Friedrich Naumann Stiftung für die Freiheit, Babelsberg 2019.

110 Siehe dazu insgesamt Riedel, Ann Cathrin: Was tun gegen Desinformation?, Babelsberg 2021.

111 Mansour, Ahmad: Solidarisch sein! Gegen Rassismus, Antisemitismus und Hass, Frankfurt am Main 2020, S. 102.

112 Tempest, Kai: Verbundensein, Berlin 2021, S. 18.

113 Tempest, 2021, S. 67.

114 Tempest, 2021, S. 59.

115 Tempest, 2021, S. 69.

116 Förstl, Hans (Hg.): Theory of Mind. Neurobiologie und Psychologie sozialen Verhaltens, Heidelberg 2007, S 4.

117 Förstl, 2007, Vorwort zur 1. Auflage.

118 Mansour, 2020, S. 110

119 Tempest, 2021, S. 58f.

120 Mansour, 2020, S. 104.

121 Neuberger, Christoph, Kommunikationswissenschaftler, Münchner Merkur, 11. Juni 2021, S. 23.

122 Deutscher Bundestag: Antwort auf Kleine Anfrage der Abgeordneten Mihalic, Stumpp, Notz u. a. und der Fraktion von Bündnis 90/Die Grünen. Drucksache 19/25940, 18. Januar 2021.

123 Wörtliches Zitat von Frank Überall für das Buch.

124 Flade, Florian: Angriffe auf Journalisten nehmen zu, 20. Januar 2021, tagesschau. Online: https://www.tagesschau.de/investigativ/wdr/angriffe-journalisten-101.html (zuletzt abgerufen am 3. November 2021)

125 »Das sind Angriffe auf die Pressefreiheit«, 4. April 2021. Online: www.spiegel.de/panorama/justiz/stuttgart-uebergriffe-auf-querdenker-demo-empoerung-und-scharfe-kritik (zuletzt abgerufen am 3. November 2021)

126 Statement des BfV-Präsidenten Thomas Haldenwang zur Vorstellung des Verfassungsschutzberichts 2020. Online: www.verfassungsschutz.de/SharedDocs/reden/DE/2021/statement-haldenwang-vorstellung-des-verfassungsschutzberichts-2020.html (zuletzt abgerufen am 3. November 2021)

127 Röpke, Andrea; Speit, Andreas: Völkische Landnahme. Alte Sippen, junge Siedler, rechte Ökos, Berlin 2019, S. 136.

128 Heitmeyer, Freiheit, 2020.

129 Röpke, Speit, 2019, S. 180.

130 Siehe dazu Legal Tribune Online, »Beschlüsse der Justizministerkonferenz«, 17. Juni 2021. Online: https://www.lto.de/recht/justiz/j/beschluesse-92-jumi-ko-2021-gefaelschter-impfpass-chatgruppen-netzdg-hauptversammlung/ (zuletzt abgerufen am 3. November 2021)

131 Presserat: Verhaltensgrundsätze für Medien und Polizei. Online: www.presserat.de/files/presserat/dokumente/download/Verhaltensgrundsätze_MedienPolizei_Entwurf_24_11_2020.pdf (zuletzt abgerufen am 3. November 2021)

132 Siehe Legal Tribune Online, Presseschau vom 18. Juni 2021. Online: www.lto.de/recht/presseschau/p/presseschau-2021-06-18-smartlaw-bgh-klagende-gewaesser-ezb-klima/ (zuletzt abgerufen am 3. November 2021)

133 Bundesministerium der Justiz und für Verbraucherschutz, Referentenentwurf Verbesserung des strafrechtlichen Schutzes vor sogenannten Feindeslisten. Online: https://www.bmjv.de/SharedDocs/Gesetzgebungsverfahren/Dokumente/RefE_Feindeslisten.pdf (zuletzt abgerufen am 3. November 2021)

134 Biselli, Anna: Ein Gesetzentwurf gegen Nazis gefährdet antifaschistische Recherche, 11. Februar 2021, netzpolitik. Online: netzpolitik.org/2021/feindeslisten-ein-gesetzentwurf-gegen-nazis-gefaehrdet-antifaschistische-recherche (zuletzt abgerufen am 3. November 2021)

135 Ebd.

136 Golla, Sebastian: Friede den Telegram-Kanälen: Zur Strafbarkeit der Veröffentlichung von Feindeslisten, 10. Februar 2021, verfassungsblog. Online: https://verfassungsblog.de/friede-den-telegram-kanalen/ (zuletzt abgerufen am 3. November 2021)

Verwendete und weiterführende Literatur

Arendt, Hannah: Wahrheit und Politik, Berlin 2006.

Austermann, Nele u. a. (Hg.): Recht gegen Rechts, Report 2020, Frankfurt am Main 2020.

Bachhausen, Dirk: Netzwerkdurchsetzungsgesetz – Studie zeigt Schwächen bei Gesetz gegen Hassrede auf, 24. März 2021. Online: www.bachhausen. de/netzwerkdurchsetzungsgesetz-studie-zeigt-schwaechen-bei-gesetz-gegen-hassrede-auf/

Bannenberg, Britta: Gewalt gegen Amtsträger, in: APuZ 13–15, 2021.

Bauer, Joachim: Schmerzgrenze. Vom Ursprung alltäglicher und globaler Gewalt, München 2013.

Biselli, Anna: Ein Gesetzentwurf gegen Nazis gefährdet antifaschistische Recherche, 11. Februar 2021, netzpolitik. Online: netzpolitik.org/2021/ feindeslisten-ein-gesetzentwurf-gegen-nazis-gefaehrdet-antifaschistische-recherche

Brodnig, Ingrid: Hass im Netz, Wien 2016.

Brodnig, Ingrid: Einspruch, Wien 2021.

Brodnig, Ingrid: Lügen im Netz, Wien 2019.

Decker, Frank; Best, Volker; Fischer, Sandra; Küppers, Anne: Vertrauen in Demokratie, Bonn 2019.

Diaby, Karamba: Leben für die Demokratie, Hamburg 2020.

Diekmann, Nicole: Die Shitstorm-Republik – Wie Hass im Netz entsteht und was wir dagegen tun können, Köln 2021.

Ebner, Julia: Radikalisierungsmaschinen, Berlin 2019.

Förstl, Hans (Hg.): Theory of Mind. Neurobiologie und Psychologie sozialen Verhaltens, Heidelberg 2007.

Golla, Sebastian: Friede den Telegram-Kanälen: Zur Strafbarkeit der Veröffentlichung von Feindeslisten, 10. Februar 2021, verfassungsblog. Online: https://verfassungsblog.de/friede-den-telegram-kanalen/

Han, Byung-Chul: Topologie der Gewalt, Berlin 2011.

Heinrich Böll Stiftung (Hg.): Beleidigt und bedroht, Arbeitsbedingungen und Gewalterfahrungen von Ratsmitgliedern in Deutschland, Schriften zur Demokratie Band 59, Berlin 2021.

Heitmeyer, Wilhelm; Freiheit, Manuela: Rechte Bedrohungsallianzen: Signaturen der Bedrohung 2, Berlin 2020.

Kae Tempest: Verbundensein, Berlin 2021.

Krause, Laura-Kristine; Gagné, Jérémie; Höltmann, Gesine: Vertrauen, Demokratie, Zusammenhalt: Wie unterschiedlich Menschen in Deutschland die Corona-Pandemie erleben, Berlin 2020.

Levitsky, Steven; Ziblatt, Daniel: Wie Demokratien sterben: Und was wir dagegen tun können, Stuttgart 2018.

Mallwitz, Gudrun: Bürgermeisterinnen häufiger bedroht als männliche Kollegen, 19. Januar 2021, Kommunal. Online: https://kommunal.de/gewalt-Buergermeisterinnen

Mansour, Ahmad: Solidarisch sein! Gegen Rassismus, Antisemitismus und Hass, Frankfurt am Main 2020.

Mediendienst Integration: Politische Teilhabe: Abgeordnete mit Migrationshintergrund im 19. Deutschen Bundestag, Berlin 2017.

Medienpädagogischer Forschungsverbund Südwest: JIM-Studie 2020, Stuttgart 2020.

Müller, Philipp; Denner, Nora: Was tun gegen Fake News? Eine Analyse anhand der Entstehungsbedingungen und Wirkweisen gezielter Falschmeldungen im Internet, Gutachten für die Friedrich Naumann Stiftung für die Freiheit, Babelsberg 2019.

Nationales Zentrum für Kriminalprävention: Umgang mit Hass und Bedrohung, Bonn 2020.

Nocun, Katharina; Lamberty, Pia: Fake Facts, Wie Verschwörungstheorien unser Denken bestimmen, Berlin 2020.

Pinker, Steven: Gewalt. Eine neue Geschichte der Menschheit. Frankfurt am Main 2016.

Quent, Matthias: Deutschland rechts außen. Wie die Rechten nach der Macht greifen und wie wir sie stoppen können, Müchen 2019.

Quent, Matthias: Nicht mehr Warten auf den »Tag X«, in: APuZ 49–50/2019.

Röpke, Andrea; Speit, Andreas: Völkische Landnahme. Alte Sippen, junge Siedler, rechte Ökos, Berlin 2019.

Schrader, Malte: Zivilgesellschaft in und nach der Pandemie: Bedarfe – Angebote – Potenziale, Berlin 2021.

Strachwitz, Rupert Graf, Hummel, Siri: Zivilgesellschaft und gesellschaftlicher Zusammenhalt, APuZ 13–15, 2021.

Universität Bielefeld – Zentrum für Prävention und Intervention im Kindes- und Jugendalter: Die Suszeptibilität der Jugendlichen für Antisemitismus im Gangsta Rap und Möglichkeiten der Prävention. Online: www.uni-bielefeld.de/fakultaeten/erziehungswissenschaft/zpi/projekte/antisemitismus-gangsta-rap

Weck, Roger de: Die Kraft der Demokratie, Eine Antwort auf die autoritären Reaktionäre, Berlin 2020.